领导干部法治大讲堂

LINGDAO GANBU
FAZHI DAJIANGTANG

刘锐◎主编

人民出版社

筑牢法治之基 / 领会法治之魂 / 把握法治之脉

领导干部学法的"三部曲"

（代序）

　　领导干部是全面依法治国的"关键少数"。领导干部的"本领恐慌"比较突出地表现在法治领域的"本领恐慌"。习近平总书记指出，全面依法治国，必须抓住领导干部这个"关键少数"。事实证明，领导干部对法治建设既可以起到关键推动作用，也可能起到致命破坏作用。党的十九大报告指出，我国社会主要矛盾已经转化为人民日益增长的美好生活需要和不平衡不充分的发展之间的矛盾。人民美好生活需要日益广泛，不仅对物质文化生活提出了更高要求，而且在民主、法治、公平、正义、安全、环境等方面的要求也日益增长。可以说，人民美好生活需要的变化，也体现在对法治需求的快速增长方面。民主与法治是孪生的一对，公平正义乃法治的核心价值，长治久安和良好的环境也需要法治。宏观上国家治理方式的变化，使得领导干部的执政本领出现了程度不同的"供给不足"。在最近召开的中央全面依法治国工作会议上，习近平总书记特别指出，国际国内环境越是复杂，改革开放和社会主义现代化建设任务越是繁重，越要运用法治思维和法治手段巩固执政地位、改善执政方式、提高执政能力，保证党和国家长治久安。并再次强调要坚持抓住领导干部这个"关键少数"。各级领导干部要坚决贯彻落实党中央关于全面依法治国的重大决策部署，带头尊崇法治、敬畏法律，了解法律、掌握法律，不断提高运用法治思维和法治方式深化改革、推动发展、化解矛盾、维护稳定、应对风险的能力，做尊法学法守法用法的模范。要力戒形式主义、官僚主义，确保全面依法治国各项任务真正落到实处。

领导干部提高法治能力，需要夯实法治的知识基础、领会法治的原则精神、把握法治的热点焦点。无论是立足当前，运用法治思维和法治方式解决经济社会发展面临的深层次问题，还是着眼长远，筑法治之基、行法治之力、积法治之势，都需要领导干部掌握基础的法律知识、基本的法律原则，培养解决疑难复杂法治问题的能力。一是筑牢法治之基——基础法律知识。"基础不牢、地动山摇"。法治素养不会"凭空产生"，法治素养的提升必须建立在一定法律基础知识的储备上。不同领域、不同部门的领导干部需要不同的法律知识，但总有一些是所有领导干部都必须掌握的最基础的法律知识，比如法律主体制度、权利制度、行为制度、责任制度、纠纷解决制度等。如果不掌握法律的表现形式及其效力等级，不清楚基本的立法权限划分，依法立法可能就是一句空话。二是领会法治之魂——基本法律原则。世事无穷、知识膨胀，但原则有限。法律原则是法律的"宗"，是法治的灵魂和方向，具体法律规定是法律原则的展开。掌握了法律原则，就不至于在纷繁复杂的法律规定中迷失方向，从而犯一些原则性的低级错误。每一部法律都有其基本原则，所有法律原则加起来也不过几十个。如果说领导干部法治素养提升果真存在什么捷径的话，法律原则的学习无疑是有效的突破口，对法律原则的掌握可能会收到"以不变应万变"之功效。三是把握法治之脉——法治热点焦点。在全面依法治国的推进过程中，总会出现一些热点焦点的法治问题；不同的时代，总会有一些重点难点法治问题。法治的热点焦点，已经是或者极有可能演变为法治事件，因此亟待破解；法治的热点焦点，是制约法治建设成效的根本问题，最需要领导干部下大力气推动解决。

本书的谋篇布局正是基于对领导干部法治本领现状和法治素养提升需要的综合判断。全书共分三部分，分别是基础法律知识、基本法律原则、法治热点焦点。这三个部分可以说是提高领导干部法治能力的三个重要组成部分，也可以说是前后相继、逐步升级的三个阶梯，因而可以称之为领导干部学法的"三部曲"。

总的来看，本书的写作团队、内容结构和表达方式具有以下鲜明特点：一是写作团队功底扎实、经验丰富、用心创作。本书的写作团队主要由长期从事领导干部法治教育、政府法务、企业法务、律师实务工作的实力派专家学者构成，可能不是学术大家，但一定是最了解领导干部法治教育目标的人，最清楚领导干部法治需求的人，最会讲领导干部法治教育课的人。尤其难能可贵的是，这些专家学者中，不乏以高度担当负责的精神用心和领导干部坦诚交流之人。二是内容结构上力求尊重需求、体现规律、循序渐进、有用管用。本书在内容取舍和结构安排上，坚持需求导向、问题导向、目标导向，力求体现干部教育培训规律、法治教育规律，打破传统的法学学科界限和知识壁垒，全面涵盖党政机关、司法机关、企事业单位等众多岗位领导干部的不同需求，整合相似或相关制度。基础法律知识部分以主体制度、权利制度、行为制度、责任制度、纠纷解决制度等知识板块依次呈现；基本法律原则部分整合实体法和程序法，围绕民事法律、刑事法律、行政法等法律基本原则相继展开；法治热点焦点部分重点介绍了法治思维、冤假错案防范、民法典、网络信息安全和个人数据保护、生态环境保护、法治国企、行政执法等热点焦点问题。以上内容安排以对领导干部有用管用为出发点和落脚点。三是表达方式上力求取得领导干部看得懂、记得住、忘不掉的效果。已有的领导干部法治教育读物中，看得懂的不少，但看了之后记得住的不多，忘不掉的更少。本书写作在语言表达、案例选择等方面花了不少工夫，意在实现看得懂、记得住和忘不掉的统一效果。

本书的写作得到了中共中央党校（国家行政学院）创新工程项目"领导干部法治素养提升与法治建设"的支持、各位作者的倾心相助，在此表示真诚感谢。本书的写作尽管费了不少心思、花了不少精力，但由于涉及范围广，结构形式创新多，难免有不当之处。我们相信，领导干部的法治教育是一项长期性工作，本书的出版仅仅是领导干部法治教育读物开发的一次有益尝试。我们期待各位读者的宝贵意见与建议，我们也期待本书在不断修订中尽早得以完善。

刘 锐

中共中央党校（国家行政学院）政法部教授、博士生导师

2020 年 12 月 4 日于北京

目　录

第一部分

基础法律知识

法律主体制度

一、民事主体制度

民事主体，是指参加民事法律关系，享有民事权利并承担民事义务的人。按照《中华人民共和国民法典》（以下简称《民法典》）规定，民事主体包括自然人、法人和非法人组织三类。

（一）自然人

自然人是依照自然规律出生的人。自然人的出生时间和死亡时间，以出生证明、死亡证明记载的时间为准；没有出生证明、死亡证明的，以户籍登记或者其他有效身份登记记载的时间为准。有其他证据足以推翻以上记载时间的，以该证据证明的时间为准。

1.自然人的权利能力和行为能力

权利能力是能够享有民事权利、承担民事义务的资格。权利能力是人与生俱来的，不得抛弃且不得非法剥夺。自然人从出生时起到死亡时止，具有民事权利能力，依法享有民事权利，承担民事义务，但对胎儿的利益给予特殊保护，即"涉及遗产继承、接受赠与等胎儿利益保护的，胎儿视为具有民事权利能力。但是胎儿娩出时为死体的，其民事权利能力自始不存在"。死亡包括自然死亡和宣告死亡两种。自然人死亡后，权利能力终止，但死者的姓名、肖像、名誉、荣誉、隐私、遗体等受到侵害的，其配偶、子女、父母有权依法请求行为人承担民事责任；死者没有配偶、子女且父母已经死亡的，其他近亲属有权依法请求行为人承担民事责任。

行为能力是自然人能够独立实施依其意思表示内容发生法律效果的行为的能力，包括财产行为能力和身份行为能力。前者如缔约能力，后者如结婚能力和收养能力。行为能力以权利能力为前提，自然人都有权利能力且平等，但行为能力则不同。

《民法典》根据行为人年龄与智力状况的不同，将自然人的民事行为能力分为三类，即完全民事行为能力、限制民事行为能力和无民事行为能力。十八周岁以上的正常成年人及十六周岁以上不满十八周岁，但以自己的劳动收入为主要生活来源者，为完全民事行为能力人。限制民事行为能力人包括八周岁以上的未成年人和不能完全辨认自己行为后果的成年人。限制民事行为能力人可以进行与他的年龄、智力或精神健康状况相适应的民事活动。而依法不能独立进行的民事行为，应由其法定代理人代理，或者征得他的法定代理人的同意后独立进行。法定代理人由监护人担任。不满八周岁的未成年人和不能辨认自己行为的成年人是无民事行为能力人，由他的法定代理人代理民事活动。

需要注意的是，未成年人的行为能力状况根据其年龄予以判定，而成年人如果不能辨认或者不能完全辨认自己行为的，要由其利害关系人或者有关组织（居民委员会、村民委员会、学校、医疗机构、妇女联合会、残疾人联合会、依法设立的老年人组织、民政部门等）向人民法院申请，由人民法院认定该成年人为无民事行为能力或限制民事行为能力人。被人民法院认定为无民事行为能力人或者限制民事行为能力人的成年人，要恢复为限制民事行为能力人或者完全民事行为能力人，需经本人、利害关系人或者有关组织申请，人民法院认定。行为能力的有无很重要，不仅影响合同的效力，而且无行为能力人和限制行为能力人所立的遗嘱无效。

2. 自然人的住所

自然人的住所，指自然人的中心生活场所。自然人以户籍登记或者其他有效身份登记记载的居所为住所；经常居所与住所不一致的，经常居所视为住所。自然人的住所，对于决定国籍、享有民事权利、判断诉讼管辖、确定债务履行地与国际私法上的准据法地和遗产继承地等，均有相应的法律效果。

3. 监护制度

未成年人的父母是未成年人的监护人。夫妻离婚后，孩子的父母仍都是监护人，与子女共同生活的一方无权取消对方对该子女的监护权，但未与该子女共同生活的一方对该子女有犯罪、虐待行为或者对该子女有明显不利等情形的除外。如果未成年人的父母死亡或者失去监护能力，则应按照下列顺序确定其中有监护能力的人担任监护人：（1）祖父母、外祖父母。（2）兄、姐。这两个顺序的民事主体担任监护人属于法定义务，而且顺序在先的优先于顺序在后的。（3）其他愿意担任监护人的个人或者组织，但是须经未成年人住所地的居民委员会、村民委员会或者民政部门同意。

无民事行为能力或者限制民事行为能力的成年人，由下列有监护能力的人按顺序担任监护人：（1）配偶。（2）父母、子女。（3）其他近亲属。（4）其他愿意担任监护人的个人或者组织，但是须经被监护人住所地的居民委员会、村民委员会或者民政部门同意。

监护人应当履行监护职责，保护被监护人的人身、财产及其他合法权益，除为被监护人的利益外，不得处理被监护人的财产。监护人履行监护职责，应当有利于被监护人，且尊重被监护人的真实意愿。

与《民法通则》相比，《民法典》对监护制度作出了如下两个方面的重大调整。

第一，被监护人不以未成年人和精神病人为限，行为能力有缺陷的成年人也成为监护对象。监护是保护无民事行为能力人或者限制民事行为能力人的合法权益，弥补其民事行为能力不足的法律制度。监护的对象是行为能力有欠缺之人，也就是无行为能力人和限制行为能力人。《民法通则》规定的监护对象是未成年人和成年精神病人，这就意味着不是精神病人的其他无行为能力或限制行为能力的成年人，不能作为监护的对象，这显然不利于保护行为能力有欠缺，但又不是精神病人的成年人的利益，如"老小孩"的利益，随着老龄社会的进入，这一问题日渐凸显。《民法典》将成年被监护人的范围扩展为无行为能力或限制行为能力的成年人，这是一大进步。

第二，监护人的确定尽可能体现意思自治，单位不再作监护人，国家是兜底的监护人，监护资格可以依法撤销。《民法典》在监护人的确定方面调整幅度比较大，具体讲：一是允许完全行为能力成年人可以事先与近亲属、其他愿意担任监护人的个人或者组织协商，以书面形式确定自己的监护人。协商确定的监护人在该成年人丧失或者部分丧失民事行为能力时，履行监护职责。二是被监护人的父母担任监护人的，可以通过遗嘱指定监护人。三是单位不再充当监护人，没有依法具有监护资格的人的，监护人由民政部门担任，也可以由具备监护职责条件的被监护人住所地的居民委员会、村民委员会担任。尤其需要注意的是，针对新冠肺炎疫情防控期间发生的，父母被隔离后无生活自理能力的被监护人死亡的悲剧，《民法典》专门明确规定，发生突发事件等紧急情况，监护人暂时无法履行监护职责，被监护人的生活处于无人照料状态的，被监护人住所地的居民委员会、村民委员会或者民政部门应当为被监护人安排必要的临时生活照料措施。四是在特定情形下，经有关个人或者组织申请，人民法院可以撤销监护人的监护资格，比如监护人实施严重侵害被监护人身心健康的行为；监护人怠于履行监护职责，或者无法履行监护职责并且拒绝将监护职责部分或者全部委托给他人，导致被监护人处于危困状态。当然，父母、子女的监护资格被撤销后，若确有悔改表现，可向人民法院申请恢复监护资格。五是父母、子女、配偶等的监护资格被撤销的，其仍应负担被监护人抚养费、赡养费和扶养费的义务。

（二）法人

法人是具有民事权利能力和民事行为能力，依法独立享有民事权利和承担民事义务的组织。法人的权利能力与行为能力同时产生，均始自法人成立之日（通常为法人营业执照或登记证书所注日期），终于法人终止之时（一般为清算完结并注销登记）。法人不是单个的自然人，而是团体，这是法人与自然人的根本区别。另外，法人并没有完全行为能力、限制行为能力和无行为能力的划分。

1.法人的类型

传统上将法人根据不同标准划分为公法人与私法人，社团法人与财团法人，营利法人、公益法人与中间法人，本国法人与外国法人。

《民法通则》关于法人的划分，有中国法人与外国法人、企业法人和非企业法人。企业法人又依据其所有制性质划分为全民制法人、集体制法人以及涉外法人。非企业法人则划分为机关法人、事业单位法人和社会团体法人。《民法通则》的法人类型划分身份立法色彩浓厚，与国际通行法人分类并不兼容。《民法典》按照法人设立目的和功能等方面的不同，将法人分为营利法人、非营利法人和特别法人3类。营利法人包括公司和其他企业法人（如国有企业法人、农民专业合作社），非营利法人包括事业单位、社会团体、基金会、社会服务机构等，特别法人包括机关法人、农村集体经济组织法人、城镇农村的合作经济组织法人、基层群众性自治组织法人等。

2.法人的机关

法人机关一般由决策机关、执行机关、代表机关和监察机关构成。

社团法人的决策机关（财团法人无决策机关），又称权力机关，由其全体社员或者全体股东构成。

执行机关是执行法人章程、捐助章程或者设立命令所规定的事项，以及执行法人决策机关所决定事项的机关。任何法人均须设立执行机关。

代表机关是法人的意思表示机关，也就是代表法人对外进行民事活动的机关。代表机关可简称为"代表"。代表机关是一切法人的必要机关。执行机关中的"主要负责人"是代表机关。

监察机关是对执行机关和代表机关的行为实施监督的机关。监察机关不是一切法人的必要机关，由监事组成。

（三）非法人组织

非法人组织，是介于自然人和法人之间的，未经国家关于"法人"人格的设立程式予以确认（如许可或批准或登记）而存在的社会组织，主要包括依法登记领取营业执照的私营独资企业、合伙组织、合伙型联营企业，经民政部门批准登记领取社会团体登记证的社会团体，法人依法设立并领取营业执照的分支机构，等等。

以上三类主体，承担责任的方式并不相同。自然人以其现有的及将来可能拥有的财产承担责任，在个人破产制度建立之前，这种责任就是"终身"责任，这显然不利于一时陷于困境的自然人"起死回生"、再创辉煌，因此，个人破产制度亟待建立。有限责任公司、股份有限责任公司以其法人全部财产对外承担责任，与自然人不同的是，企业法人有破产制度。非法人组织先由其财产清偿债务，不足的部分，除法律另有规定外，其出资人或者设立人承担无限责任。这里特别强调，法人的有限责任不是指法人承担有限责任，而是指法人的出资人或设立人的责任以出资或设立财产为限，法人除非破产，其对债权人的责任不存在有限无限的问题。

二、行政主体制度

行政主体是能以自己的名义行使行政权，作出行政行为，并由其本身对外承担行政法律责任，在行政诉讼中能作为被告应诉的行政机关或者法律法规授权的组织。在我国，行政主体包括国务院及其组成部门和直属机构、地方各级人民政府及其职能部门、法律法规授权的组织等。从这一概念内涵，我们可以看出，行政主体概念在两个领域的意义尤为重要：行政诉讼制度中的行政主体和履行行政管理职责中的行政主体。

（一）我国实体法上的行政主体

我国实体法上的行政主体主要是宪法和各级组织法规定的，主要有：

在国家层面，《宪法》第八十九条第三项授权国务院规定各部和各委员会的任务和职责；第九十一条规定国务院设立审计机关。《国务院组织法》第八条规定，国务院各部、各委员会的设立、撤销或者合并，经总理提出，由全国人民代表大会及其常务委员会决定；第十一条规定，国务院可以根据工作需要设立若干直属机构。1997 年制定的行政法规《国务院行政机构设置和编制管理条例》规定："国务院行政机构根据职能分为国务院办公厅、国务院组成部门、国务院直属机构、国务院办事机构、国务院组成部门管理的国家机构和国务院议事协调机构。"并对这些机构的功能定位予以规定。但是实践中还是出现了不少突破这些法律规范的机构设置，例如国务院直属特设机构国务院国有资产监督管理委员会、承担行政管理职责的事业单位等。

在地方层面，《地方各级人民代表大会和地方各级人民政府组织法》第六十四条规定，地方各级人民政府设立必要的工作部门，县级以上地方各级人民政府设立审计机关。我国地方行政组织可以分为省、市、县、乡四级，长期以来，无论是哪个层级的行政组织，均大致遵循上下一致原则进行设置，没有体现出不同层级政府分权的需要。同时，越来越多的新型机构出现，如开发区（试验区）管委会、行政审批局、登记局等，在地方组织法中找不到法律依据，进而导致自身地位不明。如管委会因地而异可能被定位为派出机关、派出机构甚至事业单位，行政审批局在不同地区既可能由于职权转移而成为行政机关，也可能是受委托或者是被授权的机关。

此外，还有《民族区域自治法》规定的民族自治地方行政机关和香港、澳门特别行政区基本法规定的特别行政区行政机关等。

值得注意的是，我国行政组织专门法是属于基本缺位状态的，到目前为止仅仅制定了《公安机关组织管理条例》等有限的几部行政法规。我国主要通过"三定方案"的方式对不同类型的行政组织在组织机构、职权、人员编制方面予以界定，但"三定方案"本身法律位阶较低的问题一直为人所诟病。

我国行政主体制度的发展完善，与《行政诉讼法》的发展密不可分。我国的行政主体不是以分权为基础，而是以能否成为行政诉讼被告为标准。1989 年《行政诉讼法》制定后，为了应急解决行政诉讼被告确定问题，法学界和实务界共同努力，最终形成了现行的诉讼主体模式：行政主体＝行政诉讼被告＝行政机关＋法律法规授权的组织。2015 年修订后的《行政诉讼法》甚至将授权组织扩大到规章授权组织。行政机关都能成为行政诉讼被告，因此能够成为行政主体；非行政机关的组织只要有法律法规甚至规章授权，不论其是否具有法人资格，都能成为行政主体。

　　按照西方的行政主体理论，国家和地方政府才是主要的行政主体，政府部门不是行政主体，只是代表国家和地方政府履行行政应诉职责而已。我国的行政主体理论和实践则强调每个政府部门都是行政主体，独立地承担法律责任和行政诉讼后果。这一要求更加强调有权必有责，强调行政机关要对自己的行为和决策负责，也有利于增强行政机关作出行政决定和行政行为的责任心。这也是我国行政主体制度优势所在。

（二）党政机构合署办公中的行政主体

　　习近平总书记在党的十九大报告"健全人民当家作主制度体系，发展社会主义民主政治"时强调，要"深化机构和行政体制改革"。具体而言，包括："统筹考虑各类机构设置，科学配置党政部门及内设机构权力、明确职责。统筹使用各类编制资源，形成科学合理的管理体制，完善国家机构组织法。转变政府职能，深化简政放权，创新监管方式，增强政府公信力和执行力，建设人民满意的服务型政府。赋予省级及以下政府更多自主权。在省市县对职能相近的党政机关探索合并设立或合署办公。深化事业单位改革，强化公益属性，推进政事分开、事企分开、管办分离。"

　　2018年2月，中共中央通过了《关于深化党和国家机构改革的决定》和《深化党和国家机构改革方案》。根据上述决定和方案，党政机构合署合设是将职能相近、联系紧密的党政机构进行合并设立或者合署办公。国家层面，主要包括组建国家监察委员会与中央纪律检查委员会合署办公、将国家公务员局并入中央组织部、将国家宗教事务局并入中央统战部、将国家新闻出版广电总局的新闻出版管理职责和电影管理职责划入中央宣传部、将中央防范和处理邪教问题领导小组及其办公室职责划入中央政法委和公安部、将中央军委政治工作部和后勤保障部有关职责与国务院部门职责整合并组建退役军人事务部作为国务院组成部门。地方层面，允许地方机构设置在重要事项上与中央保持基本对应的前提下，赋予省级及以下政府更多自主权，突出不同层级职责的特点，因地制宜。

党政机构合署合设产生了一种新的行政主体——党政协同治理主体，①也是具有中国特色的行政组织形态。党政协同治理主体对行政法学理论产生了很大冲击和挑战，包括行政相对人权利救济难题、党规与法律衔接和适用问题、行政机关责任分配和承担问题、党政职责同体带来的监督与被监督关系削弱问题等。

同时，党政协同治理实际上是在党统一领导下的党政机构分工合作完成治理任务的组织设计。治理过程中，最为棘手的是如果党的机构对外以自己名义履行国家职能如何处理？党政机构联合发文如何认定？实际上，以国家机关名义行事还是履行党的机构职责应该严格区分开来，如果双方行为存在职责不清的情况，则应实际分析该行为到底是党组织的内部事务还是国家机关职权事项。

（三）法律法规授权的行政主体及受委托的行政主体

一般而言，法律法规授权的行政主体是指依据法律、法规授权行使国家行政权的非国家机关组织，其行政职权不是来源于宪法或者组织法的规定。随着行政体制改革的推进，市场经济和社会的发展对政府机构的类型提出越来越多的要求，纯粹依靠政府机关难以担当政治统治和管理社会公共事务的所有重任。实际上许多公共事务由政府来行使行政管理权远不如通过社会团体或者自治组织实施自我管理效果好，这就是法律法规授权组织行政主体产生的原因。法律法规授权的行政主体主要包括以下几种类型：

一是行政机构。行政机构包括行政机关的内部组织、派出组织和临时组织。行政机构一般不具有行政主体资格，但经法律、法规授权，可以成为授权行政主体。例如《商标法》授予国家工商行政管理总局内设的商标局以行政主体资格，主管全国商标注册和管理工作；《专利法》授予国家专利局内

---

① 参见喻少如、刘文凯：《党政机构合署合设与行政主体理论的发展》，载《南京社会科学》2019 年第 4 期。

设的专利复审委员会以行政主体资格,主管全国的专利工作等。

二是事业单位或企业。事业单位通常不具有行政主体资格,经法律、法规授权可成为行政主体。如《高等教育法》授予高等院校学位授予权,被授权的高等院校,因而获得相应的行政主体资格。国家电网被授权拥有电力基础设施的建设与维护权。以及邮政企业、电信企业、铁路运输企业等经营公用事业的企业等。

三是社会团体。被授权的多为公益性社会团体,如《消费者权益保护法》授权消费者协会对商品和服务进行监督、检查,受理消费者投诉并对投诉事项进行调查、调解等。

四是其他组织。如《村民委员会组织法》规定,村民委员会有权管理本村的公共事务和公益事业,有权管理属于集体所有的土地。

以上探讨的是非国家机关组织被法律法规授权行使国家行政权的情形。下面讨论国家机关之间行政职权授权和委托的问题,这也是行政法理论上的一个重点问题,授权和委托的一个最大的区别即谁承担行为后果,其中,被授权组织能够以自己名义作出行政行为,并以自己名义独立承担行为的法律后果;而受委托组织则只能以委托机关的名义行使职权,并由委托单位负担其行为之法律后果。

事实上,随着"放管服"改革的深入推进,简政放权的要求越来越明确,上级行政机关通过授权或者委托的方式将行政职权下放行使已经成为大势所趋。例如,2020 年 1 月 1 日修改后的《土地管理法》施行后,2020 年 3 月 1 日,国务院下发了《国务院关于授权和委托用地审批权的决定》(国发〔2020〕4 号),规定国务院授权省级人民政府负责永久基本农田以外的农用地转为建设用地审批,并确定 8 个省份作为试点,国务院委托试点省份省级人民政府批准涉及永久基本农田农用地转用和集体土地征收审批。3 月 6 日,自然资源部发布《自然资源部关于贯彻落实〈国务院关于授权和委托用地审批权的决定〉的通知》(自然资规〔2020〕1 号),对国务院授权和委托土地审批事宜进一步细化,引起了社会极大关注。用地审批权下放本身也意义重大,土地资源是经济社会发展的重要基础和要素保障。改革完善用地审批制度,适度下放审批权,是转变政府职能、激发市场活力、有力拉动内需、优化营商环境的重要举措，对于加强耕地保护，促进土地节约集约利用，满足经济社会发展合理用地需求具有十分重要的意义。

而关于这次审批权下放的法律责任承担问题，批地行为作出后谁是被复议诉讼的行政机关，也为大家所关注。根据授权和委托的法律含义不同，可以明确的是涉及这两份文件授权与委托的，省级人民政府根据国务院授权进行的土地审批行为、省级自然资源主管部门依据自然资源部授权或者委托作出的建设用地预审行为、省级自然资源主管部门依据自然资源部委托作出的批准先行用地的行为，以省级人民政府或者省级自然资源管理部门为被申请人或被告可以提起复议或者诉讼。试点省份省级人民政府根据国务院委托进行的土地审批行为，应仍被视为国务院的审批行为，不能申请复议和诉讼。

三、诉讼主体制度

诉讼主体是诉讼活动中所涉及的"人"。这个"人"既包括诉讼当事人中的自然人、法人，也包括公安机关、检察机关、人民法院等承担不同诉讼职能的法人主体。这样的诉讼制度设计，即为诉讼主体制度。诉讼主体应具备以下基本特征：首先，诉讼主体出现在诉讼活动具有必要性。因此，即使是承担审判职能的审判主体，也应当囊括其中。其次，诉讼主体的活动对诉讼发生、演化、结局具有决定性，没有诉讼主体的相应活动，即使诉讼已经形成也无法进一步开展。最后，诉讼主体能够影响或决定其与诉讼参与人间的权利义务关系。以此评判诉讼主体的范围，民事诉讼、刑事诉讼、行政诉讼三大诉讼制度概莫能外。

（一）民事诉讼主体

民事诉讼主体是指民事诉讼法律关系中，诉讼权利的享有者和诉讼义务的承担者。民事诉讼主体是多元的，包括法院、人民检察院、当事人及诉讼代理人和其他诉讼参与人。①

其中，当事人在民事诉讼中具有重要的主体作用，是启动民事诉讼的一般前提，因此与当事人相关的问题就成了民事诉讼法中一个非常重要的问题。在当下社会主义市场经济环境之下，各级党政机关都存在大量的政府采购事项，接触众多的市场主体，因此难免发生民事诉讼案件。因此，是否属于适格的民事诉讼当事人，对于领导干部而言，确有必要予以了解。

1.适格当事人

适格当事人指在具体的民事诉讼中，确定当事人即程序当事人，有资格以自己的名义成为原告或被告，并受本案判决拘束的当事人。即以原告所主张的诉讼标的，在已确定的当事人双方之间是否适合，来判断他们是否属于本案的适格当事人。适格的民事诉讼当事人一定与具体案件中原告的诉求利益相关。例如，李某承租王某的房屋，到期后既不续租也不归还，继续强行居住，丁某看到后十分生气，为主张正义以自己名义起诉至法院要求李某归还王某的房屋，丁某虽然在形式上符合程序当事人的条件能成为本案的当事人，但从本案房屋所有权来看，丁某并不是房屋所有人，该民事纠纷不能在丁李之间得到合适有意义的解决，因此丁某并不是本案的适格当事人。

2.适格当事人判断标准

在民事诉讼中确定适格当事人应该符合以下标准：一是当事人要具备诉讼权利能力，这是具体诉讼中成为适格当事人的基本条件，缺乏这个基本条件者不是适格当事人。二是当事人在具体案件中要有追诉的利益和诉的利益。三是可以根据当事人起诉时的声明来确定，也就是说以当事人起诉时诉求的标的来判断，即在形式上确定为诉讼标的的法律关系，能够在适格当事人之间解决才具有法律上的实质意义。

我国对业主委员会是否为适格的民事诉讼主体曾存在一定争议。在徐州西苑艺君花园（一期）业主委员会诉徐州中川房地产开发有限公司物业管理

---

① 参见常怡主编：《民事诉讼法学》，中国政法大学出版社2016年版，第46页。

用房所有权确认纠纷一审案中，法院认为业主委员会依据业主共同决定或业主大会决议，在授权范围内，以业主委员会名义行使诉讼权利，为维护业主相关权益，具备原告诉讼主体资格。① 由此可见，我国公民、法人和不具备法人资格的其他组织，在符合条件的情况下，可成为适格的民事诉讼当事人。

（二）刑事诉讼主体

刑事诉讼主体就是指具有独立的诉讼人格，承担基本的诉讼职能，在刑事诉讼中起主导作用，从而推动刑事诉讼进行的国家机关和诉讼当事人。

我国刑事诉讼主体可分为三类：一是代表国家行使侦查权、起诉权和审判权的专门机关；二是当事人，即直接影响诉讼进程并与诉讼结局有着直接关系的诉讼参与人，如被告人、自诉人等；三是其他诉讼参与人，即在刑事诉讼中通过享有诉讼权利、承担诉讼义务而协助其他诉讼主体进行诉讼活动的人，如辩护人、证人等。

1. 刑事诉讼主体与职能

刑事诉讼主体承担控诉、辩护和裁判三种基本的刑事诉讼职能，三种基本的诉讼职能具体体现在刑事诉讼主体的诉讼活动中，刑事诉讼主体与刑事诉讼职能之间存在着密切联系。

就公诉案件而言，上海市长宁区人民检察院诉李某职务侵占二审案中②，被告人李某等三人按照公司的指令将一批货物从公司仓库运至上海浦东国际机场；李某负责驾驶车辆、清点货物、按单交接并办理空运托运手续；在运输途中，三人经合谋共同将李某驾驶的货车中价值共计人民币16万余元财物予以瓜分；上海市长宁区人民检察院以被告人李某犯盗窃罪，向上海市长宁区人民法院提起公诉。上海市长宁区人民法院一审判决被告人李某犯职务侵占罪，判处有期徒刑六年，并处没收财产人民币16000元；后经

---

① 参见《最高人民法院公报》2014年第6期。
② 参见《最高人民法院公报》2009年第8期。

上海市长宁区人民检察院抗诉，被告人李某及其辩护人辩护，二审上海市第一中级人民法院维持原判。

在该案例中，我们可以清晰地看到，在公诉案件中各方刑事诉讼主体的职能分工，上海市长宁区人民检察院代表国家对刑事案件进行追诉，在诉讼中维护国家和社会的利益，恢复犯罪行为所破坏的法律秩序和社会关系。为实现这一目标，检察机关在诉讼程序中就会努力证实被告人的罪行。而被告人李某处于与检察机关对立的立场，为了使自己的生命、财产、自由免遭剥夺，会在诉讼程序中竭力为自己辩护，反驳检察机关的指控。而与检察机关和被告人均不同的法院，其诉讼目标是实现正义，维护法制的尊严，所以，法院承担的是裁判职能，法官在审理案件时保持中立和公正。

2. 自诉主体

我国刑事诉讼以公诉为主，自诉为辅。自诉案件包括三类：（1）告诉才处理的案件（例如侮辱、诽谤案件、暴力干涉婚姻自由案件等）；（2）被害人有证据证明的轻微刑事案件（例如重婚案、遗弃案、妨害通信自由案等）；（3）被害人有证据证明对被告人侵犯自己人身、财产权利的行为应当依法追究刑事责任，而公安机关或者人民检察院不予追究被告人刑事责任的案件。

自诉主体作为一种特殊的诉讼主体，应当是能够推动自诉程序进行，被害人或者能够代表被害人意志，完成、协助完成自诉权的人，包括被害人及被害人死亡或者丧失行为能力的被害人法定代理人、近亲属。如在王某某故意伤害、虐待案中，被告人王某某自2005年开始与张某共同生活，其间经常趁张某生父张某某不在家时，多次对张某实施打骂、用铅笔尖扎等虐待行为，并实施导致张某的头皮和耳朵烫伤、嘴唇撕裂的行为。被害人张某的生母张某丽，在与张某的生父张某某离婚后，虽然没有与张某共同生活，但其作为张某的法定代理人，代张某向人民法院提起虐待罪自诉，是合乎法律规定的自诉主体。①

---

① 参见《最高人民法院公报》2015年第1期。

（三）行政诉讼主体

行政诉讼案件的主体有三类，即原告、被告和法院，缺少任何一方都无法形成诉讼。此外，还包括诉讼代理人、证人、鉴定人等诉讼参与人。

1. 适格原告

行政诉讼中具备原告资格的基本条件，应当是与行政行为具有利害关系。公民、法人和其他组织是行政诉讼原告的主要类别。针对一个行政行为，也不见得是任何公民、法人或其他组织都可以去法院起诉，必须是符合一定资格的才可以成为行政诉讼中的适格原告。而要具备行政诉讼中的原告资格，公民、法人或其他组织必须是与该行政行为有利害关系的，并且认为其合法权益受到侵害。

法律上的利害关系是指对特定人所产生的特别的利害关系，相关利益是现实或伸手可得的，而不是纯粹期待的、虚无缥缈的利益。例如在田某某诉北京市朝阳区民政局要求撤销其父婚姻登记案中，原告父亲再婚，原告认为其父患有禁止结婚的疾病，不符合法定结婚条件，将作为婚姻登记机关的民政局告上法庭；法院认为，原告与该登记行为没有法律上的利害关系，不具备作为原告的起诉资格。①

2. 适格被告

判断自身是否为适格的行政诉讼的被告，对于政府机关在行政诉讼案件的决策具有重要意义，否则可能遭受一些无妄之灾，或承担莫须有的责任。

一般而言，依照行政组织法设立的行政机关，具备行政主体资格，自然可以成为行政诉讼的被告。行政机关的某些内设机构一般不能作为行政诉讼的被告，但在某些情况下，经法律、法规授权，可以成为行政诉讼的被告。

在陈某诉徐州市泉山区城市管理局行政强制措施案中，泉山区城市管理

---

① 参见《行政执法与行政审判》2003 年第 1 辑，法律出版社 2003 年版。

局综合整治部执法人员将陈某擅自占用道路经营冷饮、影响市容的物品罚没，随后陈某将泉山区城市管理局作为被告告上法庭；法院认为，综合整治部为泉山区城市管理局内设协调机构，不具有行政诉讼的被告主体资格，泉山区城市管理局为适格被告。①包括大家熟悉的"馒头办""生猪办""西瓜办"，作为行政机关设置的临时协调机构，也不能作为行政诉讼的被告。

此外，能够作为行政诉讼被告的，还应该是作出该行政行为的机构。若存在委托实施行政行为的，后果由委托机关承担，委托机关才是适格的行政诉讼被告；几个行政机关共同实施的行政行为，共同作出行政行为的行政机关是共同被告。经复议的案件，复议机关决定维持原行政行为的，作出原行政行为的行政机关和复议机关是共同被告；复议机关改变原行政行为的，复议机关是被告。复议机关在法定期限内未作出复议决定，公民、法人或者其他组织起诉原行政行为的，作出原行政行为的行政机关是被告；起诉复议机关不作为的，复议机关是被告。行政机关及其职能的变动与行政区划调整、行政机构改革相伴随，是经常现象，而行政机关被撤销或者职权变更的，由继续行使该职权的行政机关作为被告。

本讲作者：

刘　锐　中共中央党校（国家行政学院）政治和法律教研部教授

胡卉明　自然资源部不动产登记中心（法律事务中心）复议事务处处长

杨　波　成都大学法学院讲师

---

① 参见《最高人民法院公报》2003 年第 1 期。

法律权利制度

一、宪法权利

宪法的核心在于保障公民的权利，如果一部宪法无法承担起这样的重任，显然这样的宪法是失败的。当年美国 1787 年宪法有 55 个代表出席，但最终只有 39 个代表在最初制定的宪法上签了字，这里有个疑问，为什么其余的 12 个代表不签字呢？据说当时没有签字的人中间还有一个华盛顿的好哥们，著名政治学家乔治·梅森，按说作为华盛顿的好朋友理应支持，怎么他还反对了呢？其中一个重要理由在于他坚持认为美国最初的宪法不是一部好宪法。为什么呢？因为没有把人民的基本权利写上去，当然有些人秉持自然法的思想，认为这些基本权利保障是天经地义的，还用写上去？但梅森坚决认为应当写进去，坚决不签字！没有想到后来宪法颁布后还真因为这个受到大量批评，最后，没有办法，在 1791 年，大约在宪法制定后的第四年，美国人一口气制定了 10 条修正案，把保障人民权利的条款添加在宪法的后面，才使得美国宪法真正完整。宪法必须保障公民的基本权利，公民是公共权力合法性的唯一来源，因此，列宁说："宪法就是一张写着人民权利的纸。"

（一）宪法权利概述

宪法权利是整个宪法的核心，也是公民权利的根基。如此说，我们从宪法文本的表象来做一个简单的对比，就可以明白这一道理。对比新中国的四部宪法中关于公民的基本权利的条文数量与权重，1954 年宪法中，关于公民的基本权利的规定共 15 条（从第 85 条到 99 条），约有 950 字，被列到第三章，处于总纲和国家机构之后；1975 年宪法中，公民的基本权利同样被列在第三章，位列总纲和国家机构之后，但条文数量却骤减到 4 条，约为 450 字；1978 年宪法中，关于公民的基本权利的规定共有 12 条（从第 44 条到 55 条），约有 800 字，次序仍位列总纲和国家机构之后。而到我国现行的"八二宪法"则发生了根本性转变，关于我国公民的基本权利的体例设计与之前三部宪法不同，把公民的基本权利与义务的章节提前，列在国家机构之前，突出体现对于公民基本权利的重视，体现由国家权力本位向公民权利本位的价值转型，而且"八二宪法"关于公民基本权利的规定共有 18 条（从第 33 条到 50 条），共 1500 字左右，充实了公民基本权利的相关规定。另外，从"八二宪法"后的五次修正案来看，公民权利的条款始终是变动不居的，坚如磐石的背后即表明这是最根本的不能轻易改动，也说明其意蕴的重要性难以撼动。

在我国我们所说的宪法上权利主要是指基本权利。新中国成立后的历部宪法都用这个术语，国外大部分叫"人权"，随着人权入宪，两个概念的差异逐渐变小，我们可以这样大体理解，从广义上看，人权等同于基本权利，包括任何人都享有的狭义的人权，就是每个人基于人所应该享有的权利；还有就是公民权，也就是每个人基于作为国家特定成员所享有的权利。

接续的问题是，哪些人享有基本权利？其实就是公民，因为宪法第二章就是如此规定的，根据这些主体的法性质以及享有宪法权利的范围，可将其分为一般主体、特殊主体和特定主体。对于一般主体，我国宪法明确公民为基本权利的一般性主体。根据我国宪法第三十三条第一款："凡具有中华人民共和国国籍的人都是中华人民共和国公民。"也就是说，具有国籍是确定我国公民资格的唯一要件。作为对宪法权利享有主体的指称，"公民"是我国宪法所特有的用语，其他国家则有所不同。美国宪法采用"人民"作为人权享有主体的称谓，德国宪法则采用"德意志人""德意志国民"或者"任何人"

的表述，日本宪法沿用"国民"这一用语，但其正式的英译本中也将"国民"译为"人民"。

对于特殊主体，我们一般把法人和外国人作为享有基本权利的特殊主体。作为特殊主体，法人和外国人在各国宪法中，分别享有作为一般主体的公民所享有的某些基本权利，而非所有的基本权利。通常情况下，法人可以享有财产权或其他一些经济上的自由权利，而人身自由、生存权等基本权利因其自身特性，只有自然人才能享有。法人也不能享有选举权和被选举权，就算施行功能团体选举办法，法人组织本身也不是具有政治意志能力的主体，这样的主体只能是各种功能界别中的自然人。在各国宪法下，外国人也可视为享有该国基本权利的特殊主体。我国宪法第三十二条第一款也规定："中华人民共和国保护在中国境内的外国人的合法权利和利益，在中国境内的外国人必须遵守中华人民共和国的法律。"不过，宪法关于基本权利保障的规定，虽然原则上适用于外国人，但其适用范围同样要视各种基本权利的性质而定。一般来讲，外国人可以享有具有前国家性质、作为自由权的诸如人身自由、人格尊严等人权，而对诸如劳动权、受教育权等社会经济权利则不完全享有。尤其是外国人对所在国的政治意志的形成、决定和实施具有影响作用的政治活动，更是要受到一定的限制。

而对于特定主体，基本权利的特定主体是指享有某种或某些特定的基本权利的主体，如享有不受刑讯逼供、及时知悉被控内容、自行辩护或委托他人辩护等诉讼权利的犯罪嫌疑人以及享有自行辩护或委托他人辩护、提出上诉或申诉等诉讼权利的被告人，就是典型的基本权利的特定主体。

对于宪法权利，作为党员领导干部要明白，要切实保障公民基本权利，必须首先大力发展社会生产力，把公民基本权利的实现建立在雄厚的物质基础上。同时，要不断增强公民的宪法观念、民主意识和权利意识，并培养其依法维权的维权意识。具体来讲，宪法明确规定公民的基本权利是国家对公民作出某种行为的保障，其最直接的意义表现为当人们的权利受到侵害，国家有义务制裁侵权行为。因此，保障公民基本权利，最基本的方式就是运用法律手段，从法律制度和措施上予以保障。

（二）宪法权利的具体类型

在十多年前，假如你是一个乙肝患者，而如果你想要当公务员，这是无法想象的事情，因为按照当时各个地方招录公务员的体检标准，是严格禁止的。所以后来发生了震惊全国的"周一超案件"，录取之时由于周一超患有乙肝，没有录取而采取极端报复方式，后被判处死刑。据说，当年甚至连患有妇科病、色盲等都无法当公务员。显然，如果招考的岗位不为专门从事食品卫生工作的岗位，这样的疾病限制是违反宪法的平等权的。因为我国宪法第三十三条第二款规定的"中华人民共和国公民在法律面前一律平等"是指：我国公民不分民族、种族、性别、职业、家庭出身、宗教信仰、教育程度、财产状况、居住期限，都一律平等地享有宪法和法律规定的权利，也都平等地履行宪法和法律规定的义务。而在 2009 年重庆高考状元何川洋因作假民族身份，虽然考出了 659 分的高分（此系没有任何加分的成绩），依然被北京大学拒绝录取。同样引发了大家对少数民族考生的优待政策，宪法学上称之为"优惠性差别待遇"，是否违反宪法平等权的反思。

可见，公民的基本权利与义务在实践中非常重要，也极易引发争议。2012 年春节期间，四川省彭州市通济镇麻柳村村民吴某某在自家承包地的河道边偶然发现一些乌木，随即雇佣挖掘机开挖。通济镇政府获悉后，认为乌木为埋藏物，依法应归国家所有。镇政府要求吴某某立即停止挖掘，由镇政府主持继续挖掘，共挖出 7 根乌木，其中一根金丝楠木的市场价格约为 1000 多万元。通济镇政府将这些乌木运到镇客运中心封存，并贴上《国有资产管理登记表》。之后，持续发酵，成为了全国热议的"彭州天价乌木案"，其焦点在于"天价乌木"到底属于国家还是属于个人，换言之，国家所有权和私有财产权之间的关系和界限是什么，在所有人不明或无主物的情况下，基于宪法的私有财产权保障与社会主义经济制度之间的关系，应作出怎样的权属安排？尤其是在 2004 年修宪时明确了私有财产权的宪法地位，私有财产权入宪，从某种意义上是有助于促进个人人格发展自由。因此，立法机关在依据宪法具体化财产权规范时，必须注意财产权存在的本意，即财产的私使用性原则，同时，也必须平衡公共利益与私益，任何一种倒向一方的偏向或歧视，都不符合财产权保障的要求。

从现行宪法来看，对于公民的基本权利，大体可以分为平等权、公民参与政治的权利、精神文化活动的自由、人身自由和人格尊严、社会经济权利、获得权利救济等。这些权利都是每个公民必须要保障的权利，同时与每个公民休戚相关。当然我们要明白，这些宪法具体权利的划分都是相对的，不是绝对的，更重要的是明白权利背后的法理以及如何确保这些具体权利类型得以真实的保障。

我们可以用宪法财产权中土地转让规定的修改来证明，1982 年《宪法》在第十条第四款没有修改之前的条文是"任何组织或者个人不得侵占、买卖、出租或者以其他形式非法转让土地"。问题来了，改革开放之初，我们为了发展经济，必须要吸引外资进来，外资来了要条件啊，什么是我们独有的呢？土地啊！因此，当然从务实角度就是通过土地优惠吸引外资，这个时候我们没有考虑到宪法第十条第四款的规定，因此那个时候一些规定和实践做法与宪法不一致，为此，有学者提出来了这叫"良性违宪"，编织了一个美丽的外衣，但一旦揭开你会发现我们会面临更大的问题。我们可以举一个实践中发生的真实案例，当年 C 市发生一起案件，新闻报道称"政府花十万请人告自己"，就是当年政府招商引资，给了土地上的优惠，有人响应就来了，在集体土地上修盖了一个大型的汽配商场，一时风光无限；但毕竟这是在集体土地上，即便说这是良性的违法也会被"现实拆穿"，最后就必须要拆掉，但围绕是否合法建筑，应该如何赔付，双方争执不下，后来当事人上访加无理取闹，政府受不了，说你来告我们，我们通过法律解决，当事人说我没有钱，然后就有了"我给你十万你来告我们"的故事。由于这样的争执较大，1988 年宪法修正案第二条，把原来宪法第十条第四款修改为："任何组织或者个人不得侵占、买卖或者以其他形式非法转让土地。土地的使用权可以依照法律的规定转让。"如此修改后，公民的财产权方才得到了真正的保障。

如此看来，宪法不能只是纸面上的宪法，记得曾经有位宪法学教授讲过这么一个故事，当年去开宪法学年会，打了一辆出租车，出租车司机看到其西装革履，就问他要干什么去，他告诉司机他是法律老师去开年会，司机问你是教什么法的？他稍显犹豫地说："我教的这个法实践中用处不大。"司机大声回应："我知道了，你一定是教宪法的。"这个尴尬的故事背后恰好说明了人民对宪法的直观感受，也说明规定再多的宪法权利，还是需要保障实施的。

二、民事权利

民事权利是宪法权利的具体化，大致可划分为人身权和财产权两大类。人身权又分为人格权和身份权；财产权主要包括物权、债权、知识产权和社员权四类。下面分别对这六大类权利予以介绍。

（一）人格权

人格是人之所以成为人的要素或条件的总称，主要包括生命、身体、健康、姓名、肖像、自由、名誉、隐私等，以这些人格利益为客体的民事权利便是人格权。与财产权可自由转让不同的是，人格权除姓名、名称和肖像等可以在特定情况下许可他人使用外，不得放弃、转让或者继承。人格权主要包括生命权、身体权、健康权、姓名权、肖像权、名誉权、荣誉权、隐私权和婚姻自主权等。

《民法典》增加规定了隐私权这一被现代文明人认为是最为重要的权利。隐私是自然人的私人生活安宁和不愿为他人知晓的私密空间、私密活动、私密信息。除法律另有规定或者权利人明确同意外，任何组织或者个人不得实施下列行为：（1）以电话、短信、即时通讯工具、电子邮件、传单等方式侵扰他人的私人生活安宁；（2）进入、拍摄、窥视他人的住宅、宾馆房间等私密空间；（3）拍摄、窥视、窃听、公开他人的私密活动；（4）拍摄、窥视他人身体的私密部位；（5）处理他人的私密信息；（6）以其他方式侵害他人的隐私权。

这里需要特别强调的是公众人物的名誉权、隐私权和公众知情权、公共事务监督权的冲突问题。有学者对 2004 年之前的新闻侵权纠纷总结后认为，我国的新闻侵权纠纷出现过四次浪潮：第一次浪潮是普通公民告媒体阶段（1988—1990 年），以《民主与法制》杂志社记者沈涯夫、牟春霖的《二十年"疯女"之谜》一文侵犯杜融名誉权官司为典型案例；第二次浪潮是名人告媒体阶段（1992—1993 年），以徐良、游本昌、陈佩斯、刘晓庆、陈凯歌、李谷一状告新闻媒体侵犯其名誉权官司为典型案例；第三次浪潮是工商法人告媒体阶段（1996—1997 年），以周林频谱仪等状告新闻媒体侵犯其名誉权官司为典型案例；第四次浪潮是官员告媒体阶段（1998—2004 年），以公务人员（包括税务干部、农工部长、首长秘书、文化局局长、县委书记、市长、警察、法官等）状告新闻媒体侵犯其名誉权官司为典型案例。① 从这四次浪潮来看，第二、四次涉及的恰恰是公众人物。也就是说，我国公众人物名誉权与新闻自由权、公众知情权的冲突已在 20 世纪 90 年代初凸显。需要指出的是，上述关于四次浪潮的概括是基于 2004 年之前的实践，2004 年之后，先后引起社会高度关注的"稷山诽谤案""志丹短信案""重庆彭水诗案""西丰诽谤案"等案件，是以"诽谤罪"的形式呈现出来的，暴露的是地方父母官名誉与公众知情权之间的激烈冲突。至于公众人物隐私权与公众知情权的冲突，虽然真正到法院提起诉讼的并不多，但近年来不断发生的针对官员、明星的不雅视频风波，实际上已经将这一问题推到了风口浪尖。对于公众人物名誉权、隐私权与公众知情权、监督权的冲突问题，首先需要明确的是，"公众人物是公共财富"，应当坚持公众知情权、监督权、公共利益优先原则。在著名的纽约时报诉萨利文一案中，美国联邦最高法院认为，一项虚假陈述即使影响官员的名誉，并不能成为裁定给予官员损害赔偿的充分理由。除非官员能够证明虚假陈述人具有诽谤的实际恶意，即被告明知该有关官员的事实陈述是虚假的，但却故意发表或玩忽放任、根本不在乎陈述真实与否。之所以采取这

---

① 参见徐迅：《中国新闻侵权纠纷的三次浪潮》，载《中国青年报》1993 年 8 月 5 日；徐讯：《中国新闻侵权纠纷的第四次浪潮——避免与化解纠纷的实践指南》，中国海关出版社 2002 年版。

样的立场，是因为联邦最高法院认识到，与社会大众的言论自由和人民对于公共事务的论辩与评价的权利相比，公共官员的名誉应当退居其次。在此问题上保护官员的所谓名誉权，只能带来对于言论自由的钳制。美国联邦最高法院指出，不可否认公职人员在遇到诽谤而受到损害的情形时，也应当获得救济。但是，同时指出，"没有任何先例可以支持任何人利用反诽谤法，限制人们针对官员执行公务的行为表达批评意见"。最后强调，"对于公共事务的辩论应当是毫无拘束、富有活力和充分公开的，包括激烈的、尖刻的，甚至是令人不快的、针对政府和官员的严厉抨击"，这是一项被美国社会所深深认同的基本原则，不容被削弱和破坏。由于"在自由辩论中，错误意见不可避免；如果自由表达要找到赖以生存的呼吸空间，就必须保护错误意见（的表达）"。因此，当官员的名誉受到侵犯时，并不能以言论自由作为代价加以救济。即使是出现某些不实之词，也不能因此让发表言论的人背上诽谤的重担。但必须强调的是，公众人物隐私权的限制也是有限度的，即对公众人物隐私的公开应当限于与其社会地位和社会声誉相关的私人信息的了解和评价，公众人物纯粹的私人活动、私人空间和私人信息理应受到法律的保护，即公众人物的下列隐私应该受到保护：住宅不受非法侵入或骚扰；私生活不受监视；通信秘密；夫妻两性生活不受他人干扰或调查；以及与社会政治和公共利益及其行使职务行为完全无关的私人事务。对于国家工作人员的监督，无论是"八小时之内"，还是"八小时之外"，都应当掌握在合理范围之内。

（二）身份权

身份权是民事主体基于特定身份关系而享有的民事权利，包括亲权、配偶权和亲属权。亲属权是父母与成年子女、祖父母与孙子女、外祖父母与外孙子女以及兄弟姐妹之间的身份权的统称。亲权是指父母对于未成年子女的身心抚养、监护和财产管理的权利。父母同为未成年子女的亲权人。配偶权是指合法配偶之间相互享有的身份权，即夫对妻以及妻对夫的身份权。

　　需要说明的是，我国的法律语言中，还有监护权这一概念。监护权不仅包括父母对未成年子女的权利，还包括父母对成年但没有独立生活能力的子女的权利，而且祖父母、外祖父母、兄姐等对于父母丧失监护能力的孙子女、外孙子女、弟妹等的照顾、管教等权利也称之为监护权。值得注意的是，《民法典》充实完善了成年监护制度，这意味着监护不仅仅是长辈对晚辈或同辈之间的监护，晚辈对长辈、组织对个人同样可能成立监护。

（三）物权

　　物权意义上的物一般是指人类可支配的、有价值的、人体之外的有体物。电力、磁力、燃气以及特殊情形的权利也是物权的对象。物可分为动产和不动产。

　　物权是指权利人依法对特定的物享有直接支配和排他的权利。其特征是：（1）物权为直接支配物的权利。物权是以直接支配标的物为内容，是支配权。所谓"直接"，是指物权人对于标的物的支配无需他人行为的介入即可实现。这是物权与作为请求权的债权的最主要的区别。（2）物权为支配特定物的权利。由于物权是对物直接支配的权利，所以物权的客体必须是特定物，即具体指定的物。（3）物权具有排他性。由于物权是权利人通过支配特定物而获得利益的权利，权利人实现其利益也无需其他人介入，因此物权具有排除他人不当干预的特性。对于权利人之外的其他人，包括各级政府在内，必须容忍物权人行使其权利，除非有正当理由（比如政府征收），否则不得干涉权利人行使权利。

　　物权包括所有权、用益物权和担保物权：（1）所有权是对自己的不动产或者动产，依照法律规定享有占有、使用、收益和处分的权利。所有权人有权在自己的不动产或者动产上设立用益物权和担保物权。（2）用益物权是指当事人依照法律规定，对他人所有的不动产或者动产，享有占有、使用和收益的权利，包括国有建设用地使用权、集体建设用地使用权、宅基地使用权、农村土地承包经营权、土地经营权、居住权、地役权等。（3）

担保物权是指债权人对债务人或者第三人提供的担保财产或者债权人合法占有的财产，当债务人不履行到期债务或者发生当事人约定的实现担保物权的情形时，享有优先受偿的权利，主要的担保物权类型是抵押权、质权和留置权。

需要说明的是，首先，物权实行法定原则，物权的种类和内容必须由法律规定，当事人不得自由创设法律未规定的新种类的物权或新的内容。其次，所有权是对自己所有物的权利，因此也称为自物权。用益物权和担保物权均是对他人所有物的权利，因此也被称为他物权。

（四）债权

债权主要包括合同债权、侵权损害赔偿债权、不当得利债权和无因管理债权。双方当事人之间订立合同，实际上在原本没有法律权利义务关系的两方之间产生了权利义务关系，这种权利义务关系就是一方有权请求对方作出某一行为，反之，另一方一般也有权请求对方作出某一行为。比如，在房屋买卖合同，买方有权请求卖方交付房屋并转移所有权（办理过户登记），而卖方有权请求买方支付价款（货币自支付时起所有权自动转移）。在这样一种关系中，买方请求卖方交付房屋并转移所有权的权利和卖方请求买方支付价款的权利就是债权，与所有权等物权直接支配物以实现利益不同的是，债权利益的实现只能请求他人履行。正是由于这种差别，物权被称为支配权，而债权被称为请求权。

除了因合同产生的债权外，另一大类债权就是侵权损害赔偿债权。权利的赋予固然重要，权利的救济同样不可忽视，因为没有救济就没有真正意义上的权利。现代社会，权利类型越来越多样化，权利内容也越来越丰富，但同时权利遭受侵犯的可能性也在增大。人格权、身份权、物权、知识产权等权利遭受侵犯的主要救济措施就是损害赔偿，即让侵犯权利之人向权利被侵之人赔偿。这种请求侵犯权利之人赔偿的权利就是一种债权。

此外，《民法典》在合同编的第三分编以"准合同"名义规定了无因管理和不当得利债权。无因管理是指管理人没有法定的或者约定的义务，为避免他人利益受损失而管理他人事务，因此，管理人可以请求受益人偿还因管理事务而支出的必要费用。不仅如此，管理人因管理事务受到损失的，可以请求受益人给予适当补偿。不当得利是指得利人没有法律根据取得不当利益，受损失的人可以请求得利人返还取得的利益，但是，有下列情形之一的除外：（1）为履行道德义务进行的给付；（2）债务到期之前的清偿；（3）明知无给付义务而进行的债务清偿。

（五）知识产权

知识产权是公民和法人在科学、技术、文化、艺术和市场运作等领域中的创新成果，依法获得的专有权利。知识产权主要包括版权及其邻接权（包含计算机软件等）、商标权、专利权（发明、实用新型、工业品外观设计）、集成电路布图设计权、地理标志权、植物新品种权、未披露过的信息（商业秘密）权等。

从本质上说，知识经济就是以产权化的知识（知识产权）为基础的经济。当今世界，国家的核心竞争能力日益体现为对智力资源和智慧成果的培育、拥有、配置和调控能力，尤其体现为对知识产权的拥有和运用能力。目前发达国家的经济总量中，知识经济已占到一半以上。

20 世纪末，尤其是 21 世纪初，美、日、韩等许多国家制定知识产权战略，以振兴经济和增强国际竞争能力。经过四十多年的发展，我国的专利、商标等在绝对数量上得到了快速发展，但与我国庞大的企业数量相比，企业平均专利占有量还比较低，尤其是专利质量不高。如"中国有 95% 以上的企业没有自己的专利，拥有核心技术专利的企业仅为万分之三。相形之下，外国公司注重专利权的取得，将其专利申请的重点集中在发明专利，并将发明专利申请集中在高新技术领域。据统计，在航空航天、高清晰彩电、通信、电子、汽车等领域，外国公司拥有中国发明专利高达 80% 甚至 90%。"[①]2008 年，国务院《国家知识产权战略纲要》发布。知识产权已经成

---

① 吴汉东：《中国知识产权法制建设的评价与反思》，载《中国法学》2009 年第 1 期。

为关系国家发展的重大战略问题，是国家核心战略资源，是国家重要发展战略。

（六）社员权

社员权是团体成员根据其在团体中的地位产生的对于团体的权利。社员权基于社员资格而产生，并因这种资格的丧失而丧失，一般不能继承。社员权是一个复合的权利，包含表决权，对业务的知悉、执行和监督权，盈利分配权和团体终止时的剩余财产分配权。

股东权是最重要的一种社员权。股东权中非经济性质的权利有会议参加权、决议权、选举权与被选举权、股东会决议撤销诉权、股东会决议无效诉权、董事会决议无效或撤销的诉权、股东会召集请求权等。经济性质的权利有股息分配请求权、剩余财产分配请求权、新股认购权、股份收购请求权等。这些权利又因公司种类而有不同，例如股份有限公司股东还有股票交付请求权、股份转让权等。

除股东权外，农民专业合作社的社员对于专业合作社的权利也是社员权，社员有参与管理、分享盈余等权利。在表决机制上，根据《农民专业合作社法》的规定，农民专业合作社成员大会选举和表决，实行一人一票制，成员各享有一票的基本表决权。出资额或者与本社交易量（额）较大的成员按照章程规定，可以享有附加表决权。本社的附加表决权总票数，不得超过本社成员基本表决权总票数的百分之二十。享有附加表决权的成员及其享有的附加表决权数，应当在每次成员大会召开时告知出席会议的成员。此外，章程可以限制附加表决权行使的范围。

以上权利类型中，人格权和身份权合称为人身权，物权、债权、知识产权和股权属于财产权的范畴，现代产权也主要指这四大权利。市场交换说到底是权利的交换，人身权原则上是不能交换的，因此不仅贩卖人口属于严重刑事犯罪，人体器官的买卖也是被法律所禁止的。此外，公权力不能成为市场交换的对象。正是基于公权力和人身权的不可交易性，权权交易、权钱交易、权色交易才为法所不许。

三、诉讼权利

诉讼权利，是贯穿于诉讼行为全过程的，由法律赋予诉讼当事人所享有的寻求司法救济的权利。一方面，诉讼权利满足了诉讼当事人通过司法途径维护自身主体权益的切实需要；另一方面，诉讼权利更是在共建中国特色社会主义法治体系，共创法治国家、法治政府、法治社会一体化建设宏伟蓝图中的一个重要基点。

（一）诉讼权利的界定

诉权是诉讼权利的行使基础，诉讼权利是诉权的具体表现。诉权，亦称司法救济权，是当事人因实体权利义务关系发生争议或者处于不正常的状态，请求司法机关（法院）以国家强制力为支撑，以裁判的方式予以保护、解决和救济的权利。[①] 诉讼权利，则是诉讼当事人基于诉权而能够实际行使的某项或某些具体权利，其以诉讼法和实体法为依据，以保障诉讼当事人通过合法合规的途径定分止争为目的价值，是支撑和推动诉讼程序的重要动力。

（二）诉讼权利的类型

根据诉讼权利产生的不同实体法基础，诉讼权利可分为民事诉讼权利、刑事诉讼权利和行政诉讼权利。

1.民事诉讼权利

民事诉讼权利，是指民事诉讼主体在民事诉讼活动中所享有的权利，是当事人维护其民事实体利益的一种重要手段。

---

① 参见常怡：《民事诉讼法学》，中国政法大学出版社 2016 年版，第 125 页。

（1）民事诉讼权利的分类

以诉讼程序推进的时间顺序为依据，民事诉讼权利可分为程序启动权、程序推进权和程序终结权。[①] 其中，程序启动权包括起诉权、反诉权、上诉权、申请再审权、复议权等各项权利；程序推进权包括陈述权、举证权、质证权、辩论权等各项权利；程序终结权包括撤销诉讼请求权、放弃诉讼请求权、请求调解权等各项权利。

（2）民事诉讼权利的行使

司法实践中，民事诉讼权利的行使还应注意行使主体的适格问题。

鉴于民事关系是交织在社会生活中最为庞杂的法律关系，许多民事主体在种种民事法律活动中，难免会出现民事法律行为主体混淆的情况，由此产生的就是在民事诉讼活动中混淆民事诉讼权利，主体不适格行使民事诉讼权利的情况。例如，在长春华起控股有限公司、中国吉林森林工业集团有限责任公司股权转让纠纷中，一审法院吉林省高级人民法院在 2019 年 3 月 25 日作出的(2018)吉民初 5 号《民事判决书》中，判决由长春东北亚总部经济开发有限公司股东周某某承担连带清偿责任，长春华起控股有限公司（以下简称华起公司）则不服判决结果，提起上诉，请求法院确认周某某在本案中不应当承担连带责任。经最高人民法院查明，一审法院判决周某某承担连带清偿责任对于主债务人华起公司的权益并无不利影响，针对本案中周某某是否应当承担上述连带清偿责任的问题提起上诉的权利属于应当由周某某本人行使的诉讼权利，华起公司行使本应由他人（周某某）行使的诉讼权利，没有事实和法律依据。因此，最高人民法院最终驳回了华起公司的上诉请求。[②] 可见，民事诉讼权利应当是诉讼当事人基于某一特定民事法律纠纷事实而享有的权利，任何人不得代他人行使。

2.刑事诉讼权利

刑事诉讼权利，是指刑事诉讼主体及其他刑事诉讼参与人在刑事诉讼过

---

① 参见熊皓男、赵睿男：《权利立法视阈下的民事诉权保护》，载《沈阳干部学刊》2019 年第 2 期。

② 参见最高人民法院"长春华起控股有限公司、中国吉林森林工业集团有限责任公司股权转让纠纷二审民事判决书"，(2019) 最高法民终 1458 号。

程中依法享有的权利，主要包括获得辩护权、申请回避权、控告权、运用本民族的语言文字进行诉讼的权利等各项具体权利。司法机关有义务保障诉讼参与人充分行使刑事诉讼权利，对于妨碍诉讼参与人行使刑事诉讼权利的各种行为，有义务采取措施予以制止。刑事诉讼权利的设立导向在于"人权保障"，即保证正确应用法律，惩罚犯罪分子，保障无罪的人不受刑事追究，教育公民自觉遵守法律，积极同犯罪行为作斗争，维护社会主义法制，尊重和保障人权，保护公民的人身权利、财产权利、民主权利和其他权利。[1] 以下介绍几项较为重要的刑事诉讼权利。

第一，控告权。控告权是指犯罪嫌疑人、被告人对审判人员、检察人员和侦查人员侵犯其诉讼权利和人身侮辱的行为，以及刑事被害人对犯罪嫌疑人的不法侵害行为有权提出控告的权利。根据《刑事诉讼法》第十四条第二款、第四十九条及第一百一十条第二款之规定，刑事被害人在受到涉嫌犯罪的不法侵害时，有权就犯罪嫌疑人的行为，向公检法机关行使控告权；刑事诉讼当事人及其辩护人、委托代理人在参与刑事诉讼的过程中，被侵犯诉讼权利的，有权向相关机关控告。[2]

第二，和解权。和解权即刑事诉讼当事人可以依法与加害人达成一致，进行和解的权利。刑事和解，是指加害人和受害人之间的协商，即通过加害人的真诚道歉，经被害人谅解，与加害人达成一致协议，以弥补受害人的损失和伤害；同时，双方达成的一致意见经司法机关确认后，司法机关对加害

---

① 《刑事诉讼法》第二条规定："中华人民共和国刑事诉讼法的任务，是保证准确、及时地查明犯罪事实，正确应用法律，惩罚犯罪分子，保障无罪的人不受刑事追究，教育公民自觉遵守法律，积极同犯罪行为作斗争，维护社会主义法制，尊重和保障人权，保护公民的人身权利、财产权利、民主权利和其他权利，保障社会主义建设事业的顺利进行。"

② 《刑事诉讼法》第十四条第二款规定："诉讼参与人对于审判人员、检察人员和侦查人员侵犯公民诉讼权利和人身侮辱的行为，有权提出控告。"第四十九条规定："辩护人、诉讼代理人认为公安机关、人民检察院、人民法院及其工作人员阻碍其依法行使诉讼权利的，有权向同级或者上一级人民检察院申诉或者控告。人民检察院对申诉或者控告应当及时进行审查，情况属实的，通知有关机关予以纠正。"第一百一十条第二款规定："被害人对侵犯其人身、财产权利的犯罪事实或者犯罪嫌疑人，有权向公安机关、人民检察院或者人民法院报案或者控告。"

人不予追究刑事责任、免除刑事责任或从轻处罚，促使犯罪人尽早回归社会的一种刑事司法制度。①《刑事诉讼法》第二百一十二条、第二百八十八条至第二百九十条对刑事诉讼当事人和解及其适用的公诉案件诉讼程序作出了明确规定：一是因民间纠纷引起，涉嫌刑法分则第四章、第五章规定的犯罪案件，可能判处三年有期徒刑以下刑罚的，可以和解；二是除渎职犯罪以外的可能判处七年有期徒刑以下刑罚的过失犯罪案件，可以和解。但是，犯罪嫌疑人、被告人在五年以内曾经故意犯罪的，不得适用相关规定进行和解。

第三，提起附带民事诉讼的权利。提起附带民事诉讼的权利，是指在法院审判被告人犯罪行为的同时，被害人有权提起附带解决被告人犯罪行为所造成损害的民事赔偿的权利。《刑事诉讼法》第一百零一条规定："被害人由于被告人的犯罪行为而遭受物质损失的，在刑事诉讼过程中，有权提起附带民事诉讼。"附带民事诉讼制度，在保障刑事诉讼制度实现惩恶扬善价值的同时，还极大程度地保障了刑事诉讼当事人的经济利益。

关于刑事诉讼权利的保障，正如前文所述，刑事诉讼权利的基本价值在于"人权保障"，这也意味着在刑事诉讼活动中，公安机关、司法机关应当严格保障刑事诉讼当事人的程序利益，才能使整个刑事诉讼程序合法合规地履行，最终实现刑事诉讼"惩罚犯罪、保障人权"的价值目的。2019年，江苏省盐城市中级人民法院就展开了一次全新的实践探索，该法院编印了《刑事案件常见瑕疵汇编》，对2016年以来的刑事上诉案件进行系统梳理，从程序、事实认定、量刑、文书制作等四方面列出48条常见问题，每条都详细列出典型案例，以"错题集"的形式为全市法院刑事干警办案提供规范指引，力求补偏救弊。②这是当地司法机关为防止冤假错案所作的又一努力，也为推动保障刑事诉讼权利注入了新动力。

3.行政诉讼权利

根据《行政诉讼法》第二条、第二十五条之规定，行政诉讼权利是由行

---

① 参见高飞、夏云伟：《科学发展观视野下的刑事和解制度构建》，载《商场现代化》2009年第18期。
② 参见《刑案审判"错题集"有益补偏救弊》，中国法院网，2019年3月26日。

政行为的相对人以及其他与行政行为有利害关系的公民、法人或者其他组织，在行政诉讼程序中享有的各项具体权利。① 除申请回避权、上诉权、申诉权等与民事诉讼权利、刑事诉讼权利中相同的权利外，行政诉讼权利还有以下两点内容值得我们注意、探讨。

第一，行政诉讼当事人的举证责任。一般而言，诉讼主体的举证证明责任均以"谁主张，谁举证"为原则，即自己为自己的观点提供证据进行论证。而《行政诉讼法》则从实践导向出发，为保障在行政行为中较弱势的公民一方，将行政诉讼中的举证原则规定为"被告对做出的行政行为负有举证责任"。以政府信息公开诉讼为例，被告拒绝向原告提供政府信息的，应当对拒绝决定的根据以及履行法定告知和说明理由义务的情况举证；因公共利益决定公开涉及商业秘密或者个人隐私的政府信息的，被告应当对公共利益的认定以及不公开可能对公共利益造成重大影响的理由进行举证和说明；被告拒绝更正与原告相关的政府信息记录的，应当对拒绝的理由进行举证和说明。②

第二，对行政诉讼权利滥用的限制。当事人过于轻率的恶意诉讼，导致社会公共资源被挤占、造成大量无谓的资源消耗的情况层出不穷，给许多行政机关和司法机关带来巨大的压力，行政、司法等公共资源被严重浪费。因此，限制滥用行政诉讼权利，是当下社会的一个重要论题。江苏省南通市港闸区法院就曾面临这样一个案例，原告陆红某、陆富某（陆红某父亲）曾分别向南通市公安局、国土局、发改委等部门申请公开建设项目的征地批文、"110"的接处警记录、拘留所伙食费标准等政府信息。行政主管机关对两原告的申请均作出答复，一些机关还提供了政府信息。但陆红某和陆富某对行政机关的答复不满，分别向港闸法院提起 8 个诉讼。经港闸法院审理，法院

---

① 《行政诉讼法》第二条规定："公民、法人或者其他组织认为行政机关和行政机关工作人员的行政行为侵犯其合法权益，有权依照本法向人民法院提起诉讼。前款所称行政行为，包括法律、法规、规章授权的组织作出的行政行为。"第二十五条第一款规定："行政行为的相对人以及其他与行政行为有利害关系的公民、法人或者其他组织，有权提起诉讼。"

② 参见《最高人民法院关于审理政府信息公开行政案件若干问题的规定》，法释〔2011〕17 号，第五条第一至三款。

认定陆红某、陆富某滥用政府信息公开权利和诉讼权利，其提出的申请违背了《政府信息公开条例》的立法本意且不具善意，系滥用知情权。因陆红某、陆富某所提起的诉讼缺乏诉的利益、目的不当、有悖诚信，违背了诉权行使的必要性，丧失了权利行使的正当性，构成典型的滥用诉权行为，港闸法院最终驳回了两原告提起的 8 个起诉。① 限制行政诉讼权利滥用对行政机关依法行政具有重要意义，既可以避免对行政资源、司法资源的浪费，又可以促使社会公众厘清对于政府行为的认识，有利于规范行政诉讼秩序。

本讲作者：

胡业勋　中共四川省委党校法学部副主任，教授

刘　锐　中共中央党校（国家行政学院）政治和法律教研部教授

杨　波　成都大学法学院讲师

---

① 参见《港闸法院召开新闻发布会，率先规制政府信息公开滥诉行为》，南通法院网，2015 年 3 月 5 日。

法律行为制度

一、民事行为

（一）民事法律行为的概念

《民法典》总则编第六章专章规定了"民事法律行为"，又在第三编专编规定了合同，在总则编、物权编、人格权编、婚姻家庭编、继承编等规定了监护协议、用益物权和担保物权设立合同、姓名肖像等许可协议、离婚收养协议、遗嘱及遗赠抚养协议等。无论是合同编规定的合同，物权编规定的合同，还是婚姻家庭编和继承编规定的协议及遗嘱等，都属于《民法典》规定的民事法律行为的范畴。

民事法律行为是民法典中一个使用比较频繁但又抽象、不好理解的概念。合同是典型的民事法律行为，除了合同之外，民事法律行为还包括单方的抛弃所有权的行为、免除债务人债务的行为、遗嘱行为、捐助财产并设立财团法人的行为、悬赏广告、行使撤销权、解除权或抵销权的行为、接受或放弃受遗赠的表示等，而且，离婚协议、收养协议等身份关系的协议也属于民事法律行为。《民法典》规定，民事法律行为是民事主体通过意思表示设立、变更、终止民事法律关系的行为。民事法律行为的核心是意思表示，目的是设立、变更、终止民事法律关系，结果是民事权利义务的得丧变更。

意思表示是向外部表达意欲发生一定民事权利义务变化效果的意思的行为。意思表示可以以对话方式作出，自相对人知道其内容时生效；以非对话方式作出的意思表示，到达相对人时生效；无相对人的意思表示，表示完成时生效；以公告方式作出的意思表示，公告发布时生效。行为人可以明示或者默示作出意思表示，但需要注意的是，沉默只有在有法律规定、当事人约定或者符合当事人之间的交易习惯时，才可以视为意思表示。因此，实践中我们不得简单将行为人的沉默视为同意或不同意。

民法对民事主体意愿和选择的尊重体现在对其意思表示的尊重。这种尊重一以贯之地体现在民法典各部分，如对民事行为能力的界定和划分以辨别能力和意思表示能力为标准，用益物权和担保物权的设立、合同的订立、夫妻财产制的约定、离婚协议、收养协议、监护协议、遗嘱和遗赠抚养协议等，都是对民事主体"意思""意愿"的尊重。

总的来看，民事法律行为虽然种类繁多、形态各异，但具有以下特点：一是民事法律行为能够在当事人之间引起民事权利义务关系的发生、变更或者消灭。二是民事法律行为都是当事人的意思表示行为。一项法律行为可以是由一个意思表示行为构成，如抛弃所有权的行为、解除合同的行为、立遗嘱的行为等，但大多数民事法律行为是合同行为。三是民事法律行为所引起的具体法律效果是由当事人的意思表示所决定的。法律行为产生怎样的法律后果，取决于行为人所表达出来的意思。一定程度上可以说，民事法律行为制度体现了对市场主体意愿的尊重，允许当事人"说了算"。

（二）民事法律行为的效力

民法尊重当事人的意愿和选择，让当事人自己"说了算"，但当事人"说"的不一定都"算数"。民事法律行为有有效的，有无效的，有效力待定的，还有虽然有效但一方当事人有权撤销的。

民事主体要做到自己"说了算"，要让法律行为产生预期的效果，至少要满足以下几个条件：第一，行为人具有相应的民事行为能力，无民事行为能力人实施的民事法律行为无效，限制民事行为能力人实施的纯获利益的民事法律行为或者与其年龄、智力、精神健康状况相适应的民事法律行为有效，但所立的遗嘱无效。具有完全民事行为能力的成年人可以独立实施民事法律行为，法人和非法人组织不存在行为能力的差等，不存在无行为能力或限制行为能力的法人。第二，意思表示真实。民法尊重民事主体的选择和意愿，但也只尊重真实的选择和意愿。因此，基于重大误解、受欺诈、被胁迫、危困状态或缺乏判断能力被利用等而实施的非真实的意思表示，将可能影响民事法律行为的效力，不必然发生当事人追求的法律效果。第三，不违反法律、行政法规的强制性规定，不违背公序良俗。注意，这里的强制性规定指的是法律、行政法规的强制性规定，不包括地方性法规、规章和规范性文件的强制性规定。此外，并不是违反法律、行政法规的任何强制性规定都必然导致民事法律行为无效。强制性规定有效力性强制性规定和管理性强制性规定之分。有些强制性规定明确规定违反该规定的合同无效，比如《民法典》第七百零五条规定的"租赁期限不得超过二十年。超过二十年的，超过部分无效。"第一千零七条第一款规定："禁止以任何形式买卖人体细胞、人体组织、人体器官、遗体。"第二款紧接着规定："违反前款规定的买卖行为无效。"然而，大量的强制性规定并未规定违反之后对民事法律行为的效力。实践中，如何区分效力性强制性规定和管理性强制性规定，存在比较大的分歧。最高人民法院于2019年下半年发布的《全国法院民商事审判工作会议纪要》（以下简称《九民纪要》）对此指出：下列强制性规定，应当认定为"效力性强制性规定"：强制性规定涉及金融安全、市场秩序、国家宏观政策等公序良俗的；交易标的禁止买卖的，如禁止人体器官、毒品、枪支等买卖；违反特许经营规定的，如场外配资合同；交易方式严重违法的，如违反招投标等竞争性缔约方式订立的合同；交易场所违法的，如在批准的交易场所之外进行期货交易。关于经营范围、交易时间、交易数量等行政管理性质的强制性规定，一般应当认定为"管理性强制性规定"。关于公序良俗的界定，《民法典》明确规定违背公序良俗的民事法律行为无效。实践中，违反公序良俗的类型主要有：（1）违反性伦理和家庭伦理。例如性交易合同、包养情妇合同、将全部遗产遗留给情妇的遗嘱、约定以不生育子女为条件而进行结婚的协议、断绝父子关系协议。（2）极度限制个人自由。比如卖身为奴，夫妻之间约定不得离婚，否则丧失全部财产并给对方巨额损害赔偿金，在雇佣或者劳动合同中约定职工不得结婚或者生育子女。（3）赌博以及各种类似于赌博的行为。（4）严重违反市场经济基本秩序从而限制正当竞争。（5）严重限制营业自由或者职业自由。例如约定长期的竞业禁止特约。①

值得注意的是，根据前述《九民纪要》，违反规章一般情况下不影响合同效力，但该规章的内容涉及金融安全、市场秩序、国家宏观政策等公序良俗的，应当认定合同无效。人民法院在认定规章是否涉及公序良俗时，要在考察规范对象基础上，兼顾监管强度、交易安全保护以及社会影响等方面进行慎重考量，并在裁判文书中进行充分说理。

以上是对民事法律行为内容上的实质性要求。在形式上，民事法律行为可以采用书面形式、口头形式或者其他形式；法律、行政法规规定或者当事人约定采用特定形式的，应当采用特定形式。例如：建设用地使用权出让合同、居住权合同、地役权合同、抵押合同、质押合同、融资租赁合同、保理合同、建设工程合同、技术开发合同、技术转让合同、技术许可合同、物业服务合同应当以书面形式订立；人体细胞、人体组织、人体器官和遗体的捐献，夫妻财产制的约定，离婚协议以及放弃继承的表示等应当采用书面形式。总的来看，基于私法自治原则，民事法律行为以不具有特定形式为原则，以要求某种形式要式（主要为书面形式）为例外，因此只要法律没有规定为要式的法律行为即为不要式行为。从《民法典》对民事法律行为形式的要求来看，要求具备特定形式的民事法律行为主要集中在以下几个方面：离婚、收养、遗嘱等身份行为或者与身份相关的行为；房屋买卖、建设用地使用权出让转让等以变动不动产物权为内容的法律行为；抵押、质押、定金等各类担保合同行为；《民法典》合同编规定的银行借款合同、融资租赁合同等。

民事法律行为要产生当事人追求的法律效果，应当满足以上的内容和形式要求，如果在内容上或形式上存在瑕疵或重大缺陷，将使法律行为的效力发生动摇甚至无效。

根据《民法典》规定，以下民事法律行为是可撤销的：基于重大误解实施的民事法律行为，行为人有权请求人民法院或者仲裁机构予以撤销；一方以欺诈手段，使对方在违背真实意思的情况下实施的民事法律行为，受欺诈

---

① 参见刘锐、黄福宁、席志国：《民法总则八讲》，人民出版社 2017 年版，第 201—202 页。

方有权请求人民法院或者仲裁机构予以撤销；第三人实施欺诈行为，使一方
在违背真实意思的情况下实施的民事法律行为，对方知道或者应当知道该欺
诈行为的，受欺诈方有权请求人民法院或者仲裁机构予以撤销；一方或者第
三人以胁迫手段，使对方在违背真实意思的情况下实施的民事法律行为，受
胁迫方有权请求人民法院或者仲裁机构予以撤销；一方利用对方处于危困状
态、缺乏判断能力等情形，致使民事法律行为成立时显失公平的，受损害方
有权请求人民法院或者仲裁机构予以撤销。需要注意的是，撤销权的行使应
在法律规定的期限内完成，否则，撤销权将消灭。《民法典》第一百五十二
条规定，有下列情形之一的，撤销权消灭：（1）当事人自知道或者应当知道
撤销事由之日起一年内、重大误解的当事人自知道或者应当知道撤销事由之
日起九十日内没有行使撤销权；（2）当事人受胁迫，自胁迫行为终止之日起
一年内没有行使撤销权；（3）当事人知道撤销事由后明确表示或者以自己的
行为表明放弃撤销权。此外，当事人自民事法律行为发生之日起五年内没有
行使撤销权的，撤销权消灭。

　　根据《民法典》规定，以下民事法律行为是无效的：无民事行为能力人
实施的民事法律行为无效；行为人与相对人以虚假的意思表示实施的民事法
律行为无效；违反法律、行政法规的效力性强制性规定的民事法律行为无
效；违背公序良俗的民事法律行为无效；行为人与相对人恶意串通，损害他
人合法权益的民事法律行为无效。关于遗嘱，《民法典》有一些特殊规定，
无民事行为能力人或者限制民事行为能力人所立的遗嘱无效；受欺诈、胁迫
所立的遗嘱无效；伪造的遗嘱无效；遗嘱被篡改的，篡改的内容无效。

　　此外，还有附条件和附期限的民事法律行为。附生效条件的民事法律行
为，自条件成就时生效；附解除条件的民事法律行为，自条件成就时失效。
附生效期限的民事法律行为，自期限届至时生效。附终止期限的民事法律行
为，自期限届满时失效。

　　民事法律行为还有效力待定的情形。典型的效力待定法律行为包括无权
代理、债务承担和限制行为能力人实施的待追认行为。

　　需要注意的是，无效的或者被撤销的民事法律行为自始没有法律约束
力。民事法律行为部分无效，不影响其他部分效力的，其他部分仍然有效。

民事法律行为无效、被撤销或者确定不发生效力后，行为人因该行为取得的财产，应当予以返还；不能返还或者没有必要返还的，应当折价补偿。有过错的一方应当赔偿对方由此所受到的损失；各方都有过错的，应当各自承担相应的责任。法律另有规定的，依照其规定。

（三）重视合同的谈判、签订和履行

美国前总统杰弗逊曾言，"不要说信赖谁，还是让契约约束他吧！"犹太人有一句名言，称"契约是衡量一个人道德品质的天平。遵守契约，你获得将不只是尊重"。市场就是全部契约的总和。在当今市场经济社会，契约的重要性怎么强调也不为过。然而，虽然我国改革开放已四十多年，市场经济体制日益健全，合同也越来越受到市场主体的重视，企业领导者也越来越重视合规，但由于我国缺乏契约传统和契约文化，契约精神尚未深入人心。全社会，尤其是一些政府领导、中小企业领导及普通老百姓的契约意识、合规意识还没有普遍树立起来，对合同谈判、合同签署及合同履行还重视不够。

1. 重视合同的谈判和签署

合同是当事人意思表示一致的产物，是合同当事人谈判的结果。实践中，除了供用电、水、气、热力合同，公共运输合同，强制保险合同等外，大量的合同是可以谈判的，固然谈判受双方实力的影响，但即便是弱势的一方，也有其必须保障的核心利益，不是没有谈判的空间。实践中，很多人由于不了解基本合同制度，不懂得合同谈判重点和技巧，看到一方或中介拿出的合同文本便以为是不可谈判的，很多时候抱着"看不懂""看了也白看"以及过分相信对方的心态放弃了合同谈判，结果造成了自己利益的严重受损。某种意义上讲，合同是谈出来的。不经历艰苦的谈判，很难实现自己利益的最大化；不经历认真的谈判，很难产生明确具体周全的合同。从实践来看，很多人上当受骗的原因就在于不仅合同没有经历谈判过程，就连最后签署之前也没有认真看一遍。

重视合同的谈判和签署，不仅要重视合同的有效性，包括合同实质有效和合同形式有效，避免合同因为存在瑕疵甚至重大缺陷而无效，更要重视合同核心条款约定。合同双方往往利益对立，各方的核心关切和利益往往不一致，在合同谈判和签署中，一定要注意通过明确具体的约定，尤其是违约责任的约定，促使他方履行合同义务，实现自己的权利。一定要避免只重视权利义务的约定，而忽视违约责任的做法，要知道，没有足够的违约责任压力，合同义务的履行就很难有可靠的保证。此外，类似房屋租赁等履行期比较长的合同，一定要注意约定一方违反约定时，另一方面单方解除合同的权利。最后，合同纠纷的争议解决方式和管辖也是合同的重要条款，一定要认真对待。合同纠纷的解决方式主要有诉讼和仲裁，仲裁需要当事人在合同中约定仲裁条款或者纠纷发生后双方达成仲裁协议，如果没有仲裁约定，纠纷往往需要通过诉讼途径解决。即使是诉讼，合同中可以对法院管辖进行约定，不同地方的法院管辖，对于当事人诉讼成本的支出等具有重大影响。

此外，特别需要指出的是，要善于用合同安排生活，包括当下的和未来的生活甚至身后的事务。要知道，《民法典》规定的民事法律行为制度给我们提供了广阔的选择空间和多样的实现工具，应运用好这些权利和工具。这里通过居住权的设定说明如何通过民事法律行为合理安排民事活动和事务。我们先来讲一个真实的故事。《民法典》通过不久，我给某国家部委讲《民法典》，结束后一位退休多年的老领导现场向我提了一个问题。他说他是再婚，现在他的爱人成天闹着让他把房子过户给她（估计他的爱人年龄比他小不少），可他的子女死活不同意，搞得他比较烦恼，不知该怎么办好。我说《民法典》已经为你的这种情况开出了良方，你等到民法典2021年实施后，去登记部门给你爱人设立一个居住权，让她无偿、无期限限制且非常稳定可靠地居住房屋直到百年之后，而将房屋所有权留给子女，这样就比较好地协调了各方的利益。这个例子给我的启示是，《民法典》给了我们很多可以选择的机会、方法，可惜我们的老百姓对《民法典》的学习掌握有个过程，我们经常讲要学法、守法、用法，其实，民法主要不是用来守的，《民法典》规定的守法义务并不多，类似民事法律行为不得违反法律行政法规的强制性规定、不得违反公序良俗这样的规定并不多，民法更应被用来活学活用。就拿居住权来说，《民法典》规定居住权无偿设立，但是当事人另有约定的除外；设立居住权的住宅不得出租，但是当事人另有约定的除外。这就意味着，即使居住权的设立，也有很大的选择空间，可以有偿、可以出租，只不过需要在合同中明确约定，否则不行。

2. 重视合同的履行

合同签署之后，就应当重视合同的履行。各方当事人不仅要重视自己的权利实现，也要重视自己义务的履行。不仅要避免合同签订之后因忽视权利行使的节点而导致权利受损，也要避免忽视义务的履行而招致严重的违约责任，应该在合同签订之后，对主要权利的行使和义务的履行进行梳理，形成简明扼要的合同权利行使和义务履行的时间表和路线图。

重视合同的履行不应仅仅关注权利的行使和重要义务的履行，对于合同约定不明的处理，争议的处理，要基于习惯、惯例和诚信原则，客观、公正对待，尤其要注意基于交易习惯和诚信原则等而产生的通知、协助、保密等义务的履行。

二、行政行为

行政行为是行政法的基本范畴，是行政主体运用行政权，实现行政目的的一切活动。[1] 我国现行行政法律制度基本是在行政行为理论指导下构建起来的，例如行政许可制度、行政处罚制度、行政强制制度、行政赔偿制度等。对于行政管理实践来说，行政机关作出的行为是否为行政行为，是否为合法有效的行政行为，无论对行政机关还是相对人都具有十分重要的意义。最高人民法院行政审判庭在总结行政司法审判活动中对行政行为给予的定义为："具有国家行政职权的机关、组织及其工作人员，与行使国家职权有关的，对公民、法人或其他组织的权益产生实际影响的行为以及相应的不作为。"[2]

---

[1]　参见姜明安：《行政法与行政诉讼法》，北京大学出版社、高等教育出版社 2011 年版。

[2]　最高人民法院行政审判庭编：《行政执法与行政审判参考》，法律出版社 2000 年版，第 185—186 页。

（一）行政行为的分类

行政活动内容纷繁，情况复杂，很难被整合到单一概念和分类之下，实践中行政行为分类理论很多，本书仅介绍几种获得理论界和实务界普遍认可、标准清晰以及影响深远的分类。

1. 抽象行政行为与具体行政行为

这是以行政行为对象是否特定为标准的划分，是对我国行政法理论发展影响最为深远的一种分类体系。抽象行政行为是指行政机关针对不特定对象，制定具有普遍约束力的规范性文件的行为。包括行政立法行为以及制定规范性文件等行为。具体行政行为是指行政主体在行政管理过程中，针对特定的对象就特定的事项采取具体措施的行为，其内容与结果将直接影响相对人权益，最突出的特点是行为对象的特定性和具体化，例如作出行政处罚、行政许可等有特定相对人的行政行为。[①] 这一分类的重要作用体现在我国行政救济制度设计中，即具体行政行为因对特定的相对人权益带来直接影响，可以单独提起行政复议诉讼进行救济，而抽象行政行为则因为其没有特定相对人，是具有普遍约束力的规范性文件，不能单独提起复议诉讼。这一分类为修改前的《行政诉讼法》及其后制定的《行政复议法》所采纳，也成为我国行政法理论的一项基础内容。

值得注意的是，这一分类体系最先为行政诉讼法所采纳，也最先为行政诉讼法所放弃。2014年《行政诉讼法》修改时将审查对象由"具体行政行为"修改为"行政行为"，"行政行为"成为行政诉讼的核心概念。下一步《行政复议法》进行修改时，相信也会进行相应调整和修改。抽象行政行为及具体行政行为这一分类将重新回归理论研究。

"具体行政行为"这一概念从行政立法实践退出的主要原因，是我国行政司法审判活动以及行政法学界认识的转变和深化的结果，目前的普遍认识为，行政行为是大陆法系国家和地区行政法上的通用概念，行政行为最主要

---

① 参见应松年：《行政法》，北京大学出版社、高等教育出版社2010年版。

的特征在于其"处分性"，只要是行政行为，便都是具体的、实际的，没有抽象的、虚化的行政行为一说，制定法规规章或者制定、发布具有普遍约束力的决定、命令等，其所产生的法规规章以及规范性文件等，是立法行为的结果，不属于"行为"的范畴。① 还有一点更为重要的原因，针对不特定对象的处分行为，更加具有侵害性，也更具有需要纳入司法救济的必要，因此，修改后的《行政诉讼法》专门构建了人民法院对规范性文件合法性审查制度。

2. 羁束行政行为与裁量行政行为

这一分类是根据是否赋予行政机关一定程度和范围的自由裁量权，即受法律规范拘束程度的不同来划分的。羁束行政行为是指法律规范对行政机关适用法律的范围、条件、标准、形式、程序等作了详细规定，行政主体必须严格按照法律规定作出行政行为，没有任何选择的余地。② 例如税务机关征收各种税款的行为。裁量行政行为，是指行政法律规范对行为的条件、范围、方式、幅度等的规定留有一定余地，或只规定了一定范围和幅度甚至只是原则性规定，行政主体可以在法定范围内或者根据原则来选择实施的行为。例如《道路交通安全法》第八十九条规定，行人、乘车人、非机动车驾驶人违反道路交通安全法律、法规关于道路通行规定的，处警告或者五元以上五十元以下罚款。

这一分类的意义在于，一是受司法监督的程度和深度不同，人民法院审理行政案件一般是对合法性进行审查，对其合理性原则上不作审查。但这一规则在修改后的《行政诉讼法》中也有所突破，在行政诉讼法总则中仍然规定对行政行为的合法性进行审查，但在判决中却规定"明显不当"成为撤销判决的理由，表明行政诉讼也实行了适度的、有限的合理性审查，这也是行政比例原则在行政审判中的体现。二是这一分类还决定了行政赔偿的范围，行政赔偿适用违法赔偿原则，对于羁束行政行为违法造成的损失应当予以赔偿，对裁量行政行为，违法的应当予以赔偿，因合理性问题引起的损失，只承担补偿责任。

---

① 参见梁凤云：《新行政诉讼法讲义》，人民法院出版社 2015 年版。
② 参见应松年：《行政法》，北京大学出版社、高等教育出版社 2010 年版。

3. 单方行政行为与双方行政行为

这是以行政行为成立时相对人是否决定性地参与意思表示为标准进行的划分。行政行为是行政机关自身决定的，是单方行政行为，例如行政许可、行政征收等。行政行为是行政机关与行政相对人共同决定的为双方行政行为。①2020 年 1 月 1 日起施行的《最高人民法院关于审理行政协议案件若干问题的规定》中关于行政协议的规定，便是典型的双方行政行为。

这类划分的意义在于明确了不同行为的成立要件，司法审判中也会采取不同的审判规则。值得注意的是，行政协议纳入行政审判后，将对现行行政审判理论发展以及行政机关依法行政带来更多挑战和深刻影响。

4. 内部行政行为与外部行政行为

这是以行为的适用范围和效力范围为标准进行的划分。内部行政行为是指政主体在内部行政组织管理过程中所作的只对行政组织内部产生法律效力而并不影响公民权利义务的行政行为。例如行政处分、审计、自然资源督察、环保督察等行政监督行为、上级对下级的行政批复等。外部行政行为是指行政主体针对公民、法人或其他组织所作出的直接影响公民权利义务的行政行为，如行政许可、行政处罚等。

这一分类的重要意义在于救济途径不同。一般情况下，内部行政行为不纳入复议诉讼及国家赔偿范围，靠内部监督来救济，外部行政行为则适用上述法律规范并纳入救济范畴。需要注意的是，内部行政行为外化，对相对人权利义务产生实际影响时，也要纳入救济范畴。上级行政机关对下级行政机关履职复议职责时，也有对内部行政行为进行审理和监督的职责和趋势，这一变化可能会体现在修订后的《行政复议法》中。

5. 行政作为与行政不作为

以行为方式为标准，行政行为可以分为行政作为和行政不作为。前者是指行政主体积极履行职责的行为，即行政机关有所作为。后者是指行政主体

---

① 参见应松年：《行政法》，北京大学出版社、高等教育出版社 2010 年版。

消极或者懈怠履行职责的行为。这一分类标准在如今迅猛增加的履职之诉、不作为之诉的背景之下显得意义更为重要。

可以明确的是，目前我国法律关于行政不作为的规定采取了列举式规定，主要包括有《行政复议法》第六条和《行政诉讼法》第十二条的规定。关于行政不作为的定义和内涵，理论和实践均存在很多争议，但拒绝履行、不予答复和迟延履行这三种形态是一致公认的行政不作为的主要表现形态。但实际上，"拒绝履行"是不能笼统地归于行政作为或者行政不作为的，例如行政机关经过合法尽职审查，发现行政相对人确实不符合法定的申请条件，或者行政主体考虑了相关因素，认为行政相对人确实不符合法定申请条件或者不符合法定给予条件，从而拒绝履行，并出具符合法律要求的书面凭证，就不能视为行政不作为。如果申请人对这种拒绝履行提起行政不作为复议或诉讼，复议机关或司法机关应该与申请人协商变更请求，不能让当事人滥用和错用行政不作为。

（二）行政行为的主要种类

行政行为作为行政机关经常运用的一种社会管理手段，涉及我们日常生活的方方面面。行政主体在作出任何一种行政行为时应当知道和掌握该行为的分类，并有意识地遵守作出该行政行为应遵守的法定程序和适用的法律依据。下面对法律法规规定的主要行政行为的种类和含义作出介绍。

1. 行政许可

行政许可是指在法律一般禁止的情况下，行政主体根据行政相对方的申请，经依法审查，通过颁发许可证、执照等形式，赋予或确认行政相对方从事某种活动的法律资格或法律权利的行政行为。

2. 行政确认

行政确认是指行政主体依法对行政相对人的法律地位、法律关系或者有关法律事实进行甄别，给予确定、认定、证明（或否定）并予以宣告的行政行为。例如《不动产登记暂行条例》第二条规定："本条例所称不动产登记，是指不动产登记机构依法将不动产权利归属和其他法定事项记载于不动产登记簿的行为。"

3. 行政处罚

行政处罚是指行政主体为达到对违法者予以惩戒，促使其以后不再犯，有效实施行政管理，维护公共利益和社会秩序，保护公民、法人或者其他组织的合法权益的目的，依法对行政相对人违反行政法律规范尚未构成犯罪的行为，给予人身的、财产的或者名誉的及其他形式的法律制裁的行政行为。

4. 行政强制

行政强制是指行政主体为了实现行政目的，依据法定职权和程序作出的对相对人的人身、财产及自由等予以强制而采取的措施。《行政强制法》第二条规定："本法所称行政强制，包括行政强制措施和行政强制执行。行政强制措施，是指行政机关在行政管理过程中，为制止违法行为、防止证据损毁、避免危害发生、控制危险扩大等情形，依法对公民的人身自由实施暂时性限制，或者对公民、法人或者其他组织的财物实施暂时性控制的行为。行政强制执行，是指行政机关或者行政机关申请人民法院，对不履行行政决定的公民、法人或者其他组织，依法强制履行义务的行为。"

5. 行政检查

行政检查是指行政主体为实现行政管理目的，依法对行政相对一方是否遵守法律和行政决定所进行的督促检查行为。它是行政机关依法行使法律、法规赋予的检查权力的表现形式。具体形式有：（1）检查。如根据人民警察法可进行的当场盘问、检查。（2）鉴定。如根据种子法可进行的种子质量优劣鉴定。（3）登记。如按居民身份证管理条例的暂住登记。（4）其他非行政许可的登记等。行政检查具有相对人义务性、行政行为主动性和限制性。广东省率先出台《广东省行政检查办法》，为全国法治政府建设提供了新经验。

6. 行政奖励

行政奖励是指行政主体为了表彰先进、激励后进，充分调动和激发人们的积极性和创造性，依照法定条件和程序，对为国家、人民和社会作出突出贡献或者模范地遵纪守法的行政相对人，给予物质的或精神的奖励的行为。

7. 行政给付

行政给付是指行政主体在公民年老、疾病或者丧失劳动能力等情况或者其他特殊情况下，依照有关法律、法规规定，赋予其一定的物质权益或与物质有关的权益的行政行为。例如《残疾人保障法》第十二条规定："国家和社会对残疾军人、因公致残人员以及其他为维护国家和人民利益致残的人员实行特别保障，给予抚恤和优待。"

8. 行政裁决

行政裁决是指依法由行政机关依照法律授权，对当事人之间发生的、与行政管理活动密切相关的、与合同无关的民事纠纷进行审查，并作出裁决的行政行为。行政裁决制度散见在很多法律规定中，例如《专利法》第五十七条规定："取得实施强制许可的单位或者个人应当付给专利权人合理的使用费，或者依照中华人民共和国参加的有关国际条约的规定处理使用费问题。付给使用费的，其数额由双方协商；双方不能达成协议的，由国务院专利行政部门裁决。"

9. 行政赔偿

行政赔偿，是指国家行政机关及其工作人员在行使职权的过程中侵犯公民、法人或其他组织的合法权益并造成损害，由国家承担赔偿责任的制度。只有违法行政行为才能构成行政赔偿。

10. 行政补偿

行政补偿又称行政损失补偿，是法律设立的对行政主体合法行政行为造成的行政相对人损失而对相对人实行救济的制度。行政补偿制度产生要早于行政赔偿制度，但其发展速度和体系化程度远远不及行政赔偿制度。例如《国有土地上房屋征收与补偿条例》第二十一、二十二条规定，征收补偿可以实行货币补偿，也可以实行产权调换。实行产权调换的，房屋征收部门应在产权调换前向被征收人支付临时安置费或者提供周转用房。

11.行政处分

行政处分是指国家行政机关依照行政隶属关系给予有违法失职行为的国家机关公务人员的一种惩罚措施，包括警告、记过、记大过、降级、撤职、开除。行政处分属于内部行政行为，由行政主体基于行政隶属关系依法作出。它具有强烈的约束力，管理相对人不服，行政主体可以强制执行。行政处分不受司法审查，当事人不服行政处分，可以申请复核或者申诉。

12.行政征收

行政征收是指行政主体根据国家利益或者公共利益的需要，凭借国家行政权力，依法向行政相对人强制地收取税、费以及土地、企业等其他财产权益的行政行为。《宪法》第十三条规定："公民的合法的私有财产不受侵犯。国家依照法律规定保护公民的私有财产权和继承权。国家为了公共利益的需要，可以依照法律规定对公民的私有财产实行征收或者征用并给予补偿。"

13.行政调解

行政调解是指行政机关主持的，以国家政策、法律为依据，以自愿为原则，通过说服教育的方法，促使双方当事人友好协商，达成协议，从而解决争议的方法和活动。

14.行政协议

行政协议是一种特殊的行政管理活动，具有行政管理活动"行政性"一般属性，同时也具有合同"协议性"特殊属性。这也是行政机关为了实现行政管理或者公共服务目标，与公民、法人或者其他组织订立的具有行政法上权利义务内容的协议。行政协议入"行"还是入"民"的争议由来已久，2019年，《最高人民法院关于审理行政协议案件若干问题的规定》下发，行政协议正式纳入行政审判范畴，行政法学得到发展的同时，也带来很多值得思考和需要解决的问题。

根据《最高人民法院关于审理行政协议案件若干问题的规定》（以下简称《规定》），纳入行政协议范畴进行行政诉讼审理的主要类型包括：（1）政府特许经营协议；（2）土地、房屋等征收征用补偿协议；（3）矿业权等国有自然资源使用权出让协议；（4）政府投资的保障性住房的租赁、买卖等协议；（5）符合本规定第一条规定的政府与社会资本合作协议；（6）其他行政协议。

需要说明的是，实践中争议最大也是大家最希望明确的《城镇国有土地使用权出让和转让暂行条例》第八条，该条规定"土地使用权出让是指国家以土地所有者的身份将土地使用权在一定年限内让与土地使用者，并由土地使用者向国家支付土地使用权出让金的行为。土地使用权出让应当签订出让合同。"所确定的国有土地使用权出让合同，此次并未明确出现在《规定》所列行政协议中，抛开背后原因不论，既然《规定》已经出台，行政协议这一新生事物已从理论到立法到操作都构建起来，笔者认为国有土地使用权出让合同无论是签署主体、签署目的、约定内容还是约定形式，都符合行政协议内涵，当然属于行政协议，属于"矿业权等国有自然资源使用权出让协议"中"等"的范畴，应当按照行政协议案件来进行审理，否则将给行政管理实践和司法实践都带来混乱和困惑。

需要注意的是，《规定》关于行政协议行政诉讼原告资格扩大化的规定是否导致行政效率低下，是否会导致更大的诉累，是争议比较大的问题。行政机关面对司法审判的这种新形势和要求，也应该在行政协议合同文本权利义务内容约定上，履行行政协议应当承担的政府责任以及如何履行上多下功夫研究，以人民为中心、履职担当，避免陷入诉累之中。同时，《规定》没有突破行政诉讼"民告官"的基本定位，规定人民法院受理行政协议案件后，被告行政机关就该协议的订立、履行、变更、终止等提起反诉的，人民法院不予准许。但这并不影响行政机关作为行政协议一方当事人的相关救济权利，在相对人不履行行政协议约定义务，行政机关又不能起诉行政相对人的情况下，行政机关可以通过申请非诉执行或者自己强制执行实现协议救济。

15. 行政指导

行政指导是指行政机关在其职能、职责或者管辖事务范围内，为适应复杂多样的经济和社会管理需要，适时灵活地采取符合法律精神、原则、规则或者政策的指导、劝告、建议等不具有国家强制力的方法，谋求相对人同意或者理解，以有效实现一定行为目的的行为。行政指导是现代行政管理的重要手段。

行政指导实际是行政机关基于其法定职权拥有的一项职能，其最突出的特点是灵活多样、不拘一格和追求效率。行政指导可以消除相对人的抵触和担心，确保行政行为得以顺利进行；同时，民众也期望得到行政指导以保护和实现权益。目前，从国家层面的立法来看，没有关于行政指导的统一规定。我国最早的有关行政指导的立法实践是2008年10月1日施行的地方政府规章《湖南省行政程序规定》，它用专节对于行政指导定义以及程序进行了规范。随后不少省在制定本省行政程序规定时，也将行政指导纳入特别行政程序进行了专门规定。《湖南省行政程序规定》第一百零二条规定："行政指导采取以下方式实施：（一）制定和发布指导、诱导性的政策；（二）提供技术指导和帮助；（三）发布信息；（四）示范、引导、提醒；（五）建议、劝告、说服；（六）其他指导方式。"例如本轮新冠肺炎疫情形势下，国务院各个部门纷纷发布各种指导复工复产和帮扶企业的指导政策就是履行行政机关行政指导职责的一种行为。

除以上所列行政行为种类外，行政行为的种类还很多，例如行政决定、行政审批等，这里不一一列举。总之，行政机关在作出一项行政行为时，应该有高度的法治意识，知道行为分类、行为程序、行为法律依据并严格遵守，避免不作为、乱作为。

三、诉讼行为

（一）诉讼行为的概念

德国法学家绍尔（Sauer）曾说："诉讼行为之概念乃为诉讼法之中心点。"诉讼行为是组成诉讼程序的基本要素，涉及诉讼的性质和原则以及程序保障等诉讼领域的核心问题，在诉讼法学研究中具有非常重要的地位。

一般认为，诉讼行为是指诉讼主体所实施的能够引起一定的诉讼法上效果的行为。但有学者提出此观点不区分行为合法与否，范围过宽。如果在刑事诉讼中，证人拒不出庭会引起拘传的法律后果，那按照此观点，证人拒不出庭这一严重阻碍诉讼程序进行的行为也是诉讼行为，结论明显不妥。

也有学者主张诉讼效果以及诉讼要件都由诉讼法规定的行为才是诉讼行为，换言之，即诉讼主体必须遵从诉讼法规定的程序和要件，或者必须依据其所享有的诉讼权利和所承担的诉讼义务而实施相应的诉讼行为。

还有一种观点即德国大法学家洛克信将诉讼行为表述为："在诉讼程序中能够按照意愿达到所期望之法律效果，并促使诉讼程序继续进行之意思表示。"①此观点，排除了阻碍诉讼程序进程的违法行为，但也承认了一些违法却有效的行为，范围适中，受到一部分学者的青睐。

（二）诉讼行为的分类

根据行为的实施主体不同，将诉讼行为分为法院的诉讼行为和当事人的诉讼行为。

---

① ［德］克劳斯·洛克信：《德国刑事诉讼法》，三民书局股份有限公司 1998 年版，第 221 页。

1. 法院的诉讼行为

法院在诉讼程序中居于裁判者地位，因此其诉讼行为主要包括审理行为、裁判行为和执行行为，最大的特性是国家法定的职权性。法院的审理行为主要指法院在诉讼程序中审查核实程序事项和实体事项。法院的裁判行为主要包括判决、裁定、决定，是人民法院依法行使审判权的结果，体现了司法审判的权威。法院的执行行为主要有以下几项内容：审查执行申请是否合法；决定执行措施；实施具体执行措施，包括查封、扣押、冻结、拍卖、变卖、强制交付、强制迁出房屋等；主持和维持执行秩序等。

虽然执行难仍是老大难问题，但规范法院执行行为尤其是终结执行程序与恢复执行程序也是不容忽视的问题。在焦作市宏达运输股份有限公司与刘某某、王某执行复议案中，当事人提供财产线索，向执行法院要求恢复执行，执行法院作出不予恢复执行的通知，当事人提出异议，执行法院驳回了异议申请。最后河南省高院作出执行裁定：撤销焦作中院执行裁定，指令焦作中院对本案进行审查。[①] 法院执行行为的规范关系到当事人的重大利益，在申请恢复执行中，如果执行部门不予恢复执行，执行审查部门也不予审查，将导致申请执行人救济无门，不符合法律上基本的权利救济原理。赋予申请执行人提出执行异议的权利，是对法院执行行为的监督，有利于规范法院执行行为。

除此之外，法院还有其他的诉讼行为，比如依职权主动指定或变更日期和期间、裁定诉讼中止和恢复中止程序、许可或禁止当事人陈述、调查取证等。在刑事诉讼中，法院的行为主要包括审理和裁判以及为进行审理和裁判而实施的附随行为，如调查证据、传唤、拘留、逮捕等。[②]

2. 当事人的诉讼行为

对于当事人的诉讼行为，可以根据不同的标准予以分类。但是，大陆法系的诉讼行为理论比较重视取效性诉讼行为（Erwirkungshandlungen）、与效

---

① 参见《省法院发布执行裁判典型案例》，河南省高级人民法院官网，2020 年 4 月 30 日。

② 参见陈永生：《大陆法系的刑事诉讼行为理论——兼论对我国的借鉴价值》，载《比较法研究》2001 年第 4 期。

性诉讼行为（Be-wirkungshandlungen）这一分类。①

取效性诉讼行为只能由当事人向法院实施，必须经法院调查是否合法合理，才能获取所要求的诉讼效果。一般常见的有当事人要求法院作出一定裁判的申请，被告以诉讼主体不适格为由请求法院驳回起诉；当事人向法院申请调查证据；当事人主张案件事实和举证行为。在原告某装饰工程有限公司与被告某酒楼服务中心建设工程纠纷一案中，被告以诉讼主体不适格为由请求法院驳回原告起诉，法院经审查认为被告酒楼服务中心未在装修合同发包方处加盖印章，签约人张某某的签约行为不代表酒楼服务中心，故法院裁定驳回原告起诉。

与效性诉讼行为只要当事人采取行动，即可发生诉讼效果，无需经过法院的审核。当事人此类行为仍然是大部分对法院实施的，可以是单方当事人实施的，例如当事人的自认、原告放弃或变更诉讼请求，当事人放弃上诉等；也可以是双方当事人实施的，例如双方当事人在合同中约定管辖法院、约定双方均不上诉、约定适用仲裁方式解决争议、协议变更执法方法等。有些情况下当事人也可向对方当事人或第三人实施，如果对自己的代理人不满意，可发出解除委托诉讼代理的通知。但应当注意，与效性诉讼行为虽然无需经过法院审核，但某些方面仍然是不得违背相关法律规定的。例如当事人约定管辖法院不得违背法律法规规定的专属法院管辖，在国内专属管辖主要涉及不动产所在地法院、港口作业地法院、遗产继承等专属管辖。在某承揽合同纠纷中，双方当事人约定某地法院管辖，并且双方均已在该地法院应诉答辩，但法院在审理中查明，该案并非承揽合同纠纷，而是属于建设工程施工合同纠纷中的挂靠合同纠纷，因此本案应当由不动产所在地法院专属管辖，但鉴于本案工程地分别位于两个地级市，无法确定应移送的法院，且本案已进入一审程序，在一审开庭前并未发现案件专属管辖情况，故审理法院最后裁定驳回起诉。

根据行为所对应的法律关系不同，将诉讼行为分为民事诉讼行为、刑事诉讼行为和行政诉讼行为。

---

① 参见邵明：《民事诉讼行为要论》，载《中国人民大学学报》2002 年第 2 期。

1. 民事诉讼行为

当事人诉讼行为与私法行为有着诸多区别。在法律规范方面，前者受民事诉讼法规范，后者受民事实体法规范；在法律性质方面，前者具有程序性和公法性，后者具有实体性和私法性。[①]诉讼行为采取"表示主义"，以行为人意思的外在表示为根据确认其行为效力，其内心真实内在意思如何，在所不问。因此，诉讼行为原则上不类推适用民法上意思表示瑕疵可撤销的规定，否则允许当事人任意撤回或撤销诉讼行为，不利于诉讼程序稳定性的保证和进度推进，也不利于其他当事人的合法权益保护。

在董某某与胡某某遗嘱继承纠纷一案中，一审法院认为原告董某某虽然与案件有直接利害关系，但其合法权益并没有受到损害，原告与被告之间也不存在法律争议，原告起诉的真实原因是滴道区房地产管理处工作人员要求原告必须持有法院的文书否则不予以办理过户，起诉并非其真实意思表示，其起诉行为不符合法律规定的法律行为成立应当具备的意思表示真实的条件，故裁定驳回原告董某某的起诉。二审法院则认为：民事诉讼行为是法院、当事人和检察机关依法实施的能够推进诉讼进程的行为，其不以意思表示为构成要素，不具有表意性，即民事诉讼行为不以行为人的目的意思和效果意思为必备要件，行为发生法律上的效力只能是基于法律的规定；起诉行为是民事诉讼行为，非民事法律行为，一审法院混同了民事法律行为与民事诉讼行为，裁定撤销一审法院裁定。

2. 刑事诉讼行为

一般而言，刑事诉讼行为除了包括法院和控辩双方的行为外，还包括其他诉讼参与人的行为。广义说则认为，除法院、控辩双方及其他诉讼参与人的行为外，刑事诉讼行为还应包括起诉前的侦查行为和审判后的执行行为[②]，因为侦查和执行也是刑事诉讼程序的必要组成部分，侦查阶段是起诉

---

① 参见邵明：《民事诉讼行为要论》，载《中国人民大学学报》2002年第2期。

② 参见〔日〕团藤重光：《新刑事诉讼法纲要》，创文社2000年版，第141页。

和审判阶段的必要准备，执行阶段许多刑罚执行方式的变更也涉及事实、法律的重新认定，将其纳入刑事诉讼行为的范围内进行研究，有利于从整体性角度，揭示刑事诉讼的内在规律。

在李某勋与临沂市公安局罗庄分局行政诉讼案中①，李某勋将李某高殴打致伤，临沂市公安局罗庄分局根据李某高的报警后经过初查，决定对李某勋按故意伤害立案侦查，并经侦查确定其涉嫌犯罪的事实后依法对其实施刑事拘留，同时提请临沂市罗庄区人民检察院批准逮捕。二审法院认为罗庄分局作为公安机关，其实施的上述行为是《刑事诉讼法》明确授权实施的刑事诉讼行为，不属于行政诉讼的受案范围，故裁定驳回李某勋上诉请求，维持原判。

3. 行政诉讼行为

行政诉讼行为是当事人和法院遵从行政诉讼法规定的程序和要件或者必须依据其所享有的诉讼权利和所承担的诉讼义务而实施相应的行为。行政诉讼行为作为一种诉讼行为，并不意味着行政机关的法定职责，其实施不依赖于他人申请，是主观能动的结果。

在孙某某诉北京市人民政府行政复议案再审中②，孙某某认为在北京市第四中级人民法院开庭审理其诉朝阳区政府的三个案件时，政府的行政机关负责人屡次不出庭应诉，违反了法律规定的职责。最高人民法院认为依照《行政诉讼法》第三条第三款"被诉行政机关负责人应当出庭应诉。不能出庭的，应当委托行政机关相应的工作人员出庭"的规定，被诉行政机关负责人出庭应诉是我国的一种基本行政诉讼制度，被诉行政机关负责人实施的出庭应诉行为属于行政诉讼行为，并非行政机关出于行政管理目的履行行政法律、法规等规定的应当履行的法定职责。被诉行政机关负责人虽有法定义务参与行政诉讼活动，但该义务的履行不以公民、法人或其他组织的申请为前

---

① 参见《李景勋与临沂市公安局罗庄分局行政处罚二审行政裁定书》，中国裁判文书网，2016 年 11 月 16 日。

② 参见《孙德安、北京市人民政府再审审查与审判监督行政裁定书》，中国裁判文书网，2017 年 6 月 29 日。

提，亦不以直接保护公民、法人或其他组织的合法权益为目的，需要就此追究有关人员责任的，应当通过《公务员法》《行政监察法》等规定的内部追责程序加以解决。

本讲作者：

刘　锐　中共中央党校（国家行政学院）政治和法律教研部教授

胡卉明　自然资源部不动产登记中心（法律事务中心）复议事务处处长

冉　桦　四川蓉桦律师事务所主任

第四讲

法律责任制度

一、不合宪的责任

（一）不合宪的责任的理论释义

1. 不合宪的责任的概念

自党的十九大提出"推进合宪性审查工作"之后，相应不合宪责任的相关解释也亟需明确。所谓不合宪的责任，顾名思义就是不符合宪法的法律责任，相较于刑事责任、民事责任以及行政责任，不合宪的责任较为特殊。不合宪的责任，与西方的违宪责任类似，简单来说，是指国家机关及其工作人员、各政党、社会团体、企事业单位和公民的言论或行为违背宪法的原则、精神和具体内容因而必须承担相应的法律责任。不合宪的责任不同于不合宪的制裁，它们之间既有联系又有区别。其联系表现为不合宪的责任是施加不合宪的制裁的必要前提和基础，无责则无罚。一是不合宪的责任是责任主体对其不合宪的行为所应承担的法律后果，而不合宪的制裁是指由特定国家机关对责任主体应负的不合宪责任实施惩罚性强制措施。二是不合宪的责任是使责任主体担负抽象的不利后果，不合宪的制裁则是使责任主体担负具体的不利后果。三是不合宪的行为一般要引起不合宪的责任，受到不合宪的制裁，但不是每一个不合宪的行为都引起不合宪的责任，引起不合宪的责任也不一定必然受到不合宪制裁。

2. 不合宪的责任的特征

与其他法律责任相比，不合宪的责任具有以下特征：（1）不合宪的责任的承担主体虽具有多样性，但主要是国家立法机关和有权制定行政法规的行政机关。（2）不合宪的责任是基于宪法关系而发生的，即在宪法制度实践中，因宪法关系主体不合宪而引起。（3）不合宪的责任追究程序具有多元性。不合宪的责任承担主体的多重性，决定了作出违宪制裁的机关及其程序具有多元性。（4）不合宪的责任既具有法律性质又具有政治性质。这是与宪法所具有的政治性相联系的。（5）不合宪的责任的承担方式不同于其他法律责任。不合宪的责任的承担方式主要是弹劾、罢免、宣告无效、拒绝适用、撤销等。

3. 不合宪的责任的形式

不合宪的责任的具体表现形态，概括起来主要有以下几个方面：（1）弹劾。是指特定国家机关依法剥夺违宪或违法失职的国家领导人和重要公职人员职务的制裁措施。弹劾对象一般为选举产生并在其任职期间无法罢免的政府官员。（2）罢免。是对政府公共官员在其任职届满之前，由选民或原选举单位以选举方式撤免其职务的一种制裁措施。这一责任方式在社会主义国家的宪法中普遍存在。（3）撤销。是指违宪审查机关废除违宪的法律法规的一种措施。此方式一般由立法机关或专门机关审查模式的国家宪法所规定。（4）宣告无效。是指违宪审查机关否定违宪法律法规和行为的效力的一种措施。（5）拒绝适用。是普通法院在审查具体案件中，对违宪法律法规不予采用的一种措施。（6）取缔政治组织。是指违宪审查机关禁止违宪政治组织存在与活动的一种措施。

（二）合宪性审查制度

1. 合宪审查的概念和特征

合宪审查是指享有合宪审查权的国家机关通过法定程序，以特定方式审查和裁决某项立法或某种行为是否合宪的制度。它是宪法监督的重要手段，其目的在于保证宪法实施，维护宪法秩序。

合宪审查主体是享有合宪审查权的国家机关。审查立法、行政或政党、社会团体等机关组织的行为是否违宪，是关系到国家机关等的行为是否有效的大事，一般的国家机关和个人是不能承担此职的。

合宪审查有特定的审查范围。由特定的甚至是唯一的国家机关处理所有违背宪法的案件，既没必要也不可能。因此，合宪审查机关只对那些涉及国家及社会的根本问题进行审查。从实践看，合宪审查的范围主要包括：法律法规等规范性法律文件和国家机关、政党、社会团体或组织的行为的合宪法性问题。

合宪审查程序多样化。性质不同的审查范围决定了审查程序的差异，涉及国家和社会生活根本问题的审查程序较为复杂和严格，而涉及公民个人行为的违宪审查则较为简便。同时，各国不同的审查模式也导致了审查程序的多样性。

合宪审查方式有别于一般司法案件的审判。一般司法案件的审判主要采用辩论或控辩方式，而合宪审查有其独特方式，如事先审查、事后审查等。

2. 合宪审查的主要模式

合宪审查模式是指在宪法实施监督理论指导下，由合宪审查主体、对象、方式、方法、原则等构成的可供人们理解、把握和仿照的固定形式。以合宪审查权的归属为标准，可分为以下四种。

第一，司法机关审查模式。司法机关审查模式是指普通法院在审理具体案件中，对该案所适用的法律法规的合宪性进行审查、裁决的一种合宪审查模式。这一模式的优点在于能使一国的合宪审查具有经常性、有效性和可操作性。但是，这一模式也有其不足，主要表现为：一是司法审查主要是具体的个案审查，它不能撤销违宪的法律及其他规范性文件。二是对有关法律违宪性裁决的效力具有不确定性和有限性。因为司法权属于终极性、被动性权力，法院对违宪案件的裁决，当事人可以上诉或申诉，因此，司法审查很难具有终局性。

第二，立法机关审查模式。立法机关审查模式是宪法或宪法惯例所规定的立法机关负责审查、裁决违宪案件的一种违宪审查模式。此模式的优点在于，立法审查具有权威性和权力行使的统一性以及监督的直接性和快捷性。但该模式也有时效性、经常性和公正性不够理想的缺陷。

第三，专门机关审查模式。专门机关审查模式是指宪法所规定的专门机关对法律、法规、规章等的合宪性进行审查、裁决的一种违宪审查模式。该模式包括特设司法机关审查模式和专门政治机关审查模式。特设司法机关审查模式是指根据宪法规定设立的专门行使合宪审查权的法院负责违宪审查的一种模式。同普通司法机关审查模式相比，特设司法机关审查模式具有地位超脱、权限广泛、程序灵活、审查方式多样和审查效力具有终极性的优点，但它又有精力和人手难以应付堆积如山的案件的不足。专门政治机关审查模式的特点在于其职权主要是政治性职权。

第四，复合审查模式。复合审查模式，是指一国的合宪审查权由两个或两个以上的国家机关共同行使，并根据法律规定或国家认可的权限、程序和方式对违宪案件进行合宪性审查和裁决的一种模式。如英国采用议会与普通法院并行审查的模式。复合审查的特点在于审查主体的双重性或多重性，且各主体分工配合使违宪案件得到有效审查，但也存在审查权分散、不统一的缺陷。

（三）我国的宪法监督制度

1.我国宪法监督制度的基本内容

建立宪法监督制度，对宪法实施活动进行监督，是依法治国的基本内容，也是建设社会主义法治国家的必然要求。这一制度的基本目标就是要维护社会主义法制的统一和尊严，保障人权。只有维护统一的宪法秩序，才能维护社会主义法制的统一；只有维护作为国家根本法的宪法的尊严和权威，才能维护社会主义法制的尊严；同时，尊重和保障宪法规定的公民的基本权利，才能尊重和保障人权，实现宪法监督的基本目标。

第一，关于宪法监督的主体。依据宪法规定，全国人大及其常委会监督宪法的实施，是宪法监督的主体。由于全国人大常委会是全国人大的常设机关，所以是经常性的宪法监督机关。全国人大设立并领导民族委员会、宪法和法律委员会、监察和司法委员会、财政经济委员会、教育科学文化卫生委员会、外事委员会、华侨委员会、环境与资源保护委员会、农业与农村委员会、社会建设委员会和其他需要设立的专门委员会。在全国人大闭会期间，各专门委员会受全国人大常委会领导，对宪法监督对象进行审查。

第二，关于宪法监督的对象。综合宪法和有关法律的规定，我国宪法监督的对象包括全国人大和全国人大常委会制定的法律，全国人大和全国人大常委会作出的具有法律效力的决定决议，行政法规，地方性法规，自治条例和单行条例，经济特区法规，司法解释等。

第三，关于宪法监督的程序。宪法监督的程序包括启动程序和审查程序。依据《立法法》规定，宪法监督的启动程序有两种：（1）主动启动。全国人大专门委员会和全国人大常委会法制工作委员会可以主动启动宪法监督程序。（2）经请求启动。有权启动宪法监督程序的主体分为两类：第一类是有权提出启动宪法监督程序要求的主体。国务院、中央军事委员会、最高人民法院、最高人民检察院和各省、自治区、直辖市的人大常委会认为行政法规、地方性法规、自治条例和单行条例、经济特区法规、司法解释同宪法相抵触，有权向全国人大常委会书面提出审查请求，由全国人大常委会办公厅报秘书长批转有关的专门委员会进行审查。第二类是有权提出启动宪法监督程序建议的主体。上述机关除外的其他国家机关和社会团体、企事业单位以及公民有权向全国人大常委会书面提出审查建议。

关于宪法监督的审查程序，依据启动宪法监督主体的不同，宪法监督的审查程序可以分为以下四种：

一是全国人大专门委员会主动启动宪法监督的审查程序。经全国人大专门委员会审查，认为审查对象同宪法不抵触的，应当书面告知全国人大常委会办公厅；认为同宪法相抵触的，应向制定机关提出书面审查意见。宪法和法律委员会和有关的专门委员会认为审查对象同宪法相抵触而制定机关不予修改的，可以向全国人大常委会委员长会议提出书面审查意见和可以撤销的议案，由委员长会议决定是否提请常委会会议审议决定。

二是全国人大常委会法制工作委员会主动启动宪法监督的审查程序。全国人大常委会法制工作委员会认为需要主动进行审查的，可以提出书面建议，报全国人大常委会秘书长同意后，送有关的专门委员会进行审查。被审查的行政法规、地方性法规、自治条例和单行条例、经济特区法规、司法解释的内容涉及两个或者两个以上专门委员会的，应同时分送有关的专门委员会进行审查。

三是提出审查要求的审查程序。国务院、中央军事委员会、最高人民法院、最高人民检察院和各省、自治区、直辖市的人大常委会向全国人大常委会书面提出审查要求，全国人大常委会办公厅有关部门接收登记后，报秘书长批转有关的专门委员会会同全国人大常委会法制工作委员会进行审查。

四是提出审查建议的审查程序。除上述机关以外的其他国家机关和社会团体、企业事业组织以及公民向全国人大常委会书面提出审查建议以后，由全国人大常委会法制工作委员会负责接收、登记，并进行研究；必要时，报全国人大常委会秘书长批准后，送有关专门委员会进行审查。

第四，关于宪法监督的方式。我国宪法和有关法律文件未对宪法监督的方式作出统一的规定，但从有权启动宪法监督程序的主体可以看出，全国人大和全国人大常委会行使宪法监督权的方式主要有以下几种：（1）事前审查，即在法律文件生效前进行的预防性审查。（2）抽象的审查，即在法律文件生效以后发生具体案件之前进行审查。全国人大专门委员会或者全国人大常委会法制工作委员会对交付备案的行政法规、地方性法规、自治州和自治县的自治条例和单行条例、经济特区法规、司法解释、规章等主动启动宪法监督程序，即属于这种情形。国务院、中央军委、省级人大常委会向全国人大常委会提出违宪违法审查要求也属于这种情形。（3）具体的审查，即在法律文件生效以后发生了具体案件的审查。最高人民法院、最高人民检察院向全国人大常委会提出宪法监督要求，即属于这种情形。

我国宪法监督的对象主要是规范性法律文件，因此，宪法监督的责任形式主要是针对规范性法律文件。依据宪法及有关法律的规定，全国人大及其常委会针对违宪法律及其他规范性法律文件可以下列形式追究责任：

第一，不予批准。全国人大常委会对于报请批准的自治区人大制定的自治条例和单行条例，认为违反宪法的，有权作出不予批准的决定。

第二，责令修改。全国人大专门委员会认为行政法规、地方性法规、自治条例和单行条例、经济特区法规、司法解释、规章同宪法相抵触的，应向制定机关提出书面审查意见，并责令修改。

第三，撤销。全国人大有权撤销全国人大常委会制定的不适当的法律及具有法律效力的决定、决议，有权撤销全国人大常委会批准的违背宪法的自治条例和单行条例；全国人大常委会有权撤销同宪法相抵触的行政法规、地方性法规、自治条例和单行条例、经济特区法规、司法解释和规章。

第四，改变。全国人大有权改变全国人大常委会制定的不适当的法律及具有法律效力的决定、决议。

2.我国宪法监督制度的特点

我国的宪法监督制度体现了人民代表大会制度的基本原则与要求，其主要特点如下：一是由最高国家权力机关作为宪法监督主体，统一行使宪法监督权。二是注重事前审查。三是对于违宪的法律文件，采用制定机关自我纠正与撤销并重的原则。四是宪法监督的主体与对法律文件合法性审查的主体具有同一性。

（四）备案审查的典型案例审视

案例一：全国人大常委会审查处理省级人大常委会关于授权交警检查通讯记录的规范性文件

《甘肃省道路交通安全条例》规定，因调查交通事故案件需要，公安机关交通管理部门可以查阅或者复制交通事故当事人通讯记录。《内蒙古自治区实施〈中华人民共和国道路交通安全法〉办法》也作了同样的规定。全国人大常委会法工委针对包括上述地方性法规在内的道路交通管理地方性法规、部门规章集中开展了一次专项审查研究。全国人大常委会法工委经研究认为，上述规定涉及公民通信自由及通信秘密，缺乏法律依据，并于2019年2月向两地人大常委会发出审查意见以督促纠正。

案例二：全国人大常委会审查《杭州市道路交通安全管理条例》

2015年10月，杭州市居民潘某某的一辆电动自行车被杭州交警依据《杭州市道路交通安全管理条例》扣留。潘某某认为该条例增设了扣留非机动车并托运回原籍的行政强制手段，涉嫌违法，因此于2016年4月致信全国人大常委会提出审查建议。全国人大常委会法工委后向潘某某进行了书面反馈。2017年3月杭州市人大常委会决定将《杭州市道路交通安全管理条例》的修改列入2017年立法计划。

案例三：全国人大常委会审查浙江高院制定的"非法行医罪"解释文件

法学家李步云于2018年年初向全国人大常委会法工委法规备案审查室就浙江省高院对"非法行医罪"进行解释提出了审查建议，指出地方法院越权制定司法解释性质文件。2018年7月18日，全国人大常委会法工委法规备案审查室予以复函。根据反馈的情况，浙江省高级人民法院表示所涉解释属于应当清理的带有司法解释性质的文件，省人民检察院、省公安厅将停止执行相关条款，共同研究妥善处理正在审理的案件及生效案件，并通知辖区法院停止执行意见中有关非医学需要鉴定胎儿性别行为以非法行医罪处罚的决定。

二、刑事责任

（一）刑事责任概述

"刑事责任"是现代刑事法律中的一个重要术语，在我国刑事法律中使用广泛。我国刑法理论对刑事责任的研究通常着眼于犯罪成立之后如何对犯罪人进行追究的问题。[①] 通常认为，刑事责任是指依据刑事法律规定和实际发生的犯罪事实而产生的，由代表国家的司法机关依法确认的，犯罪人因实

---

① 参见高铭暄、马克昌主编：《刑法学》，北京大学出版社、高等教育出版社2019年版，第196页。

施犯罪行为而应当承担的以刑罚处罚、非刑罚的处罚措施或者单纯有罪宣告等否定评价为具体内容的法律责任。① 刑事责任有以下基本特征:

第一,规范形式具有法定性。这是指行为人对其行为应否负刑事责任、负有何种程度的刑事责任以及如何负刑事责任,都必须有刑法事先明确且具体的规定,司法机关代表国家追究犯罪人的刑事责任时,必须严格依照刑法和刑事诉讼法的规定进行。这是罪刑法定原则的必然要求。

第二,规范内容具有特定性。刑事责任的承担方式为刑罚处罚、非刑罚处罚措施或者单纯有罪宣告之否定评价。这是刑事责任与其他法律责任的根本区别之点。

第三,惩罚方式具有最严厉性。刑事责任是法律责任中最严厉的一种责任。因为在所有的违法行为中,触犯刑法规范即犯罪行为是危害最为严重的,基于法律责任的严重程度与违法行为的危害程度相适应的原则,立法者将刑事责任确定为最严厉的法律责任。

第四,责任追究具有强制性。刑事责任是犯罪人因其所实施的犯罪行为而向国家承担的责任,它主要表现为犯罪人和国家的关系,由司法机关代表国家强制犯罪人承担刑事责任。

第五,承担主体具有专属性。刑事责任只能由实施犯罪行为的人即犯罪人本人承担,个人责任原则是近代以来刑法的基本原则之一,禁止连坐、反对株连,刑事责任不能转嫁给他人,也不能由他人代为承担。

第六,犯罪与其法律后果的中介。这是指刑事责任是联结犯罪行为与其法律后果的纽带。一方面,犯罪产生刑事责任,而刑事责任为刑事法律后果的适用提供了依据;另一方面,刑事责任集中反映了犯罪行为的社会危害性和犯罪人的人身危险性程度,并通过这种综合评价来调节刑事法律后果的具体适用。

第七,评价内容具有回顾性与展望性。刑事责任的评价首先是对业已实施的犯罪行为的社会危害性进行否定性评价和谴责,然后再根据犯罪人的人身危险性,即再次实施犯罪的可能性,对犯罪人进行否定性评价和谴责。既

---

① 参见贾宇主编:《刑法学(上册·总论)》,高等教育出版社 2019 年版,第 274 页。

要考虑"因为过去有犯罪"的回顾性责任评价，也要考虑"为了将来没有犯罪"的展望性责任评价，综合确定刑事责任。

（二）刑事责任的发展阶段

刑事责任的追究是一项事关重大的司法活动，可以分为刑事责任的产生阶段、刑事责任的确认阶段和刑事责任的实现阶段。

1. 刑事责任的产生阶段

犯罪行为实施之时便产生了刑事责任，因此刑事责任的产生阶段开始于行为成立犯罪之时，终于司法机关或者监察机关启动刑事追诉活动之时，即司法机关对刑事犯罪予以立案或者监察机关对相关的职务犯罪开始调查之时。行为人实施了犯罪行为，就应承担刑事责任，尽管司法机关或监察机关还没有启动追究行为人刑事责任的程序，但其刑事责任在客观上已经存在。如果犯罪在法定的追诉期限内没有被追诉，行为人的刑事责任就可能消灭，从而也就不会进入下一个阶段。

2. 刑事责任的确认阶段

这一阶段开始于司机机关对犯罪予以立案或者监察机关对职务犯罪开始调查之时，终于人民法院作出有罪判决发生法律效力时。这一阶段的任务是，通过法定的程序确认行为人是否实施了犯罪、是否应承担刑事责任以及应承担什么样的刑事责任。在此阶段，涉及留置、逮捕羁押等强制措施的适用问题。我国刑事案件分为公诉案件和自诉案件两种类型。公诉案件的刑事责任的确认阶段通常包括立案、侦查、起诉和审判四个环节。为了保障犯罪嫌疑人（被告人）的人权，对刑事责任的确认必须严格依据法律规定的程序来进行。

3. 刑事责任的实现阶段

刑事责任的实现阶段始于人民法院作出有罪判决，终于判决的刑事责任内容被执行完毕之日。这一阶段是刑事责任的最后阶段，因此具有特别重要的意义。刑事责任的实现方式有以下三种情形：一是判处刑罚的，刑罚执行完毕或执行一段时间后罪犯被赦免；二是判决免予刑罚处罚但对行为人适用非刑罚处罚措施的，非刑罚处罚措施执行完毕；三是判决免予刑罚处罚的，将该判决公开宣告即可。在后两种情形中，刑事责任的确认阶段和实现阶段在时间上往往是重合的。

根据法律规定，刑事责任终结的时间因刑事责任实现的方式不同而有所不同：一是刑事责任实现方式为判决并执行刑罚的，刑事责任终结之时为刑罚执行完毕之时或执行一段时间后赦免之时。但被判处刑罚并宣告缓刑的，当缓刑考验期满、被公开宣告不再执行原判刑罚时，为刑事责任终结之时。二是刑事责任实现方式为判决有罪但免予刑罚处罚的，刑事责任终结之时为非刑罚处罚措施实施完毕之时或者免予处罚的生效判决公开宣告之时。三是在刑法所规定的追诉时效期满之时没有被发现的犯罪，以及告诉才处理的犯罪没有告诉的，刑事责任终结之时为追诉时效期满之时。四是犯罪人在其刑事责任实现之前或者尚未被追究刑事责任但在追诉期限内死亡的，一般在其死亡之时刑事责任终结。五是对于虽然构成犯罪但被人民检察院决定不起诉的（酌定不起诉），人民检察院作出不起诉决定之时刑事责任终结。刑事责任一旦终结，犯罪人就重新成为享有正常权利和自由的公民。

（三）刑事责任的解决方式

刑事责任的解决，是指对已产生的刑事责任给予处理，使刑事责任得以终结。[①] 在我国，刑事责任的解决，有以下四种方式：

1.定罪判刑方式

定罪判刑方式，是指人民法院对于犯罪人作出有罪判决的同时宣告适用

---

① 参见高铭暄、马克昌主编：《刑法学》，北京大学出版社、高等教育出版社 2019 年版，第 211 页。

相应的刑罚。这是刑事司法实践中最基本、最常见的刑事责任解决方式。定罪判刑是人民法院特有的职能。我国刑法规定了不同的主刑和附加刑。主刑包括限制或剥夺自由的刑罚以及剥夺生命的刑罚，附加刑主要表现为剥夺财产或者资格的刑罚。刑事责任的程度决定了适用具体刑罚轻重的标准，我国刑法分则对于同一罪名的不同犯罪情形通常规定了几种主刑或者对有期徒刑规定了不同的幅度供审判机关具体裁量，人民法院对犯罪人判处的刑罚应当力求与犯罪人刑事责任程度相协调。

根据我国刑法总则第三章的规定，刑罚分为主刑和附加刑。主刑是对犯罪分子独立适用、不能附加于其他刑罚的刑罚方式，对于同一犯罪行为，只能判决一个主刑，而不能判处两个或两个以上主刑。包括管制、拘役、有期徒刑、无期徒刑和死刑。

第一，管制是对罪犯不予关押，但限制其一定自由的刑罚方法。它是我国独有的一种轻刑。管制的最大特点是不剥夺但限制犯罪分子的人身自由。根据《刑法》第三十九条的规定，被判处管制的犯罪分子，在执行期间，必须遵守法律、行政法规，服从监督；未经执行机关批准，不得行使言论、出版、集会、结社、游行、示威自由的权利；按照执行机关规定报告自己的活动情况；遵守执行机关关于会客的规定；离开所居住的市、县或者迁居，应当报经执行机关批准。同时，依照有关规定，① 对被判处管制的犯罪分子，人民法院根据犯罪情况，认为从促进犯罪分子教育矫正、有效维护社会秩序的需要出发，确有必要禁止其在管制执行期间从事特定活动，进入特定区域、场所，接触特定人的，可以根据《刑法》第三十八条第二款的规定，同时宣告禁止令。但是，对犯罪人的劳动报酬不得进行限制，即对于被判处管制的犯罪分子，在劳动中应当同工同酬。

管制的期限为 3 个月以上 2 年以下，数罪并罚时不得超过 3 年。管制的刑期从判决执行之日起计算；判决执行以前先行羁押的，羁押 1 日折抵刑期 2 日。被判处管制的犯罪分子，管制期满，执行机关即应向本人和其所

① 2011 年 4 月 28 日最高人民法院、最高人民检察院、公安部、司法部《关于对判处管制、宣告缓刑的犯罪分子适用禁止令有关问题的规定（试行）》第一条。

在单位或者居住地的群众宣布解除管制。管制的刑期，从判决执行之日起计算。

第二，拘役，是短期剥夺犯罪人自由，就近实行劳动改造的刑罚方法。拘役的特点是在较短的期限内剥夺犯罪分子的人身自由，就近进行劳动改造。在剥夺犯罪分子人身自由这一点上，其与管制不同，而和徒刑接近；但在就近的拘役所执行，每月可以回家，参加劳动的有报酬这一点上，又和徒刑有别。

拘役适用于一些罪行比较轻微的罪犯。拘役属于短期自由刑，其期限为1个月以上6个月以下，数罪并罚时不得超过1年。拘役的刑期从判决执行之日起计算；判决执行以前先行羁押的，羁押1日折抵刑期1日。拘役由公安机关在就近的拘役所、看守所或其他监管场所执行；在执行期间，受刑人每月可以回家1—2天；参加劳动的，可以酌量发给报酬。

第三，有期徒刑，是剥夺犯罪人一定期限的人身自由的刑罚方法。有期徒刑是我国适用面最广的刑罚方法。首先，有期徒刑剥夺犯罪人的人身自由。这主要表现在将犯人羁押于监狱或其他执行场所，是有期徒刑区别于生命刑、财产刑、资格刑以及管制刑的基本特征。其次，有期徒刑具有一定期限。有期徒刑的最低期限为6个月，与拘役相衔接；最高期限为15年。数罪并罚时，有期徒刑总和刑期不满35年的，最高不能超过20年。总和刑期在35年以上的，最高不能超过25年。刑期从判决执行之日即罪犯被送交监狱或者其他执行机关执行刑罚之日（而非判决生效之日）起开始计算，判决以前先行羁押的，羁押1日折抵刑期1日。再次，有期徒刑在监狱或者其他执行场所执行。所谓"其他执行场所"，是指根据《监狱法》的规定，罪犯在被交付执行前，剩余刑期在1年以下的，由看守所代为执行；未成年犯在未成年管教所执行刑罚。最后，凡有劳动能力的，都应当参加劳动，接受教育和改造。其中，所谓"有劳动能力"，是指根据罪犯的身体健康状况，可以参加劳动。所谓"教育"，是指对罪犯进行思想教育、文化教育和职业技术教育。

第四，无期徒刑是剥夺犯罪人终身自由的刑罚方法，是自由刑中最严厉的刑罚方法。首先，终身剥夺犯罪分子的人身自由。正因如此，无期徒刑的适用对象只能是虽然达不到判处死刑的程度，但罪行也是极其严重，需要与社会永久隔离的罪犯。不过，由于法律同时规定了减刑、假释、赦免等制度，因此，被判处无期徒刑的犯罪人实际上很少有终身服刑的。同时，根据相关司法解释规定，对已满 14 周岁不满 16 周岁的未成年人，一般不判处无期徒刑。① 其次，判决确定前的羁押时间不能折抵刑期。因为无期徒刑本身无所谓期限可言，这一点和其他自由刑不同。再次，对判处无期徒刑的犯罪人也要实行劳动教育和改造。根据《刑法》第四十六条的规定，被判处无期徒刑的犯罪分子，在监狱或者其他执行场所执行；凡具有劳动能力的，应当参加劳动，接受教育和改造。最后，对于被判处无期徒刑的犯罪分子，应当附加剥夺政治权利终身。这也从一个侧面说明了无期徒刑的严厉性。

第五，死刑，是指剥夺犯罪人生命的刑罚方法，包括立即执行与缓期两年执行。死刑的内容是剥夺犯罪分子的生命，因此又被称为"生命刑"；死刑是刑法体系中最为严厉的刑罚方法，因此也被称为"极刑"。

我国刑事立法以及司法实践严格贯彻了保留死刑，坚持少杀、防止错杀的刑事政策。首先，我国刑法对死刑的适用对象严格限制。死刑只适用于罪行极其严重的犯罪分子，犯罪的时候不满 18 周岁的人和审判的时候怀孕的妇女，不适用死刑。审判的时候，已满 75 周岁的人，只要不是以特别残忍的手段致人死亡的，也不适用死刑。这些都是基于人道主义的考虑而作的特殊规定。其次，我国刑法和刑事诉讼法对死刑的适用程序严格限制。死刑案件只能由中级以上人民法院进行一审，基层人民法院不得审理死刑案件；死刑立即执行除依法由最高人民法院判处的以外，都应当报请最高人民法院核准，死刑缓期两年执行的，可以由高级人民法院判决或者核准。最后，死刑除立即执行以外还包括死刑缓期两年执行制度。即对犯罪分子判处死刑的同时宣告缓期两年执行，强迫劳动，以观后效的一种死刑执行方法。"死缓"不是独立的刑种，而是我国独创的一种死刑执行方式。它对于贯彻少杀政

---

① 参见 2006 年最高人民法院《关于审理未成年人刑事案件具体应用法律若干问题的解释》第十三条。

策、缩小死刑立即执行的适用范围具有重要意义。

附加刑是补充主刑适用的刑罚类型，既可以附加于主刑适用，也可以独立适用，对于同一犯罪行为，可以同时适用多种附加刑，包括罚金、剥夺政治权利、没收财产和驱逐出境。

2. 定罪免刑方式

定罪免刑方式，是指人民法院在判决中确定了犯罪人的行为构成了犯罪但决定对其不判处刑罚处罚。其具体有两种情况：一是对于犯罪情节轻微不需要判决刑罚的，免予刑罚处罚，但是依据案件的不同情况分别予以训诫或者责令具结悔过、赔礼道歉、赔偿损失，或者由主管部门予以行政处罚或者行政处分；二是单纯宣告有罪，既免除刑罚处罚，也不给予上述非刑罚的处罚方式。需要注意的是，人民法院宣告有罪本身也体现了国家对犯罪人的否定评价，犯罪人只是因为刑事责任程度比较轻微，不需要以刑罚作为刑事责任的载体。定罪免刑只能由人民法院作出。依照我国刑事诉讼法的规定，对于犯罪情节轻微，依照刑法规定不需要判处刑罚或者免除处罚的，人民检察院可以作出不起诉决定，这是一种无罪处理的决定，并不是刑事责任的实现方式。

3. 消灭处理方式

消灭处理方式，是指行为人的行为已经构成犯罪，应负刑事责任，但由于法律规定的阻却刑事责任事由的存在，使刑事责任归于消灭。例如，由于犯罪已过诉讼时效期限，犯罪人死亡或经特赦予以释放等原因，行为人的刑事责任归于消灭，司法机关不能再对其提起刑事责任追究。

4. 转移处理方式

转移处理方式，是指对享有外交特权和豁免权的外国人的刑事责任不适用我国刑法，也不由我国司法机关来追究，而是根据外交途径予以解决。这是一种基于国际惯例和国家之间相互对等的原则确立的，解决特定行为人的刑事责任的特殊方式。

三、民事责任

（一）违约责任

1.违约及其形态

违约，是指合同一方当事人不正确履行合同义务。违约的形态有履行不能、履行拒绝、履行迟延和不完全履行四种。

2.违约的救济措施

违约的救济措施有：

第一，支付违约金。约定了违约金的，违约方应当按照约定数额向对方支付。约定的违约金低于造成的损失的，人民法院或者仲裁机构可以根据当事人的请求予以增加；约定的违约金过分高于造成的损失的，人民法院或者仲裁机构可以根据当事人的请求予以适当减少。当事人就迟延履行约定违约金的，违约方支付违约金后，还应当履行债务。

第二，解除合同。只有在一方当事人根本违约的情况下，对方可以解除合同。《民法典》第五百六十三条规定，有下列情形之一的，当事人可以解除合同：（1）因不可抗力致使不能实现合同目的；（2）在履行期限届满前，当事人一方明确表示或者以自己的行为表明不履行主要债务；（3）当事人一方迟延履行主要债务，经催告后在合理期限内仍未履行；（4）当事人一方迟延履行债务或者有其他违约行为致使不能实现合同目的；（5）法律规定的其他情形。

第三，损害赔偿。违约损害赔偿的范围应按照如下原则确定：（1）完全赔偿原则。即在一般情形下，违约损害赔偿的范围为因违约给对方的财产所造成的直接损失和间接损失。直接损失是指因违约给对方当事人的财产所造成的减损，包括不应减少的减少和不应支出的支出两个方面；而间接损失则为可得利益的丧失。值得注意的是，此处的损害赔偿主要指财产损失的赔偿，而不包括精神损害的赔偿。不过，《民法典》第九百九十六条规定，因当事人一方的违约行为，损害对方人格权并造成严重精神损害，受损害方选择请求其承担违约责任的，不影响受损害方请求精神损害赔偿。（2）合理预见原则。完全赔偿原则对因违约而受损害一方当事人的保护可谓有力，但如果完全遵照此一原则，则对违约方有时甚为不公，因而《民法典》例外地规定了合理预见原则、减轻损害原则和损益抵销原则。所谓合理预见原则，是指违约方损害赔偿责任的最高数额，不得超过违反合同一方订立合同时预见到或应当预见到的因违反合同可能造成的损失。（3）减轻损害原则。即指当合同的一方当事人违约时，非违约方应采取适当的措施以避免损失的扩大，如果受损害方违反此一义务，则不得就损失中扩大的部分请求赔偿。（4）损益抵销原则。即受损害方不得因他方违约反受利益。因此，当受损害人因发生损害的同一原因而受有利益时（如因违约而避免支出的费用或损失），应从其应得的损害赔偿数额中扣除其所获得的利益。

第四，继续履行。继续履行是根据非违约方的申请，人民法院或仲裁机关强迫债务人实际履行其给付义务的违约救济措施。不过，继续履行受主、客观因素的影响。《民法典》规定，有下列情形之一时，不能要求继续履行：法律上或事实上不能履行；债务的标的不适于强制履行或者履行费用过高；债权人在合理期限内未要求履行。

第五，其他救济措施。如质量不符合约定的，可以合理选择要求对方承担修理、更换、重作、退货、减少价款或者报酬等违约责任。

（二）侵权责任

1. 侵权行为

民法是权利法，是由人身权利和财产权利构筑的权利体系。权利的赋予固然重要，但没有救济就没有真正意义上的权利。然而，资源的稀缺，物欲的横流，使得民事权利遭受侵害似乎成为必然的逻辑。基于此，当民事权利受到侵犯时，法律必须采取一定的救济措施，以使违反权利人意思和法律规定的不合理变动得以矫正，使其恢复到权利未受侵害的状态。

一般来讲，所谓侵权行为，是指侵害人身权、物权等绝对权的行为。但是，在特殊情况下，侵害债权，乃至未上升成为权利的法益也可成立侵权行为。因此，所谓侵权行为，是指行为人不法侵害他人权利或利益，而应负担损害赔偿责任的行为。

2. 侵权行为的种类

侵权行为依据不同的标准可以作出不同的分类，如一般侵权行为与特殊侵权行为，单独侵权行为与共同侵权行为等。一般侵权行为与特殊侵权行为的划分标准为所负赔偿责任的性质，即真正侵害行为自己仅负单纯的过错责任的，为一般侵权行为；而所负责任非为单纯的过错责任，或者最终负责任的非为真正侵害行为人等的则为特殊侵权行为。

3. 侵权责任与违约责任的区别

侵权责任与违约责任一样，同为因对他人所负义务的违反而产生的民事责任形态，但二者作为不同的法律制度，具有明显的区别：（1）构成要件不同。违约责任的处理以合同成立有效、债务人不履行或不完全履行合同债务等为要件，而侵权责任的成立并不以存在合同为条件。恰恰相反，典型的侵权责任是对合同债权之外的权利的侵犯。（2）违约责任成立要求缔约人有相应的行为能力，而侵权责任的成立则不要求行为人的行为能力。（3）二者的适用范围不同。违约责任仅存在于合同的当事人之间，而侵权责任除适用于合同关系外的加害人与受害人之间外，还适用于合同当事人之间不是基于合同不履行而产生损害的场合。

不过，《民法典》规定违约责任与侵权责任可以竞合，并赋予权利人选择权。例如，乘客因驾驶人违章驾驶而受损害的情形，既可以要求侵害人承担侵权责任，也可以要求其承担违约责任。

4. 一般侵权责任的构成要件

一般侵权行为的构成要件包括损害事实、因果关系、行为的违法性和过失。

第一，要有损害事实。"无损害即无责任"，这是罗马法的格言。所谓损害，是指权利或受法律保护的利益所受的不利益，即被害人的总财产状况，在有损害事故发生与无损害事故发生时所生的差额。依据不同的标准，可以将损害作出不同的分类：（1）根据侵害对象的不同，损害可以分为人身损害、财产损害和纯粹经济损失。人身损害是对受害人人身权利侵犯的结果，包括精神损害。财产损害是对受害人财产侵犯的结果。从受害人损害的角度，有所谓人身损害与财产损害的区别，若从加害人赔偿的角度，人身损害也要通过财产进行赔偿（精神损害也不例外），因此也是财产损害。纯粹经济损失是不与任何人身伤害或者财产损害相联系而产生的经济损失，如因前方车辆发生交通事故致其后之人耽误缔约机会而造成的损失。在侵权责任法中，人身损害的赔偿一直处于核心地位，财产损害次之，而纯粹经济损失的赔偿才是近年来被一些国家逐步认可的。（2）根据损害与原因之间的因果关系的不同，可以分为直接损害与间接损害。损害事故直接引发的损害为直接损害，非直接引发而系其他媒介因素之介入所引发的损害为间接损害。

第二，要有因果关系。所谓因果关系，是指损害事实与加害行为之间的相互关系。关于因果关系有无的判断，通说采相当因果关系说。所谓相当因果关系，是指加害行为在一般情形下，依照通常社会观念和知识经验，均有发生同样损害结果的可能者，该行为人的行为与损害之间，即有因果关系。如甲因车祸而住院治疗，在治疗中因医生的过失而感染传染病死亡，则按照相当因果关系理论，交通肇事行为与甲的死亡之间不存在因果关系。

第三，行为具有违法性。任何权利都是受法律的强制力保护的，因此，在一般情况下，如果加害行为没有违法性阻却事由存在，即推定其具有违法性，除非加害人能够证明有违法性阻却事由的存在。违法性阻却事由，是指加害行为的违法性被特别法律规定予以豁免的情形，主要有：权利的行使、正当防卫、紧急避险、自助行为、无因管理以及被害人同意等。值得注意的是，这里的权利行使行为，只能是权利的正当行使行为，权利的滥用不能排除其违法性，被害人同意不得违背公序良俗。

第四，行为人有过失。一般侵权行为的成立，以行为人于行为时有过失即为已足，故意当然成立侵权行为。故意是指行为人明知自己的行为可能或必然造成他人民事权利的损害后果而希望或放任其后果发生的心理状态。过失是指行为人已经预见自己的行为可能造成他人民事权利的损害后果而轻信能够避免或者应当预见而未能预见的心理状态。侵权法对于行为过失的判断与刑法并不相同，而是采客观标准，即在民事活动中，行为人应尽正常的、合理的第三人在社会生活上相当的注意义务，如果未尽到此种注意义务而致损害发生的，即为过失。

5.特殊侵权行为

与一般侵权行为不同，特殊侵权行为不仅在构成要件上与一般侵权行为不同，而且在行为的表现上大多为因未履行必要义务而导致的不作为侵权行为。同时，多数特殊侵权行为体现了分配正义的理念。特殊侵权行为主要有：

（1）职务侵权

职务侵权行为，是指企业、事业单位和社会团体等法人的工作人员在执行职务中实施的侵权行为。职务侵权行为仍然为过错责任，只不过在赔偿损害时，先由工作人员所在的法人承担。劳务派遣期间，被派遣的工作人员因执行工作任务造成他人损害的，由接受劳务派遣的用工单位承担侵权责任；劳务派遣单位有过错的，承担相应的补充责任。至于法人赔偿后向有过错的工作人员的追偿，则为另一法律关系。

（2）监护侵权

监护侵权行为，是指无行为能力人或限制行为能力人实施的侵权行为或加害行为，以其财产或由其监护人的财产负赔偿责任的特殊侵权行为。监护侵权行为的责任由监护人承担，但如果被监护人有财产的，则由其本人负责。本人财产不足的，由监护人负补充责任。监护人尽到监护责任的，可以减轻其侵权责任。

（3）网络侵权

网络用户、网络服务提供者利用网络侵害他人民事权益的，应当承担侵权责任。法律另有规定的，依照其规定。

网络用户利用网络服务实施侵权行为的，权利人有权通知网络服务提供者采取删除、屏蔽、断开链接等必要措施。通知应当包括构成侵权的初步证据及权利人的真实身份信息。网络服务提供者接到通知后，应当及时将该通知转送相关网络用户，并根据构成侵权的初步证据和服务类型采取必要措施；未及时采取必要措施的，对损害的扩大部分与该网络用户承担连带责任。权利人因错误通知造成网络用户或者网络服务提供者损害的，应当承担侵权责任。网络用户接到转送的通知后，可以向网络服务提供者提交不存在侵权行为的声明，声明应当包括不存在侵权行为的初步证据及网络用户的真实身份信息。网络服务提供者接到声明后，应当将该声明转送发出通知的权利人，并告知其可以向有关部门投诉或者向人民法院提起诉讼。网络服务提供者在转送声明到达权利人后的合理期限内，未收到权利人已经投诉或者提起诉讼通知的，应当及时终止所采取的措施。

网络服务提供者知道或者应当知道网络用户利用其网络服务侵害他人民事权益，未采取必要措施的，与该网络用户承担连带责任。

（4）校园事故侵权

无行为能力人在幼儿园、学校或者其他教育机构学习、生活期间受到人身损害的，幼儿园、学校或者其他教育机构应当承担过错推定责任。限制行为能力人在学校或者其他教育机构学习、生活期间受到人身损害的，学校或者其他教育机构承担过错责任。但是，无行为能力人或者限制民事行为能力人在上述机构学习、生活期间，受到幼儿园、学校或者其他教育机构以外的第三人人身损害的，由第三人承担侵权责任；幼儿园、学校或者其他教育机构未尽到管理职责的，承担相应的补充责任。幼儿园、学校或者其他教育机构承担补充责任后，可以向第三人追偿。

（5）产品侵权

产品侵权，是指产品缺陷致人损害的侵权责任。产品侵权责任的责任承担者包括生产者、销售者以及运输者、仓储者等。对于消费者的损害，生产者承担的是无过错责任，销售者承担的是过错责任，但销售者不能指明缺陷产品的生产者也不能指明缺陷产品的供货者的，销售者应当承担侵权责任。运输者、仓储者等第三人承担的是过错责任。不过，因产品存在缺陷造成损害的，被侵权人可以向产品的生产者请求赔偿，也可以向产品的销售者请求赔偿。产品缺陷由生产者造成的，销售者赔偿后，有权向生产者追偿。因销售者的过错使产品存在缺陷的，生产者赔偿后，有权向销售者追偿。

此外，产品投入流通后发现存在缺陷的，生产者、销售者应当及时采取停止销售、警示、召回等补救措施；未及时采取补救措施或者补救措施不力造成损害扩大的，对扩大的损害也应当承担侵权责任。采取召回措施的，生产者、销售者应当负担被侵权人因此支出的必要费用。明知产品存在缺陷仍然生产、销售，或者没有采取停止销售、警示、召回等有效补救措施，造成他人死亡或者健康严重损害的，被侵权人有权请求相应的惩罚性赔偿。

（6）机动车侵权

机动车侵权是指机动车发生交通事故导致受害人人身伤亡或财产损失的侵权责任。根据《民法典》《道路交通安全法》及其他法律法规，我国实行机动车强制保险制度（即"交强险"），对机动车第三者责任强制保险责任限额范围内（20万元，其中死亡伤残赔偿限额为18万元，医疗费用赔偿限额为1.8万元，财产损失赔偿限额为0.2万元）的损害，由保险公司赔偿；保险赔偿不足的部分，机动车之间的交通事故，根据各自过错的大小承担相应的责任，而机动车与非机动车驾驶人、行人之间的交通事故，由机动车一方承担赔偿责任，但有证据证明非机动车驾驶人、行人有过错的，根据过错程度适当减轻机动车一方的赔偿责任；机动车一方没有过错的，承担不超过10%的赔偿责任。当然，如果交通事故的损失是由非机动车驾驶人、行人故意碰撞机动车造成的，机动车一方不承担赔偿责任。

租赁、借用机动车发生交通事故，交强险赔偿范围之外的机动车一方的损害赔偿责任由机动车使用人承担；机动车所有人对损害的发生有过错的，承担相应的赔偿责任。以买卖等方式转让并交付但未办理所有权转移登记的机动车发生交通事故，交强险赔偿范围之外的机动车一方的损害赔偿责任由受让人承担。以挂靠形式从事道路运输经营活动的机动车，发生交通事故造成损害，属于该机动车一方责任的，由挂靠人和被挂靠人承担连带责任。盗窃、抢劫或者抢夺的机动车发生交通事故造成损害的，由盗窃人、抢劫人或者抢夺人承担赔偿责任；盗窃人、抢劫人或者抢夺人与机动车使用人不是同一人，发生交通事故造成损害，属于该机动车一方责任的，由盗窃人、抢劫人或者抢夺人与机动车使用人承担连带责任。

机动车发生交通事故造成损害，属于该机动车一方责任的，先由承保机动车强制保险的保险人在强制保险责任限额范围内予以赔偿；不足部分，由承保机动车商业保险的保险人按照保险合同的约定予以赔偿；仍然不足或者没有投保机动车商业保险的，由侵权人赔偿。

机动车驾驶人发生交通事故后逃逸，该机动车参加强制保险的，由保险人在机动车强制保险责任限额范围内予以赔偿；机动车不明、该机动车未参加强制保险或者抢救费用超过机动车强制保险责任限额，需要支付被侵权人人身伤亡的抢救、丧葬等费用的，由道路交通事故社会救助基金垫付。道路交通事故社会救助基金垫付后，其管理机构有权向交通事故责任人追偿。

非营运机动车发生交通事故造成无偿搭乘人损害，属于该机动车一方责任的，应当减轻其赔偿责任，但是机动车使用人有故意或者重大过失的除外。

（7）医疗侵权

医疗侵权一般为过错责任，即一般情况下，患者在诊疗活动中受到损害，医疗机构及其医务人员有过错的，由医疗机构承担赔偿责任。但是，医疗机构存在违反法律、行政法规、规章以及其他有关诊疗规范的规定，隐匿或者拒绝提供与纠纷有关的病历资料，遗失、伪造、篡改或者违法销毁病历资料等行为的，推定医疗机构有过错。

医务人员在诊疗活动中应当向患者说明病情和医疗措施。需要实施手术、特殊检查、特殊治疗的，医务人员应当及时向患者具体说明医疗风险、替代医疗方案等情况，并取得其明确同意；不能或者不宜向患者说明的，应当向患者的近亲属说明，并取得其明确同意。但因抢救生命垂危的患者等紧急情况，不能取得患者或者其近亲属意见的，经医疗机构负责人或者授权的负责人批准，可以立即实施相应的医疗措施。

因药品、消毒产品、医疗器械的缺陷，或者输入不合格的血液造成患者损害的，患者可以向药品上市许可持有人、生产者、血液提供机构请求赔偿，也可以向医疗机构请求赔偿。患者向医疗机构请求赔偿的，医疗机构赔偿后，有权向负有责任的药品上市许可持有人、生产者、血液提供机构追偿。

患者在诊疗活动中受到损害，有下列情形之一的，医疗机构不承担赔偿责任：患者或者其近亲属不配合医疗机构进行符合诊疗规范的诊疗（医疗机构或者其医务人员也有过错的，应当承担相应的赔偿责任）；医务人员在抢救生命垂危的患者等紧急情况下已经尽到合理诊疗义务；限于当时的医疗水平难以诊疗。

（8）环境污染和生态破坏侵权

环境污染和生态破坏责任为无过错责任。因污染环境、破坏生态发生纠纷，行为人应当就法律规定的不承担责任或者减轻责任的情形及其行为与损害之间不存在因果关系承担举证责任。

两个以上侵权人污染环境、破坏生态的，承担责任的大小，根据污染物的种类、浓度、排放量，破坏生态的方式、范围、程度，以及行为对损害后果所起的作用等因素确定。

侵权人违反法律规定故意污染环境、破坏生态造成严重后果的，被侵权人有权请求相应的惩罚性赔偿。

因第三人的过错污染环境、破坏生态的，被侵权人可以向侵权人请求赔偿，也可以向第三人请求赔偿。侵权人赔偿后，有权向第三人追偿。

违反国家规定造成生态环境损害，生态环境能够修复的，国家规定的机关或者法律规定的组织有权请求侵权人在合理期限内承担修复责任。侵权人在期限内未修复的，国家规定的机关或者法律规定的组织可以自行或者委托他人进行修复，所需费用由侵权人负担。

违反国家规定造成生态环境损害的，国家规定的机关或者法律规定的组织有权请求侵权人赔偿下列损失和费用：生态环境受到损害至修复完成期间服务功能丧失导致的损失；生态环境功能永久性损害造成的损失；生态环境损害调查、鉴定评估等费用；清除污染、修复生态环境费用；防止损害的发生和扩大所支出的合理费用。

（9）高度危险作业侵权

高度危险作业包括民用核设施（包括运入运出核设施的核材料）、民用航空器等的运行，使用易燃、易爆、剧毒、高放射性、强腐蚀性、高致病性等高度危险物，从事高空、高压、地下挖掘活动或者使用高速轨道运输工具。高度危险作业侵权责任为无过错责任，除了受害人故意这一共同的免责事由外，各种不同的高度危险作业的免责或减责事由并不相同。如民用核设施的侵权中，只有战争、武装冲突、暴乱等少数的不可抗力可以免责；民用航空器侵权中，不可抗力不是免责事由；易燃、易爆、剧毒、高放射性、强腐蚀性、高致病性等高度危险物造成他人损害的侵权责任中，不可抗力可以免责，被侵权人的重大过失可以减轻占有人或者使用人的责任；高空、高压、地下挖掘活动或者使用高速轨道运输工具的侵权责任中，不仅不可抗力可以免责，而且只要被侵权人对损害的发生有重大过失，就可以减轻经营者的责任。

承担高度危险责任，法律规定赔偿限额的，依照其规定，但是行为人有故意或者重大过失的除外。

(10) 饲养动物侵权

饲养的动物造成他人损害的，动物饲养人或者管理人应当承担侵权责任，但能够证明损害是因被侵权人故意或者重大过失造成的，可以不承担或者减轻责任。违反管理规定，未对动物采取安全措施造成他人损害的，动物饲养人或者管理人应当承担侵权责任；但是，能够证明损害是因被侵权人故意造成的，可以减轻责任。禁止饲养的烈性犬等危险动物造成他人损害的，动物饲养人或者管理人应当承担侵权责任。动物园的动物造成他人损害的，动物园应当承担侵权责任，但能够证明尽到管理职责的，不承担责任。遗弃、逃逸的动物在遗弃、逃逸期间造成他人损害的，由动物原饲养人或者管理人承担侵权责任。

(11) 建物和物件侵权

建筑物、构筑物或者其他设施倒塌、塌陷造成他人损害的，由建设单位与施工单位承担连带责任，但是建设单位与施工单位能够证明不存在质量缺陷的除外。建设单位、施工单位赔偿后，有其他责任人的，有权向其他责任人追偿。因所有人、管理人、使用人或者第三人的原因，建筑物、构筑物或者其他设施倒塌、塌陷造成他人损害的，由所有人、管理人、使用人或者第三人承担侵权责任。

建筑物、构筑物或者其他设施及其搁置物、悬挂物发生脱落、坠落造成他人损害，所有人、管理人或者使用人不能证明自己没有过错的，应当承担侵权责任。所有人、管理人或者使用人赔偿后，有其他责任人的，有权向其他责任人追偿。

禁止从建筑物中抛掷物品。从建筑物中抛掷物品或者从建筑物上坠落的物品造成他人损害的，由侵权人依法承担侵权责任；公安等机关应当依法及时调查，查清责任人；经调查难以确定具体侵权人的，除能够证明自己不是侵权人的外，由可能加害的建筑物使用人给予补偿。可能加害的建筑物使用人补偿后，有权向侵权人追偿。物业服务企业等建筑物管理人应当采取必要的安全保障措施防止前款规定情形的发生；未采取必要的安全保障措施的，应当依法承担未履行安全保障义务的侵权责任。

堆放物倒塌、滚落或者滑落造成他人损害，堆放人不能证明自己没有过错的，应当承担侵权责任。

在公共道路上堆放、倾倒、遗撒妨碍通行的物品造成他人损害的，由行为人承担侵权责任。公共道路管理人不能证明已经尽到清理、防护、警示等义务的，应当承担相应的责任。

因林木折断、倾倒或者果实坠落等造成他人损害，林木的所有人或者管理人不能证明自己没有过错的，应当承担侵权责任。

在公共场所或者道路上挖掘、修缮安装地下设施等造成他人损害，施工人不能证明已经设置明显标志或采取安全措施的，应当承担侵权责任。窨井等地下设施造成他人损害，管理人不能证明尽到管理职责的，应当承担侵权责任。

6. 侵权损害赔偿

（1）人身损害的赔偿

侵害他人造成人身损害的，应当赔偿医疗费、护理费、交通费、营养费、住院伙食补助费等为治疗和康复支出的合理费用，以及因误工减少的收入。造成残疾的，还应当赔偿辅助器具费和残疾赔偿金；造成死亡的，还应当赔偿丧葬费和死亡赔偿金。因同一侵权行为造成多人死亡的，可以以相同数额确定死亡赔偿金。

被侵权人死亡的，其近亲属有权请求侵权人承担侵权责任。被侵权人为组织，该组织分立、合并的，承继权利的组织有权请求侵权人承担侵权责任。支付被侵权人医疗费、丧葬费等合理费用的人有权请求侵权人赔偿费用，但是侵权人已经支付该费用的除外。

侵害他人人身权益造成财产损失的，按照被侵权人因此受到的损失或者侵权人因此获得的利益赔偿；被侵权人因此受到的损失以及侵权人因此获得的利益难以确定，被侵权人和侵权人就赔偿数额协商不一致，向人民法院提起诉讼的，由人民法院根据实际情况确定赔偿数额。

侵害自然人人身权益造成严重精神损害的，被侵权人有权请求精神损害赔偿。因故意或者重大过失侵害自然人具有人身意义的特定物造成严重精神损害的，被侵权人有权请求精神损害赔偿。

（2）财产损害的赔偿

侵害他人财产的，财产损失按照损失发生时的市场价格或者其他合理方式计算。

故意侵害他人知识产权，情节严重的，被侵权人有权请求相应的惩罚性赔偿。

受害人和行为人对损害的发生都没有过错的，依照法律的规定由双方分担损失。

损害发生后，当事人可以协商赔偿费用的支付方式。协商不一致的，赔偿费用应当一次性支付；一次性支付确有困难的，可以分期支付，但是被侵权人有权请求提供相应的担保。

四、行政责任

关于行政责任一词，其本身具有多义性，对于行政法律责任主体来说，主要表现在行政主体和行政管理相对人两个方面。行政主体责任是行政主体违反行政法律规范所应承担的法律责任。行政相对人责任是指行政管理过程中，具有行政责任能力的行政相对人实施了不履行行政法上的义务和破坏行政管理秩序等的行政违法行为，由行政机关或法律法规授权组织所处惩罚，包括行政处罚等。这里只介绍领导干部可能面临的行政主体责任。

（一）行政责任的种类

行政主体责任大体上可以分为两类，一是制裁性责任，包括通报批评、追缴、没收、行政处分等；二是补救性责任，包括履行职责、行政赔偿、恢复名誉、返还权益等。

行政主体责任的特征有：行政责任是行政主体及其工作人员的责任，在我国，行政主体包括行政机关、法律法规规章授权的组织和受委托的组织；违法行为没有超出法的限度，适用行政法中的制裁措施；就追责主体而言，可由特定行政机关、法院、人民代表大会及其常务委员会予以追究；就责任形式而言，包括行政处分、行政追偿、责令辞职等。"行政责任在性质和程度上，既不同于刑事责任那样偏重于惩罚性，也不太同于民事责任那样偏重于救济性，而是两者兼具。而且在程度上，其惩罚性低于刑事责任，与刑事责任之间存在一种衔接关系。"[1]

目前我国行政问责还没有专门的、完善的成文法。问责的主要法律依据是《公务员法》《监察法》。其他均为党内法规，包括《关于实行党政领导干部问责的暂行规定》《中国共产党党内监督条例》《关于实行党风廉政建设责任制的规定》《中国共产党纪律处分条例》《中国共产党问责条例》等，其所规范的对象属于党内责任，不属于行政责任的范畴，当然在党领导一切的前提下，这两者本身是密不可分的。部分制度的构建和变化也会提到党内问责的发展。

基于不同的标准或根据，行政责任被划分为不同的类型：[2]

根据主观心态的差异和造成的后果不同，可以划分为行政失职责任、行政渎职责任和滥用职权责任。（1）行政失职责任是指行政主体及其工作人员履行职务时，存在失职行为而应承担的一种法律责任。主观上体现为行为主体存在过错，或虽没有过错，但确实存在行为能力不足的问题。（2）行政渎职责任是指行政机关及其工作人员因玩忽职守、滥用职权、徇私舞弊，使公

---

① 方世荣主编：《行政法与行政诉讼法》，中国政法大学出版社 2007 年版，第 126 页。

② 参见江国华编著：《中国行政法（总论）》，武汉大学出版社 2012 年版。

共利益或者私人利益受到较为严重损失的行政渎职行为，应当承担的行政责任。它在主观上表现为存在故意或者严重过失，且造成了严重的法律后果。（3）滥用职权责任是指行政主体违反法定义务，滥用职权，徇私舞弊，致使行使职权过程中造成行政相对方权益损害，并承担相应的法律责任。主观表现为故意，并造成了一定法律后果。同时，行政人员一般采取的是一种主动的行为，这是滥用职权责任区别于行政渎职责任的主要方面。

以行政行为是否具有合法性为标准，分为行政违法责任和行政不当责任。前者指行政主体及其工作人员违反行政法律规定所承担的行政责任，后者指虽未违反行政法律规定，但行政行为给相对人造成了损害所应当承担的责任。这里最著名的就是有违比例原则，它是指行政机关实施行政行为应当兼顾行政目标的实现和保护相对人的权益，如为实现行政目标可能对相对人权益造成不利影响时，应当将这种不利影响限制在尽可能小的范围和限度内。比例原则着眼于利益的均衡，要求行政机关在达到行政管理目标时，要遵循对公众、对相对人产生最小的负担，尽可能在完成行政目标时，最大程度保护管控对象的合法权益。

根据责任对象和范围，可以分为内部行政责任和外部行政责任。内部行政责任是基于行政从属关系而承担的责任，如政府对职能部门在行使职责过程中的失职行为追究责任，这类责任的救济一般不能诉诸司法救济。外部行政责任则是由于行政主体和行政工作人员在行为中侵害了行政相对人的合法权益而承担的损害赔偿责任等，这类责任一般可以复议和诉讼。

根据责任性质和目的不同，可以分为惩罚性行政责任和补救性行政责任。惩罚性行政责任是指行政主体及其工作人员因行为违法或者不当而承担通报批评、行政处分、赔偿一定金额等具有惩罚性质的行政责任。补救性行政责任则是对因为违法或不当行政行为造成相对人合法利益遭受的损害结果的矫正，如行政赔偿、恢复名誉、恢复原状等。

（二）关于行政问责制度的思考

随着依法治国以及依法行政要求的不断深入，行政问责制度已经逐渐深入人心，也成为悬在党政机关工作人员头上的利剑，督促依法治国、依法行政。行政问责制，又称行政责任追究制度，主要是指特定的问责主体通过一定的程序，针对行政机关及其公务员应当履行而没有履行相应的职责和义务的情形，必须承担否定性后果的一种追究制度。行政问责就是通过各种方式让掌握公共权力的政府机关及其行政人员切实为其行为负起责任来，其实质在于防止和阻止政府机关及其行政人员滥用、误用、怠用公共权力。

行政问责制主要包括六个构成要素：问责主体，即谁来问责；问责客体，即问责的对象，向谁问责；问责程序，即如何问责；问责范围，就是出于何种理由问责，向问责客体问什么；问责的责任体系，即需要追究的责任包括哪些；问责的后果，即问责后问责客体要承担的责任。①

之前，我国在行政问责制的建设方面比较薄弱，行政问责制尚未形成制度化的法规，只是散见于一些规定和条例中。改革开放后，为了使问责制真正做到制度化，在各地探索新途径的同时，中央也在积极加快推进问责制度化的步伐。

突破点出现在 2003 年"非典"爆发之后，《突发公共卫生事件应急条例》出台，明确规定了处理突发公共卫生事件的组织领导、遵循的原则和各项制度和措施，明确了各级政府及有关部门、社会有关组织和公民在应对突发公共卫生事件中应承担的责任和义务及违法行为的法律责任。随后，我国行政问责制度有了迅猛发展，之后包括天津港爆炸、松花江污染等事件都使相关责任人受到了问责。

1.从同体问责向异体问责发展

从我国行政问责发展历程来看，我国"非典"事件以前主要实行的是同体问责，是执政党系统对其党员干部的问责，或者行政系统对其行政干部的问责。这种同体问责有利于发挥对失职、失责行为经常性的监督和问责。但现代行政问责的一般原理和我国以往公共行政实践结果等显示，单

---

① 参见韩姗杉：《全面推进依法治国视域下的行政问责制研究》，载《法制与社会》2017 年第 6 期中。

一的问责主体和启动机制无法实现多类问责内容的问责效果。"非典"事件触发了异体问责在行政问责制中的作用，我国行政问责制度逐步开始转向异体问责。（1）人大。我国《宪法》第三条明确规定由人大产生的行政机关、监察机关、审判机关、检察机关要对人大"负责"。当然，各级人大仍然要进一步通过立法落实宪法和法律赋予其的多项刚性监督问责手段的运用，如特定问题调查、质询、罢免、投不信任票等。（2）媒体。媒体能及时揭露各种腐败现象，产生巨大的社会效应，形成强大的舆论压力。改革开放以来，我国媒体的独立性与中立性逐渐增强，也越来越广泛地参与到行政问责过程中来。（3）社会公众。《宪法》第四十一条规定，"中华人民共和国公民对于任何国家机关和国家工作人员，有提出批评和建议的权利；对于任何国家机关和国家工作人员的违法失职行为，有向有关国家机关提出申诉、控告或者检举的权利"。

2. 由应急型问责机制向长效型问责制度转变

以前往往是发生了重大安全事故才会对相关领导人进行问责，现在则是对行政决策进行制度性定期审查，行政问责终于成为一项"制度"而存在。目前，我国各级行政机构开始施行问责督查制度，对工作进度和问责情况进行跟踪督查，并将问责结果存入本人档案，作为本级组织人事部门一年之内考核、任用干部的重要依据，改变了过去对问责事件缺乏连续管理的片面做法。

3. 从以行政责任、法律责任为主转向注重政治责任和道德责任

以前往往只对滥用职权、越权行为问责，而行政不作为因易被忽视而乏人问责，导致一些官员为避免"做多错多"而犯下"行政责任""法律责任"，而对"政治责任""道德责任"视而不见。目前，问责范围从追究"有错"官员向"不作为"官员深化，在细化有错责任行为的基础上，进一步挖掘无为问责的深度，制定承担行政不作为责任的标准，对各种无为行为进行了科学有效的界定，对行政不作为严加打击，纳入问责体系。以往仅仅对行政官员的违法犯罪行为进行问责，对官员的道德问题往往以违反党规党纪的

形式进行党内处分，现在则将官员违反道德规范的行为也纳入到了行政问责范畴。

4.从权力问责逐步转向制度问责

"非典"事件以前，我国权力问责的案例并不少见。当时主要是针对各种安全事故进行问责，"头痛医头，脚痛医脚"。"非典"事件以后，《中国共产党党内监督条例》《中国共产党纪律处分条例》的出台，标志着制度问责的开始。中国干部人事制度的整体改革，也出现了制度化信号。实施制度问责，是从政治责任、领导责任、管理责任、直接责任、间接责任等方面，一层层问下去。制度问责提高了行政官员的政治责任心，做到了制度反腐，化解了干部队伍的能上不能下问题。

面对责任政府理念的普及，行政问责制度的迅猛发展，领导干部应该怎么看、怎么做？

1.提高认识，深刻理解行政问责制的意义

有的领导干部对行政问责制有抵触情绪，总认为自己是在为党和人民干事业，没有功劳也有苦劳，出点错误属于正常，不应当动辄追究责任。这种思想源于对问责制缺乏正确的认识。[1]

行政问责制不仅是对行政人员的惩戒，其最终目的在于通过问责促进干部提高法治意识，牢记自己的责任，唤起对自己手中权力的来源、权力行使的目的和方式的深刻反省。问责制不是可有可无，是社会发展的必然要求。随着经济社会的不断发展，新情况、新问题层出不穷，诸如社会问题、环境生态破坏、公共卫生突发事件等问题的预防和处理，都需要高度的责任心和科学的治理能力来应对，施行行政问责制，可以进一步增强事业心和责任感，确保各项决策部署到位，不推诿、不逃避，尽职尽责履行职责。同时，通过问责制，还能敏锐发现工作中、制度中存在的漏洞和问题，有利于破解难题和促进工作。要实现国家治理体系和治理能力现代化，领导干部作为

---

① 参见于亚渤：《领导干部如何正确对待问责制》，载《领导艺术》2012年第2期。

"关键少数"，应发挥"头雁效应"。只有领导干部的认识到位，目标才能真正实现。

2. 加强学习，不断提高法治能力和法治水平

党的十八大报告提出，要"提高领导干部运用法治思维和法治方式深化改革、推动发展、化解矛盾、维护稳定能力"。这是历次党代会报告中首次要求干部要用"法治思维"和"法治方式"来执政，党的十八届四中全会又对这些思想进行了系统化的阐释，这是我国依法治国方略理念的具体体现。党的十九届四中全会通过的《中共中央关于坚持和完善中国特色社会主义制度、推进国家治理体系和治理能力现代化若干重大问题的决定》明确要求："各级党和国家机关以及领导干部要带头尊法学法守法用法，提高运用法治思维和法治方式深化改革、推动发展、化解矛盾、维护稳定、应对风险的能力。"这是我党对党的机关、国家机关、领导干部的要求，最终都是对领导干部的要求。避免被问责的源头，在于是否从依法行政的角度出发思考问题和解决问题。个别领导干部把法律规定当儿戏，有用的时候就用，没用的时候就压，选择性适用法律要求和规定，从源头上就埋下了被问责的隐患。如何提高法治能力，用法治思维来干事业，必须成为领导干部的一堂必修课。

3. 强化责任，忠实履行人民授予的职权

这里也提出一个责任政府的概念，其作为一种新的行政法理念，是指具有责任能力的政府在行使社会管理职能的过程中，积极主动地就自己的行为向人民负责；政府违法或者不当行使职权，应当依法承担法律责任，实现权力和责任的统一，做到"执法有保障，有权必有责，违法受追究，侵权须赔偿"。领导干部必须树立责任政府的意识。摒弃官僚主义作风。个别行政机关工作人员存在官僚心态，以为"官大一级、理大一分"，习惯性地觉得自己高人一等，满嘴"官话"，只想享受权力，不想承担责任和义务，产生特权心理和权力腐败现象，导致问责事件的发生。领导干部必须绷紧责任神经，必须认识到现在拥有的地位、待遇和权力不是特权，而是重如泰山的责

任，来源于人民的授权与信任，必须兢兢业业干好本职工作，形成真抓实干、干事创业的良好风气，以对党和国家高度负责、对人民群众高度负责的精神，切实履行党和人民赋予的职责。

本讲作者：

胡业勋 中共四川省委党校法学部副主任，教授

王　琦 中共中央党校（国家行政学院）党建部讲师

刘　锐 中共中央党校（国家行政学院）政治和法律教研部教授

胡卉明 自然资源部不动产登记中心（法律事务中心）复议事务处处长

第五讲

调解和仲裁制度

一、调解制度

调解包括人民调解、行政调解、诉讼调解和专业调解等不同类型，本讲主要介绍行政调解和诉讼调解。

（一）行政调解

行政调解，是指由行政机关主持，以国家法律、法规和政策为依据，遵循合法、自愿的原则，通过说服教育等方法促使当事人平等协商、互谅互让，从而达成协议，以便解决民事或者特定行政争议的活动。[①] 在我国构建多元化纠纷解决机制背景下，行政调解制度的发展也保持了勃勃生机。

1. 行政争议是否能够进行行政调解

从传统法理上看，行政权力的行使应当严格、规范，行政行为要么合法，要么违法，对于违法行政行为要坚决纠正并对当事人进行法律救济，不存在居中调解和讨价还价的余地。因此，长期以来，无论是我国法学理论上，还是法律规定上，都对行政争议解决领域引入调解、和解等方式持

---

① 参见江国华：《中国行政法（总论）》，武汉大学出版社 2012 年版。

否定态度。1989 年，全国人大通过的《行政诉讼法》第五十条明确规定，人民法院审理行政案件，不适用调解。在立法上确立了我国行政争议不得调解的基调。但近年来，随着国内行政关系日益多样化、复杂化，行政争议数量出现高峰，采用多种方式解决行政争议的客观要求日益迫切，运用调解方式解决行政争议的禁区开始突破。在理论上和实践中出现了不同程度的探索，在立法上也出现了转机。2007 年，国务院发布的《行政复议法实施条例》第五十条规定："有下列情形之一的，行政复议机关可以按照自愿、合法的原则进行调解：（一）公民、法人或者其他组织对行政机关行使法律、法规规定的自由裁量权作出的具体行政行为不服申请行政复议的；（二）当事人之间的行政赔偿或者行政补偿纠纷。"2008 年，最高人民法院发布的《关于行政诉讼撤诉若干问题的规定》，实质上也认可了调解制度。

　　而 2015 年 5 月 1 日施行的修改后的《行政诉讼法》第六十条明确规定："人民法院审理行政案件，不适用调解。但是，行政赔偿、补偿以及行政机关行使法律、法规规定的自由裁量权的案件可以调解。"行政争议不适用调解的原则，在我国法律上已经发生了彻底改变。实际上，人民法院对行政案件进行调解，不只适用于一审和二审过程中，在立案、执行以及审查再审申请和再审审理的各个阶段均可随时进行。就可以调解的范围来讲，《行政诉讼法》第六十条将其限定于"行政机关行使法律、法规规定的自由裁量权的案件"，用意是为了排除"行政行为是否合法没有调解余地"的情形。对调解余地的判断，不仅要看行政机关在作出被诉行政行为时是否具有裁量权，更要看双方当事人特别是行政机关就调解标的是否具有处分权，且调解结果是否损害国家利益、社会公共利益和他人合法权益。目前，不少司法机关在审理行政案件过程中，针对涉及重大项目、民生或具有重大社会影响的行政案件，纷纷启动行政争议判前协调、联合约谈、协调和解等机制，促进行政争议实质性化解，努力克服"程序空转"现象。

　　以上虽然主要论述的是司法机关裁判行政争议时可以用调解的方式处理，但因此也可以直接得出的结论是，行政调解的对象可以是民事争议，也可以是行政争议。

2.党中央和国务院对行政调解制度的指导要求和目标设定

新中国成立后,在纠纷解决领域最初推广的是 20 世纪 60 年代初以基层组织化解矛盾为核心内容的"枫桥经验"。改革开放以后,随着调解制度的发展,逐步建立了"以人民调解为基础,人民调解、行政调解和司法调解相互衔接、相互补充的大调解工作体系"。党的十八大以来,中央根据社会治理的需要,从制度构建和顶层设计的角度构建多元化纠纷解决机制,提出健全社会矛盾预防化解机制,完善调解、仲裁、行政裁决、行政复议、诉讼等有机衔接、互相协调的多元化解机制。

党的十八届四中全会《中共中央关于全面推进依法治国若干重大问题的决定》指出:"健全社会矛盾纠纷预防化解机制,完善调解、仲裁、行政裁决、行政复议、诉讼等有机衔接、相互协调的多元化纠纷解决机制。"第一次从中央层面系统地对矛盾纠纷多元化解机制建设作了整体部署。①

2015 年 12 月,中共中央办公厅、国务院办公厅出台了《关于完善矛盾纠纷多元化解机制的意见》指出,完善矛盾纠纷多元化解机制,对于保障群众合法权益、促进社会公平正义具有重要意义。要坚持党委领导、政府主导、综治协调,充分发挥各部门职能作用,引导社会各方面力量积极参与矛盾纠纷化解;坚持源头治理、预防为主,将预防矛盾纠纷贯穿重大决策、行政执法、司法诉讼等全过程;坚持人民调解、行政调解、司法调解联动,鼓励通过先行调解等方式解决问题;坚持依法治理,运用法治思维和法治方式化解各类矛盾纠纷。要着力完善制度、健全机制、搭建平台、强化保障,推动各种矛盾纠纷化解方式的衔接配合,建立健全有机衔接、协调联动、高效便捷的矛盾纠纷多元化解机制。为全面深化多元化纠纷解决机制改革指明了方向。

2015 年 12 月,中共中央、国务院发布《法治政府建设实施纲要(2015—2020)》,提出要健全依法化解纠纷机制,加强行政复议,完善行政调解、行政裁决、仲裁制度,加强人民调解工作,改革信访工作制度,全面形成公正、高效、便捷、成本低廉的多元化矛盾纠纷解决机制,充分发挥行政机关

---

① 参见罗智敏:《行政解决民事纠纷》,载马怀德主编:《行政法前沿问题研究》,中国政法大学出版社 2018 年版。

在预防、解决行政争议和民事纠纷中的作用，依法有效化解社会矛盾纠纷，切实保护公民、法人和其他组织的合法权益。更加强调了行政机关在预防和解决行政争议及民事纠纷中的调解作用。

党的十九届四中全会《中共中央关于坚持和完善中国特色社会主义制度、推进国家治理体系和治理能力现代化若干重大问题的决定》则更进一步明确要求"完善正确处理新形势下人民内部矛盾有效机制。坚持和发展新时代'枫桥经验'，畅通和规范群众诉求表达、利益协调、权益保障通道，完善信访制度，完善人民调解、行政调解、司法调解联动工作体系，健全社会心理服务体系和危机干预机制，完善社会矛盾纠纷多元预防调处化解综合机制，努力将矛盾化解在基层。"将矛盾化解在基层，也是行政调解制度的重要目标和作用。

党中央和国务院的历次文件，对行政调解制度解决行政争议和民事纠纷提出了新的要求，明确了行政机关在解决部分行政争议和民事纠纷中的作用及责任。特别是在当前基层司法机关审理案件数量激增、基层法官审判压力较大的背景下，多元纠纷化解方式也是缓解诉讼压力的重要方式，行政机关应积极处理与行政管理相关的各种纠纷，大力培育各种民间纠纷解决力量，将矛盾化解在基层，实现社会和谐和科学治理。

3. 行政调解主体

相较于司法调解中的法院或是人民调解中的群众性自治组织，行政调解的主体具有特定性，是指行政机关本身和一些法律法规授权的组织。我国目前的行政调解主要集中于公安行政、自然资源管理、医疗卫生行政、劳动行政、公共交通行政、邮政行政以及民政行政等领域。行政调解主体主要包括：（1）基层政府。如《突发事件应对法》第二十一条规定："县级人民政府及其有关部门、乡级人民政府、街道办事处、居民委员会、村民委员会应当及时调解处理可能引发社会安全事件的矛盾纠纷。"（2）政府工作部门。现行行政调解多数为政府部门调解，涉及法律规范也较为详细。例如《医疗事故处理条例》第四十六条规定，"发生医疗事故的赔偿等民事责任争议，医患双方可以协商解决；不愿意协商或者协商不成的，当事人可以向卫生行政部门提出调解申请"。（3）法律法规授权组织。如根据《消费者权益保护法》第三十九条规定，消费者和经营者发生消费者权益争议的，可以请求消费者协会调解。

4.行政调解的原则和程序

当前，行政管理的发展趋势是从公共权力走向公共服务，在基层行政争议和民事争议处理制度建设中，应当从公共服务改革这一更加宏观的视角来改革和完善工作机制，更多地从申请人的角度考虑行政调解机制建设，其目标是让争议的处理更加便捷、友好和低成本。行政调解的基本原则包括：

（1）自愿原则

行政调解以双方当事人自愿为前提，只有申请人和被申请人都自愿接受调解时，调解机关才能启动调解程序。调解过程中，如果一方当事人反悔，应当终止调解。

（2）合法原则

行政调解必须在合法的范围内进行，包括调解的范围合法、依据合法、程序合法和结果合法。调解应当依据法律法规、国家政策或公序良俗，不能进行违法调解；调解协议不得违反法律法规禁止性规定。

（3）公正原则

调解机关在调解案件过程中要始终处于公正地位主持公道，充分尊重当事人的意志，做到客观、公平、公正，以事实为依据，以法律为准绳。

（4）效率原则

行政调解不成时，要快速转入复议、诉讼等其他程序，避免久调不决、重复调解等现象，最大可能满足对公平和效率的双重追求。

行政调解的主要程序则包括：

（1）申请

申请人是与本案有直接利害关系的当事人；有明确的被申请人；有具体的调解请求和事实根据；申请事项属于调解受案范围。禁止强迫进行调解。

（2）受理

对符合受理条件的立案受理。

（3）调解

调解主体应当在充分了解调查事实后，对当事人进行协商疏导，听取当事人陈述和申辩，引导双方当事人自愿达成争议解决协议，而消除当事人之间的纷争，减少当事人之间的对立和对抗。调解过程中，应当制作调解笔录。

（4）制作和送达调解书

对于调解达成协议的，调解机关要及时制作调解协议书，调解书应当载明调解请求、事实、理由和调解结果，并加盖调解机关印章，行政调解书经双方当事人签字，即具有法律效力。

同时，对行政调解效力而言，行政调解具有非终局性，对行政调解不服的，可以通过诉讼或者复议等方式进行救济。

5. 关于行政调解制度的几点思考

第一，要把人民利益作为最高价值目标。行政调解实践实际上是"以人民为中心"的生动体现，其诞生的目的就是为了解决人民群众的问题和矛盾争议，把促进人民群众的幸福与发展作为工作的出发点和落脚点，同时也要把群众路线贯穿工作始终，充分依靠人民群众、相信人民群众，共同推进社会治理。

第二，要准确把握公正和效率的关系。多元化纠纷解决机制虽然强调效率原则，追求快速、便捷、低成本的化解矛盾，但这并不意味着对公正价值的忽视，如果一味讲效率，背离公正，效率就是没有意义的，只会损害双方当事人权益。在公正缺失的情况下，也不可能真正地化解矛盾。

第三，要努力实现把矛盾化解在基层。我国处在社会转型关键期，社会矛盾增多是正常现象，也是经济繁荣和社会开放的伴生现象。一定要通过行政调解这样良好的制度设计、有效的社会治理，把矛盾纠纷解决和控制在一定范围，对矛盾纠纷要及时发现、提前介入、早期治理，避免矛盾升级蔓延，或者是上交上移。

（二）诉讼调解

诉讼调解制度是我国一项重要的法律制度，在构建和谐社会的时代背景下，诉讼调解尤其受到社会各界的青睐。那么到底什么是诉讼调解呢？简单来说，诉讼调解是指在诉讼中，各方当事人在法院审判人员的主持下，自愿对权利义务关系争议进行协商，达成协议、化解纠纷所进行的诉讼活动。相较诉讼判决的高成本维权和烦琐程序，诉讼调解可低成本、高效率地实现定分止争，这是因为诉讼调解是在诉讼主体各方自愿的情况下促成的，调解书内容如不违反法律、行政法规强制性规定，在各方签收后，即具有强制执行效力。

1. 诉讼调解的价值

在分析诉讼调解的价值前，先对在诉讼审判基础上产生诉讼调解的原因做简单介绍。法院审判和调解均是解决纠纷的方式，由于诉讼审判的规范性和强制性，人们普遍对诉讼审判非常重视，实际上诉讼审判也存在先天不足，例如程序正义优先于实体正义、当事人的意愿可能难以完全呈现出来等问题，所以需要其他方式予以补充。非诉讼方式虽然在一定程度上可以弥补诉讼审判的缺陷，但因其缺乏强制执行效力，所以也无法达到较好的定分止争效果。诉讼调解可以有效缓和当事人之间"针尖对麦芒"的境况，以一种较为平和的方式处理纠纷，并且调解文书具有强制执行效力，可以说诉讼调解是顺应社会发展需要而产生。

那么诉讼调解究竟有什么样的价值魅力使得它能够在诉讼纠纷的解决中占有一席之地？在各式各样的调解资源配置中，诉讼调解制度因其在排解纠纷、消除矛盾、维护稳定和促进和谐方面的独特作用得到了新的诠释，展现了其独特的价值。具体主要体现在以下三个方面：

（1）自由

诉讼调解制度的首要价值是自由，主要表现在当事人的意志自由，也就是说纠纷各方当事人首先应当是在意志自由的状态下形成调解解决纠纷的共同意愿。《民事诉讼法》第九十三条："人民法院审理民事案件，根据当事人自愿的原则，在事实清楚的基础上，分清是非，进行调解。"正是自由价值在我国民事诉讼法中的体现。其次，《民事诉讼法》第九十六条规定："调解达成协议，必须双方自愿，不得强迫。"在整个调解过程中，当事人可自由选择决定调解内容和方案，并自行把控调解程序以及结果，整个诉讼调解前后当事人具有高度的自由权且不受外界干扰。

（2）效率

对世界各国而言，司法资源无疑都是稀缺性资源。在具体的纠纷解决中，诉讼审判虽程序要求严格且烦琐，但无疑是法院作出正确判决的保障，如果过度地追求审判效率则必然削弱程序，降低审判的质量，公平正义难以得到有效实现。因此，诉讼审判不能一味追求提高效率，但是，诉讼调解有所不同，诉讼调解以自由为首要价值，依据当事人的要求和意愿而开展，诉讼审判机构一般不干预，不需要复杂规范的程序予以保障。诉讼调解的简便、灵活和高效是其重要价值体现。

（3）正义

诉讼调解以各方当事人的共同意愿作为定分止争的依据，一定程度上避免了诸如审判制度中形式正义与实质正义的内在矛盾。诉讼审判着眼于行为，而诉讼调解更多的是着眼于人，调解过程中，各方当事人可以充分提出要求并"讨价还价"，甚至可以突破原有诉讼请求，当然也要注意，仅可协商处理个人权利义务，不得有损国家、社会公众或他人的合法权益。因而调解的结果有可能比判决的结果更符合当事人需求，更符合实质正义要求。

2.诉讼调解的适用

（1）民事诉讼调解

我国民法基本原则包括平等原则、自愿原则，民事诉讼调解制度很好地体现了该原则，民事诉讼调解即法院在处理民事案件时，审判人员根据案件情况，征询各方当事人意见，由当事人自愿协商并达成协议，从而解决纠纷的一种行为。《民事诉讼法》第九条规定："人民法院审理民事案件，应当根据自愿和合法的原则进行调解；调解不成的，应当及时判决。"由此可知，我国的民事诉讼中普遍适用调解制度。

根据《民事诉讼法》第一百三十三条、第一百四十二条、第一百七十二条相关规定，当事人可以在开庭审理前、判决前、二审阶段等法院判决作出前的任意审判阶段进行调解，且调解期限没有定数，不计入审判期限，即使当事人进行调解但最终未达成调解协议，仍可继续进行审判程序，给予了当事人相当大的自由选择权。现阶段，我国司法程序是调解与审判共存，当事人可在审判过程中，根据具体情况以及审判人员的意见或建议，充分考虑是否调解。此外，调解可适用于简易程序，也可适用于普通程序，同时在特别程序中专设司法确认程序。

实际上，民事诉讼调解对于法院来说有利于快速定分止争、节约司法资源，所以审判人员多数在审判过程中会积极促成双方当事人调解。2007年浙江省杭州市中级人民法院有个经典系列案例：陈某某等诉浙江某股份有限公司证券市场虚假陈述赔偿纠纷系列案，本系列案件有127件，由于原告众多、利益牵涉面广、社会影响大，并且潜在当事人多，若处理不当，可能影响资本市场和社会稳定，法院积极促成调解，其中118件一次性达成调解，剩余9件逐步达成调解。[①] 对法院来说充分发挥了调解一揽子化解全部纠纷的优势，对当事人来说损失得到了最大程度的保护。同时可以看出，少部分当事人存在犹豫或其他考虑，毕竟调解结案后不得就同一事项再次提起诉讼，如何充分运用好这项权利也是值得思考的。

（2）刑事诉讼调解

刑事诉讼解决的是构成犯罪的刑事纠纷，犯罪嫌疑人对社会造成了不良影响、对被害人造成了严重伤害，一般由国家行使追诉权，追究犯罪嫌疑人的法律责任。

目前我国法院处理刑事案件包括刑事诉讼调解和刑事诉讼审判两种方式，它们二者之间的联系在于刑事诉讼调解和刑事诉讼审判都要在司法机关的主持或参与下进行，并且应当遵守刑事相关法律法规的规定。但同时也有许多区别，其中最大区别在于刑事诉讼审判适用于所有刑事案件，刑事诉讼调解适用范围非常狭窄。

刑事诉讼调解意味着国家对追诉权作出让步甚至放弃，这与国家行使公权力惩恶扬善、维护社会稳定的使命相违背，因此，国家仅对于社会危害性较小的刑事案件，留有一些空间，为最大限度兼顾公平、正义留有余地。如

---

① 参见《全国法院十大调解案例》，载《人民法院报》2012年3月10日。

《刑事诉讼法》第二百一十二条规定人民法院对自诉案件，可以进行调解，同时规定被害人有证据证明对被告人侵犯自己人身、财产权利的行为应当依法追究刑事责任，而公安机关或者人民检察院不予追究被告人刑事责任的案件不适用调解；《刑事诉讼法》第一百零三条规定，"人民法院审理附带民事诉讼案件，可以进行调解"。

例如 2009 年陕西省商洛市商州区人民法院审理的黄某某、赵某等抢劫案，法院受理此案后，考虑到致张某某死亡的直接行为人郭某某在逃，在案的六名被告人最大 20 岁，最小的 15 岁，其中有三名是未成年人的实际情况，选择了附带民事赔偿调解作为处理此案的突破口。六名被告人流泪真诚悔罪，向被害人父母道歉，获得了被害人张某某父母的最终谅解。法院依法对被告人予以从轻或者减轻处罚。虽然抢劫犯罪作为严重危害公民人身安全和财产权利的暴力犯罪，法院原则上不宜主动对其附带民事诉讼进行调解。但本案具有特殊性，结合《刑事诉讼法》第二百七十七条相关规定，对犯罪的未成年人实行教育、感化、挽救的方针，坚持教育为主、惩罚为辅的原则，所以法院按照宽严相济刑事政策要求进行了附带民事赔偿调解。从本案也可以感受到调解的自愿原则，如果被害人父母坚决不接受被告人的道歉、不予以谅解，即使法官再怎么努力促成调解，也无法实现。

（3）行政诉讼调解

通过对英国、美国、德国、法国等国家法律制度的考察，不难看出，一些西方国家对行政诉讼调解制度采取了包容的态度。当然由于各国国情不同，相应的法律制度也有所不同。至于我国，行政诉讼中一般不适用诉讼调解，特殊条件下可适用诉讼调解，究其原因：受传统观念影响，老百姓把行政诉讼看作"民告官"，自然认为双方当事人地位不平等，故《行政诉讼法》制定目的之一就是确保公权力得到及时有效的制约，完全放开诉讼调解，可能出现另一种形式的"不公平"。因此，《行政诉讼法》第六十条明文规定，人民法院审理的行政案件，不适用调解。但同时也规定，行政赔偿、补偿以及行政机关行使法律、法规规定的自由裁量权的案件可以调解。

行政诉讼调解制度虽然尚未完全建立，但在现实生活中，行政诉讼调解制度已经与人们的生活息息相关。全国多地法院已开始探索开展行政诉讼调解。早在 2011 年，山东省、甘肃省高级人民法院已开始在行政诉讼中适用有限调解，其中甘肃省古浪县泗水镇光辉村新庄组与王滩庄组土地权属纠纷案就是一则典型案例，由于属于历史遗留问题，虽然双方都主张争议土地的权属归其所有，但均未提供确切证据予以证明，包括双方村委会也无法澄清，更无历史资料加以佐证。一审法院予以驳回诉讼请求后，新庄组再次提起上诉，最后双方经多次协商，最终达成调解协议，新庄组撤回上诉。[①] 本案件为法院审理行政诉讼案件适用有限调解提供了参考价值。

其实行政案件尤其是历史遗留问题案件，多数存在案情复杂、资料匮乏等情况，法院难以查明事实并兼顾程序正义和实体正义，但"新官"岂能不理"旧账"。行政诉讼调解制度的探索，有助于形成整个社会的和谐氛围，为创建更加有序、有效、快捷、便民的行政纠纷化解途径和践行服务型政府作出更大的努力。

3. 诉讼调解的要点

由于行政诉讼调解制度尚未建立以及刑事诉讼调解的特殊性，下面主要对民事诉讼调解的要点进行分析，包括以下两点：

第一，尽可能委托专业人士处理或咨询专业意见。很多当事人对于诉讼调解抱着试一试、随便谈谈、不行就审判的消极态度，实际上诉讼调解与诉讼审判同等重要。因此，当事人应当提起重视，并尽可能委托律师等专业人士代为处理或参与处理，方便从事实及法律层面综合选择调解方案，最大限度维护自身合法权益。

第二，注意固定诉讼调解结果。诉讼调解结果一般以调解书等法律文书形式加以固定，一经法院确认或作出就具有与法院判决同等的法律效力，具有强制性。特别需要注意的是，调解书是对双方调解过程中达成一致意见的权利义务划分予以明确，其内容条款尤为重要，有时少一两个字都可能导致双方权利义务产生巨大变化。而除非笔误或计算错误这种客观问题可修改，其他问题基

---

① 参见《甘肃高院发布 2016 年度行政审判十大典型案例》，载《兰州晚报》2017 年 1 月 3 日。

本上调解文书生效后即不得更改，执行时也得严格按照文本约定执行。所以调解文书签订前一定要反复核实确认，避免辛苦调解的成果付之东流。

二、仲裁制度

我国现行仲裁制度有三类，分别是民商事仲裁、劳动争议仲裁①和农村土地承包经营纠纷仲裁，依次分别适用《仲裁法》《劳动争议调解仲裁法》和《农村土地承包经营纠纷调解仲裁法》。与三大诉讼都由作为国家机构的人民法院主持不同，民商事仲裁由作为民间机构的仲裁委员会管辖，劳动争议仲裁和农村土地承包纠纷仲裁属于半官方性质。以下重点介绍民商事仲裁和劳动人事仲裁。

（一）民商事仲裁

1.民商事仲裁的概念和特点

民商事仲裁是指纠纷当事人根据自愿达成的仲裁协议，将纠纷提交非司法机构的第三者审理，由第三者作出有约束力的裁决的一种纠纷解决方式。

根据《仲裁法》，可以仲裁的纠纷是合同纠纷和其他财产权益纠纷，婚姻、收养、监护、扶养、继承纠纷及行政争议不能仲裁，而劳动争议和农业集体经济组织内部的农村土地承包经营纠纷分别适用劳动人事争议仲裁和农村土地承包经营纠纷仲裁。

民商事仲裁可以根据不同的标准作出不同的分类。比如，根据纠纷是否有涉外因素，可以划分为国内仲裁和涉外仲裁；根据是否由常设机构仲裁划分为机构仲裁和临时仲裁，临时仲裁是由临时组成的仲裁庭而非常设性仲裁机构进行审理并作出裁决意见书的仲裁。

民商事仲裁有以下特点：

---

① 人事仲裁与劳动争议仲裁已合并由统一机构负责，适用同样的规则。

（1）自愿性

自愿性是仲裁最突出的特点，具体表现在：是否提交仲裁、由哪个仲裁机构仲裁、仲裁庭的组成、仲裁员的选择、仲裁的审理方式等均由当事人决定或者当事人有很大的选择权。

（2）专业性

民商事纠纷往往涉及复杂的专业知识，需要各领域专家进行专业的判断和裁决，而仲裁员的可选择可以有效保障仲裁的专业性和权威性。

（3）灵活性

由于民商事仲裁充分尊重当事人的选择，因此，与诉讼及劳动人事争议仲裁等相比，民商事仲裁有很大的灵活性。

（4）保密性

与诉讼的公开审理不同，民商事仲裁以不公开审理为原则。有关的仲裁法律和仲裁规则要求仲裁员及仲裁秘书有保密义务。

（5）快捷性

民商事仲裁实行一裁终局制，即仲裁裁决一经仲裁庭作出即发生法律效力。这与诉讼的两审终审、劳动人事争议仲裁和农村土地承包经营纠纷仲裁裁决之后还可以提起诉讼相比，要快捷得多，更加符合商事效率的特点。

（6）独立性

民商事仲裁的独立性表现在以下几个方面：一是仲裁机构的独立，仲裁机构既独立于行政机构，仲裁机构之间也独立，无隶属关系。二是仲裁庭独立仲裁，不受任何机关、社会团体和个人的干涉，亦不受仲裁机构的干涉。

2.仲裁条款和仲裁程序

仲裁的前提是当事人在合同中或专门的仲裁协议中订立自愿将纠纷提交某仲裁机构仲裁的仲裁条款。仲裁条款无固定格式，但在我国，至少应包含将纠纷提交某仲裁机构仲裁的内容。不过，很多仲裁机构都拟定了仲裁示范条款，如北京仲裁委员会拟定的仲裁示范条款是："本合同引起的或与本合同有关的任何争议，均提请北京仲裁委员会／北京国际仲裁中心按照其仲裁规则进行仲裁。仲裁裁决是终局的，对双方均有约束力。"

仲裁一般要经过申请——受理——组庭——开庭审理——裁决等程序。北京仲裁委员会的仲裁流程如下图。

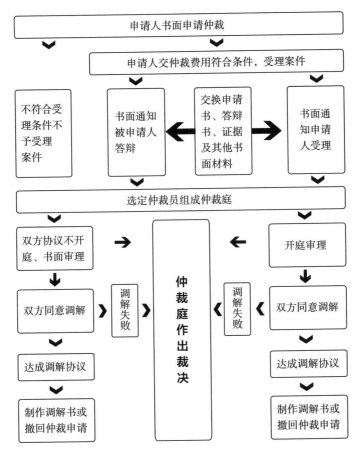

北京仲裁委员会仲裁流程

3. 我国民商事仲裁概况

据司法部 2019 年 3 月 27 日发布的消息称，[①] 自 1994 年《仲裁法》颁布施行以来，全国仲裁机构累计处理各类民商事案件 260 万余件，标的额 4 万

---

① 参见中华人民共和国司法部中国政府法制信息网：《我国积极运用仲裁方式解决民商事纠纷》，http://www.moj.gov.cn/subject/content/2019-03/27/862_231601.html，访问时间：2020 年 8 月 29 日。

多亿元，案件当事人涉及 70 多个国家和地区。据统计，截至 2018 年年底，全国共设立 255 个仲裁委员会，共有仲裁从业人员 6 万多名。2018 年，全国仲裁机构共处理案件 54 万件，比 2017 年增长 127%；案件标的额近 7000 亿元，比 2017 年增长 30%。仲裁解决纠纷的范围涉及经济贸易、建设工程、房地产、金融、农业生产经营以及物业纠纷等经济社会发展的各个领域。据悉，全国仲裁机构办理案件的质量不断提高，案件快速结案率、纠纷自愿和解调解率达到 60% 以上，仲裁裁决的自动履行率也达到 50% 以上，作出的裁决被人民法院撤销和不予执行的比例始终没有超过 1%。

（二）劳动人事仲裁

劳动人事仲裁，是职工与用人单位因劳动争议或人事争议在向人民法院提起诉讼前，必须经历的法定前置仲裁程序，是指劳动争议仲裁机构根据劳动人事争议当事人的请求，对劳动人事争议的事实和责任依法作出判断和裁决，并对当事人具有法律约束力的一种劳动争议处理方式。

1950 年原劳动部制定了《劳动争议仲裁委员会组织工作规则》，1955 年劳动争议仲裁制度中断。1987 年国务院颁布了《国营企业劳动争议处理暂行规定》，恢复了劳动争议仲裁制度。1994 年全国人大常委会制定了《劳动法》；2007 年全国人大常委会制定了《劳动争议调解仲裁法》；2009 年人力资源和社会保障部制定了《劳动人事争议仲裁办案规则》，进一步完善了我国的劳动人事争议仲裁制度。

1."一调一裁两审"制度

当劳动争议发生后，当事人自愿申请调解，当事人调解不成可以向劳动人事仲裁委申请仲裁，仲裁具有强制性，而且也具有法律效力，但是当事人不得直接向法院起诉，劳动争议仲裁是劳动争议诉讼的前置必经程序，只有当事人对仲裁裁决不服的才可以向人民法院起诉，法院审理是我国处理劳动争议的最终程序。进入诉讼程序后，经一审法院审理，如果仍有一方不服，可以提起上诉，二审法院的判决即为终审判决。所以从制度设置上来讲，一个案件可能要经历调解组织的"一次调解"，仲裁委员会的"一次裁决"和两级法院的"两次审理"。

2011 年 11 月 30 日，人力资源和社会保障部公布《企业劳动争议协商调解规定》，在加强协商、分类设立劳动争议调解委员会、明确和解和调解协议书效力、加大劳动关系三方对企业劳动争议协商、调解的指导和支持力度等方面提出明确要求。当年 8 月召开的全国构建和谐劳动关系先进表彰暨经验交流会，提出要充分发挥调解的基础性、前端性作用，对劳动关系中可能发生的矛盾纠纷，要坚持预防为主、调解为主，加强源头治理，完善政策措施，及时把矛盾纠纷解决在基层、化解在萌芽状态。协商、调解案结事了人和，符合中国和为贵文化的心理，在多元化争议处理机制中，处于"第一道防线"的基础性地位。明确提出贯彻《劳动争议调解仲裁法》，落实"预防为主、基层为主、调解为主"的工作方针。

在《劳动争议调解仲裁法》立法过程中，有的意见建议将这种仲裁前置的程序，修改为"或裁或审"，即由当事人选择，仲裁或者诉讼，不再将仲裁作为必经程序，由于减少了一个必经仲裁程序环节，可以解决劳动争议处理时间长的问题。

北京致诚农民工法律援助与研究中心曾在 2005 年就提出了建立"劳动警察"建议，即取消劳动仲裁程序，将现有的劳动仲裁资源充实到劳动监察部门，壮大劳动监察的力量，在不增加国家支出的前提下，根本上减少劳动争议案件的数量。

经过立法机关反复研究认为，现行的"一调一裁两审"劳动争议处理程序经过二十多年的实践，已经被社会所接受，能够充分发挥调解和仲裁的作用，使劳动争议尽可能在比较平和的气氛中得到解决，尽量减少打官司。

2020 年 4 月 30 日上午，江苏省高级人民法院召开线上新闻发布会，发布 2019 年度劳动争议白皮书及十大典型案例。2019 年，全省法院共新收劳动人事争议案件 75185 件，同比上升 16.41%。其中，基层法院共新收劳动人事争议案件 55605 件，同比上升 25.02%，创历史新高。可见，不但大量案件进入了法院的诉讼程序，而且劳动争议案件数量的快速增长，使仲裁委员会和法院案多人少的矛盾更加凸显。尽管仲裁员的素质不断提高，但是相比入额法官来讲，还是有明显差距，致使很多当事人认为自己的案件多走了一个不必要的仲裁程序。

【典型案例】

王某某于 2008 年 1 月经人介绍到北京龙泰货运有限公司担任驾驶员，运送福田汽车集团生产的福田商品车。2009 年 9 月 28 日，受龙泰公司安排，王某某与 6 名同事从怀柔雇佣一辆"黑面的"，到河北省宣化区福田汽车改装厂提车送往天津港，第二天早晨行至宣化区福田厂门口时发生重大交通事故，一名同事死亡，王某某受重伤。因王某某未与单位签订劳动合同，申请工伤认定需要确认劳动关系。

王某某是龙泰货运公司驾驶员，专门运送福田商品车从北京到全国各地，吃住在单位，接受单位管理，工作期间必须根据单位要求派活出车，且不允许私下接活，双方之间存在劳动关系。仲裁委认为，王某某每完成一趟送车任务，龙泰货运公司则向其结算此趟的费用，并不受龙泰货运公司规章制度管理。王某某与龙泰货运公司不符合劳动关系的基本特征，驳回王某某的仲裁请求。

密云法院审理认为：王某某与龙泰公司均具有合法的主体资格，王某某向龙泰公司提供的驾送商品车的劳动是龙泰公司业务的组成部分，龙泰公司按工作量支付劳动报酬，故双方存在劳动关系。

2.一裁终局制度

作为一裁二审制度的补充，对部分案件实行一裁终局的处理机制。劳动争议仲裁机构对于符合法律规定的纠纷进行裁决后，裁决立即生效，当事人不得就同一纠纷再申请仲裁或者向人民法院提起诉讼。《劳动争议调解仲裁法》第四十七条规定："下列劳动争议，除本法另有规定的外，仲裁裁决为终局裁决，裁决书自作出之日起发生法律效力：（一）追索劳动报酬、工伤医疗费、经济补偿或者赔偿金，不超过当地月最低工资标准十二个月金额的争议；（二）因执行国家的劳动标准在工作时间、休息休假、社会保险等方面发生的争议。"

属于上述范围内的劳动争议，一经仲裁裁决立即发生法律效力，具有终局性。但是，这种"终局性"仅是针对用人单位一方，如果劳动者对仲裁裁决不服，仍然可以在收到裁决书后15日内向人民法院提起诉讼。如果用人单位认为裁决程序或者结果违法，则只能在收到仲裁裁决书之日起30日内向劳动争议仲裁委员会所在地的中级人民法院申请撤销裁决。

《劳动争议调解仲裁法》实施前，劳动争议案件经过劳动仲裁后，任何一方当事人只要对裁决不服，就可以向人民法院提起诉讼，不受任何限制。争议中处于强势地位的企业往往就利用程序"拖延"向劳动者履行义务。致使许多劳动者因为拖延不起时间，放弃合法权益的维护。一裁终局是对原有劳动争议处理机制的一个很大改进，可以有效提高案件的处理效率，降低诉讼成本，但这是一个新的制度，在《劳动争议调解仲裁法》中只有三条规定，规范的粗线条导致实践中出现很多疑问。从目前实践中反映出的问题来看，"一裁终局"存在三个方面的规范不明确。

一是可终局仲裁的案件类别不明确。《劳动争议调解仲裁法》列举了六类可以适用一裁终局的劳动争议：追索劳动报酬、工伤医疗费、经济补偿或赔偿金、工作时间、休息休假和社会保险争议。但不同类别的争议实际上包括更多的项目，而有些项目边界模糊，仅列出六大类别则容易在边界问题上有争议。如追索劳动报酬的范围应该如何界定，加班费争议是否属于追索劳动报酬？因单位没有签订书面劳动合同的，要求其支付二倍工资的，是否属于劳动报酬？再如，法律规定因执行国家的劳动标准在社会保险方面发生的争议属于可以一裁终局的范围，在实践中出现的问题是，有些仲裁委员会认为，劳动者要求单位补缴保险的争议，不仅不属于一裁终局的事项，而且根本不应属于可仲裁的事项，而应当属于劳动监察机构依法查处并强制执行的范畴。

二是"一裁终局"的案件范围如何确定。如果一个案件的请求标的中有多个项目，其中有些属于可一裁终局的，有些不属于一裁终局的范围，那么该案件该如何处理？有些仲裁委员会认为，请求标的中只要有一项不属于一裁终局的范围，整个案件就不能适用一裁终局。如北京市劳动争议仲裁委员会办公室下发的《关于劳动争议案件审理中有关问题的处理意见》规定:"裁决主文中既有'一裁终局'的内容,也有非'一裁终局'的内容的,不适用终局裁决。"这种做法显然对劳动者不利,原本可以终局裁决后就能拿到钱,却因为请求中有其他项目而不得不继续走完诉讼程序。另外一个问题是,小额案件的适用金额标准如何确定?《劳动争议调解仲裁法》中规定"追索劳动报酬、工伤医疗费、经济补偿或者赔偿金,不超过当地月最低工资标准十二个月金额的争议"可以适用一裁终局。但是,争议数额的认定是以请求金额为准还是以仲裁裁决支持额为准?由于裁决支持金额基本上都在请求支持金额的范围内,如果以裁决支持额为准,显然比以请求金额为准适用的范围广。

尤其是,争议金额是单项分别计算,还是以请求标的之和为标准?即请求事项中同时有几项都符合一裁终局的标准,那么法律规定的"不超过当地月最低工资标准十二个月金额",是指其中任何一项不超过即可,还是几项之和不超过才可以?在这一问题上,北京和广东两地的做法就截然不同。北京按照各项请求的总金额作为判断标准,《北京市高级人民法院、北京市劳动争议仲裁委员会关于劳动争议案件法律适用问题研讨会会议纪要》(2009年8月17日)规定:小额案件,即仅限于追索劳动报酬、工伤医疗费、经济补偿或赔偿金,不超过当事人申请仲裁时当地月最低工资标准十二个月金额的财产争议,一般应当以当事人申请仲裁时各项请求的总金额为标准确定是否属于适用一裁终局的劳动争议案件。在广东则是分项计算数额来判断,广东省高级人民法院、广东省劳动争议调解仲裁委员会在《关于适用〈劳动争议调解仲裁法〉、〈劳动合同法〉若干问题的指导意见》(2008年7月7日)规定:劳动者追索劳动报酬、工伤医疗费、经济补偿金或赔偿金,其仲裁请求涉及数项,分项计算数额不超过当地最低工资标准十二个月金额的,仲裁裁决为终局裁决。很显然,北京受理的案件范围要比广东小得多。

《最高人民法院关于审理劳动争议案件适用法律若干问题的解释(三)》(法释〔2010〕12号)第十三条规定:"劳动者依据调解仲裁法第四十七条第(一)项规定,追索劳动报酬、工伤医疗费、经济补偿或者赔偿金,如果仲裁裁决涉及数项,每项确定的数额均不超过当地月最低工资标准十二个月金额的,应当按照终局裁决处理。"第十四条规定:"劳动人事争议仲裁委员会作出的同一仲裁裁决同时包含终局裁决事项和非终局裁决事项,当事人不服该仲裁裁决向人民法院提起诉讼的,应当按照非终局裁决处理。"一般来讲,是否属于一裁终局应当由仲裁委员会作出决定,但是因为各地做法不一,为了统一裁判尺度,法院不得不出台司法解释。立法往往滞后,不得不"打补丁",最高法院关于《对最高人民法院〈关于审理劳动争议案件适用法律若干问题的解释〉中"当地月最低工资标准"问题的回复》(2015年1月26日)指出,当劳动者依据《劳动争议调解仲裁法》第四十七条追索劳动报酬、经济补偿、工伤医疗费或者赔偿金,申请仲裁的数额与仲裁裁决的数额不一致的,应当以仲裁裁决的数额为准。《最高人民法院关于审理劳动争议案件适用法律若干问题的解释(四)》第二条规定"仲裁裁决的类型以仲裁裁决书确定为准"。

2016年2月19日北京市人力资源和社会保障局《关于进一步做好劳动争议案件仲裁终局裁决工作的通知》(京人社仲发〔2016〕32号)规定:"符合《中华人民共和国劳动争议调解仲裁法》第四十七条第(一)项所述类型的劳动争议案件,经仲裁裁决,每项裁决结果所确定的数额均不超过裁决作出时本市月最低工资标准十二个月金额的,应当按照终局裁决处理。"同时规定:"同一仲裁裁决中既含终局裁决事项又含非终局裁决事项的,不适用终局裁决。"

天津市人力资源和社会保障局《关于劳动人事争议案件适用一裁终局有关问题的通知》(津人社局发〔2015〕80号)指出:"仲裁裁决涉及劳动报酬、工伤医疗费、经济补偿或者赔偿金数项,每项裁决的数额均不超过天津市月最低工资标准十二个月金额的,应当按照终局裁决处理。其中,'月最低工资'的适用节点应以作出仲裁裁决时的月最低工资标准为计算标准。"2018年5月1日起施行的天津市人力资源和社会保障局《关于劳动人事争议案件适用"一裁终局"有关问题的通知》(津人社规字〔2018〕7号)规定:"仲裁裁决涉及劳动报酬、工伤医疗费、经济补偿或者赔偿金数项,单项裁决的数额不超过天津市月最低工资标准十二个月金额的,应当按照终局裁决处理。其中,'天津市月最低工资'的适用节点应以作出仲裁裁决时的天津市月最低工资标准计算。"仔细对比两次的内容发现,仅有一字之差,把原来的"每项"改为了"单项"。

《劳动人事争议仲裁办案规则》（人力资源和社会保障部令第2号，2009年1月1日施行）第四十九条规定："仲裁庭裁决案件时，裁决内容同时涉及终局裁决和非终局裁决的，应分别作出裁决并告知当事人相应的救济权利。"《人力资源社会保障部对十二届全国人大四次会议第8200号建议的答复》（人社建字〔2016〕296号）明确答复："下一步我们将修改《劳动人事争议仲裁办案规则》，拟将支付工伤待遇类争议纳入终局裁决范围，以缩短此类争议的处理周期。"重新制定的《劳动人事争议仲裁办案规则》（人力资源和社会保障部令第33号，自2017年7月1日起施行）规定："仲裁庭裁决案件时，申请人根据调解仲裁法第四十七条第（一）项规定，追索劳动报酬、工伤医疗费、经济补偿或者赔偿金，如果仲裁裁决涉及数项，对单项裁决数额不超过当地月最低工资标准十二个月金额的事项，应当适用终局裁决。……仲裁庭裁决案件时，裁决内容同时涉及终局裁决和非终局裁决的，应当分别制作裁决书，并告知当事人相应的救济权利。"仅仅规定了单项裁决数额不超过当地月最低工资标准十二个月金额的事项，应当适用终局裁决，并没有"将支付工伤待遇类争议纳入终局裁决范围"。

三是"一裁终局"案件的程序衔接问题。《最高人民法院关于审理劳动争议案件适用法律若干问题的解释（三）》第十五条规定："劳动者依据调解仲裁法第四十八条规定向基层人民法院提起诉讼，用人单位依据调解仲裁法第四十九条规定向劳动人事争议仲裁委员会所在地的中级人民法院申请撤销仲裁裁决的，中级人民法院应不予受理；已经受理的，应当裁定驳回申请。被人民法院驳回起诉或者劳动者撤诉的，用人单位可以自收到裁定书之日起三十日内，向劳动人事争议仲裁委员会所在地的中级人民法院申请撤销仲裁裁决。"

终局裁决作出后，劳动者对裁决不服而起诉到法院，而用人单位认为裁决违法因而向中级法院提起了撤销裁决的申请，在这种情况下，应该是哪个程序在先哪个在后？如果是基层法院先对劳动争议进行审理，中级人民法院是否就可以终结案件？另外，如果劳动者对终局裁决起诉的，用人单位是否也可以起诉？如何处理用人单位的撤裁申请，实践中做法不一。

根据北京市第一中级人民法院民六庭课题组的《对申请撤销劳动争议终局裁决案件的调研报告》显示：一种做法是用人单位只能作为被告提出抗辩，

另一种做法是允许用人单位作为原告提起诉讼。

存在的问题是，对于前一种处理，由于用人单位不服仲裁裁决，其有自己的主张，只允许其作为被告提出抗辩，实际无法救济用人单位的权利。对于后一种主张，如果允许用人单位作为原告起诉，那么，对于同一份终局裁决，仅由于劳动者是否起诉而导致用人单位诉讼主体资格的变化，不仅缺乏理论上的依据，而且可能导致与现行规定相冲突。例如，允许用人单位作为原告提起诉讼，那么，当劳动者撤回起诉时，基层人民法院应当继续审理用人单位作为原告所提出的请求，但根据《劳动争议司法解释（三）》，劳动者撤诉的，用人单位可以自收到裁定书之日起三十日内，向劳动人事争议仲裁委员会所在地的中级人民法院申请撤销仲裁裁决，两者存在冲突。

3. 举证责任的分配

"谁主张，谁举证"，这是我国民事诉讼中的一般举证规则。《民事诉讼法》第六十四条规定："当事人对自己提出的主张，有责任提供证据。"根据此条的规定，当事人在民事官司中对自己所主张的事实，有提供证据加以证明的责任。劳动争议进入诉讼程序，也是民事诉讼。所以也适用"谁主张，谁举证"的一般举证规则。但是用人单位作为管理方，完全站在主动的有利地位，掌握着比较全面的证据材料，所以在特定情况下，适当减轻劳动者的举证责任可以更加体现公平。《劳动争议调解仲裁法》规定：发生劳动争议，当事人对自己提出的主张，有责任提供证据。与争议事项有关的证据属于用人单位掌握管理的，用人单位应当提供；用人单位不提供的，应当承担不利后果。同时规定：劳动者无法提供由用人单位掌握管理的与仲裁请求有关的证据，仲裁庭可以要求用人单位在指定期限内提供。用人单位在指定期限内不提供的，应当承担不利后果。2020年5月1日生效的《最高人民法院关于民事诉讼证据的若干规定》第四十八条规定："控制书证的当事人无正当理由拒不提交书证的，人民法院可以认定对方当事人所主张的书证内容为真实。"

加班费是劳动争议中举证责任较为困难的事项。由于劳动者所能提供的加班证据极其有限，这类证据大都由用人单位持有，劳动者很难取得。在这种情况下，由劳动者举证证明其加班天数及加班费数额的多少，将置劳动者于不利之地。反之，若将加班费列入举证责任倒置的范围，由用人单位举证，当用人单位不提供加班证据或提供不出否认加班事实的证据，则推定劳动者所称的加班事实成立，这样既缺乏法律依据，也会诱使劳动者不顾客观实际随意主张加班费。在司法解释的起草过程中，一直有两种意见，第一种意见：劳动者起诉追索超过两年前的加班费，由劳动者对已加班的事实负举证责任；劳动者起诉追索两年之内的加班费，由用人单位对劳动者未加班的事实负举证责任。第二种意见：劳动者主张加班费的，应当就加班事实的存在负有举证责任。劳动者有证据证明由用人单位掌握管理加班事实存在的证据的，用人单位应当提供，用人单位不提供的，应当承担不利后果。最终的司法解释采纳了第二种意见，在举证责任的分配上比较科学，既避免了劳动者漫天要价，也给用人单位苛以必要的举证义务。

劳动者主张加班费应当就加班事实举证，考虑到劳动者举证的实际困难，对劳动者的举证不能过于苛求，可适当减轻劳动者的举证责任，只要劳动者一方提出的基本证据或者说初步证据可以证明有加班的事实，即可视为其举证责任已经完成。劳动者提供的加班证据既可以是考勤表、交接班记录、加班通知；也可以是工资条、证人证言等，凡是能够证明其加班的证据都可以提供。同样，对于劳动者主张加班事实的证据由用人单位掌握管理的，劳动者仍然要对这一主张负有举证责任，当劳动者举证证明了加班事实的证据属于用人单位掌握管理后，用人单位即应当提供；用人单位不提供的，就应当承担不利后果。只有这样，才能避免劳动者滥用举证责任分配从而导致对用人单位极其不公正的后果。

《最高人民法院关于审理劳动争议案件适用法律若干问题的解释（三）》第九条规定："劳动者主张加班费的，应当就加班事实的存在承担举证责任。但劳动者有证据证明用人单位掌握加班事实存在的证据，用人单位不提供的，由用人单位承担不利后果。"

【典型案例】

李某于 2016 年 6 月 3 日担任北京凯撒公司法定代表人，后被张某等人在李某不知情的情况下擅自将法定代表人变更为张某。凯撒公司主张2017年10月与李某解除劳动关系，李某对此不认可，李某并没有进行任何交接也没有调整岗位，凯撒公司也未履行解除劳动关系后的法定义务。凯撒公司虽然在通知中解除李某的经理职务，但是李某仍履行执行董事一职。2017年11月之后李某仍然为凯撒公司提供劳动，履行管理、经营之职。故李某主张此凯撒公司应支付工资、加班费。

二审法院认为，对于2017年10月、11月的加班费用，劳动者应对加班事实存在予以举证，李某并未充分举证证明该两月其存在加班的事实，对于该加班费法院不予支持。李某不服终审判决，申请再审。

北京高院经审查认为，当事人对自己提出的诉讼请求所依据的事实或者反驳对方诉讼请求所依据的事实，应当提供证据加以证明，但法律另有规定的除外。在作出判决前，当事人未能提供证据或者证据不足以证明其事实主张的，由负有举证证明责任的当事人承担不利的后果。李某并未实际为凯撒公司提供劳动，故北京凯撒公司不应当支付此时间之后的加班费。2020年5月9日，北京市高级人民法院裁定驳回李某的再审申请。

（三）三类仲裁的主要区别

民商事仲裁、劳动人事争议仲裁和农村土地承包经营纠纷仲裁，虽然都名为仲裁，但差别很大。除了各自解决争议的性质不同外，尚有以下不同：

第一，仲裁机构。三类仲裁的仲裁机构都不按行政区划层层设立，但仍有不同。《仲裁法》规定民商事仲裁委员会可以在直辖市和省、自治区人民政府所在地的市设立，也可以根据需要在其他设区的市设立。劳动人事争议仲裁委员会由省、自治区、直辖市人民政府决定在市、县、区设立，直辖市、设区的市也可以设立一个或者若干个劳动争议仲裁委员会。农村土地承包仲裁委员会可以在县和不设区的市设立，也可以在设区的市或者其市辖区设立。

第二，仲裁管辖。民商事纠纷当事人申请仲裁不受地域限制，即使同为北京的两个当事人也可以申请到上海仲裁，但劳动人事争议仲裁实行地域管辖，即仲裁委员会负责管辖本区域内发生的劳动人事争议。具体而言，劳动人事争议由劳动合同履行地或者用人单位所在地的仲裁委员会管辖。农村土地承包经营纠纷仲裁也实行地域管辖，即当事人申请仲裁，应当向纠纷涉及的土地所在地的农村土地承包仲裁委员会递交仲裁申请书。

第三，仲裁庭的组成。民商事仲裁和农村土地承包经营纠纷仲裁庭的组成都实行选任制，而劳动人事争议仲裁仲裁庭的组成直接由仲裁委员会决定。

第四，仲裁时效。民商事仲裁时效《仲裁法》没有特殊规定，一般适用民事诉讼时效的规定，即在《民法典》实施之前，一般时效期间为2年，有些为1年、4年不等，而《民法典》将一般诉讼时效延长为3年。劳动人事争议申请仲裁的时效期间为1年，农村土地承包经营纠纷申请仲裁的时效期间为2年。这些时效期间都自当事人知道或者应当知道其权利被侵害之日起计算（民商事仲裁时效起算还要求权利人知道或应当知道义务人）。

第五，仲裁时限。《仲裁法》并没有规定民商事仲裁的时限，各仲裁组织一般在其仲裁规则中设定仲裁时限。劳动人事争议案件仲裁一般应在45日内作出裁决，特殊情形需延长的，只能延长15日。农村土地承包经营纠纷仲裁，应当自受理仲裁申请之日起60日内结束；案情复杂需要延长的，延长期限不得超过30日。

第六，仲裁裁决与诉讼的关系。根据《仲裁法》，民商事案件仲裁与民商事诉讼的关系是"或裁或审""一裁终局"制。所谓"或裁或审"，是指对于合同纠纷等民商事纠纷，当事人既可以约定通过仲裁途径解决，也可以通过诉讼途径解决。如果已经签订了有效的仲裁协议或合同中订立了有效的仲裁条款，就只能通过仲裁途径解决，而且仲裁裁决一经作出即发生终局的效力，不能再申请仲裁，也不能向法院起诉，除非认为仲裁存在法律规定的可以撤销的情形。劳动人事争议案件的仲裁与诉讼的关系是"又裁又审"及特殊情况下仲裁有限终局制。劳动人事争议案件原则上必须先通过仲裁途径解决，也就是说仲裁是诉讼的前置程序。仲裁经调解结案的，调解书经双方当事人签收后，发生法律效力。仲裁以裁决方式结案的，当事人对劳动人事争议案件的仲裁裁决不服的，一般情况下可以自收到仲裁裁决书之日起15日内向人民法院提起诉讼；期满不起诉的，裁决书发生法律效力。但是，出于及时解决劳动人事争议的需要，《劳动争议调解仲裁法》规定了有限的"一裁终局"。农村土地承包经营纠纷的仲裁与诉讼的关系为"或裁或审""仲裁不终局"制，即当事人对于农村土地承包经营纠纷既可以直接通过诉讼途径解决，也可以申请仲裁裁决（即仲裁不是诉讼的前置程序），而且仲裁裁决作出后，当事人可以自收到裁决书之日起 30 日内向人民法院起诉，逾期不起诉的，裁决书即发生法律效力。

第七，仲裁费用。民事商事仲裁收费，劳动人事争议仲裁和农村土地承包经营纠纷仲裁都不收费。

本讲作者：

胡卉明　自然资源部不动产登记中心（法律事务中心）复议事务处处长

冉　桦　四川蓉桦律师事务所主任

刘　锐　中共中央党校（国家行政学院）政治和法律教研部教授

时福茂　中华全国律师协会法律援助委员会秘书长，北京市农民工法律援助工作站执行主任，北京市致诚律师事务所律师

第六讲

诉讼制度

一、刑事诉讼

（一）立案

刑事诉讼中的立案，是指公安机关、人民检察院、人民法院对于报案、控告、举报、自首等方面的材料，依照管辖范围予以审查，以判断是否确有犯罪事实存在，应否追究刑事责任，并依法决定是否作为刑事案件进行侦查或审判的一种诉讼活动。立案必须同时具备如下两个条件：（1）有犯罪事实；（2）需要追究刑事责任。

（二）侦查

根据刑事诉讼法规定，侦查是指侦查机关在办理刑事案件过程中，依照法律进行的专门调查工作和有关的强制性措施。刑事诉讼法规定的侦查行为主要包括：（1）讯问犯罪嫌疑人；（2）询问证人、被害人；（3）物验、检查；（4）搜查；（5）查封、扣押物证、书证；（6）鉴定；（7）通缉；（8）技术侦查措施。

侦查终结是指侦查机关对于立案侦查的案件，经过一系列的侦查活动，认为案件事实已经查清，证据确实、充分，足以认定犯罪嫌疑人是否有罪和应否对其追究刑事责任而决定结束侦查，并对案件依法作出结论与处理的一种诉讼活动。根据《刑事诉讼法》第一百六十二条规定，公安机关负责侦查的案件和人民检察院自行侦查的案件，侦查终结均必须具备下列三个条件：（1）犯罪事实清楚；（2）证据确实、充分；（3）法律手续完备。

（三）起诉

刑事起诉，是指特定的国家机关或公民个人请求法院依法对被告人进行审判，以确认被告人的犯罪事实并追究被告人的刑事责任的诉讼活动。[①] 审查起诉，是指人民检察院对公安机关侦查终结移送起诉的案件与自行侦查终结的案件进行审查，依法对犯罪嫌疑人作出提起公诉、不起诉或者撤销案件决定的诉讼活动。

首先，提起公诉，是人民检察院代表国家向被告人提出控告，要求人民法院通过审判追究被告人刑事责任的活动。根据《刑事诉讼法》的规定，人民检察院提起公诉必须具备下列条件：（1）犯罪嫌疑人的犯罪事实已经查清，证据确实、充分；（2）依法应当追究犯罪嫌疑人的刑事责任；（3）属于受诉人民法院管辖。

其次，所谓不起诉，是指人民检察院对于公安机关侦查终结移送起诉的案件和自行侦查的案件进行审查后，认为犯罪嫌疑人的行为不符合起诉条件而依法作出的不将犯罪嫌疑人提交人民法院进行审判、追究刑事责任的一种处理决定。根据《刑事诉讼法》第一百七十七条的规定，我国的不起诉决定可以分为法定不起诉、轻罪不起诉以及证据不足不起诉三种情形。

最后，自诉案件，是指享有起诉权的人依法提起刑事诉讼，并由人民法院直接受理的案件。在我国，指的是被害人及其法定代理人或近亲属，为追究被告人的刑事责任，自行向人民法院起诉，由人民法院直接受理的刑事案件。

---

① 　参见谢佑平主编：《刑事诉讼法学新论》，浙江大学出版社 2011 年版，第 314 页。

（四）审判

刑事诉讼中的审判，是指人民法院依法对刑事案件进行审理与裁判的诉讼活动。依照刑事诉讼法的有关规定，我国的刑事审判程序包括第一审程序、第二审程序、死刑复核程序与审判监督程序，具体如下。

首先，第一审程序。第一审程序是指人民法院对人民检察院提起公诉或者自诉人提起自诉的案件进行初次审判时所采取的程序，是审判第一审案件的方式、方法和应当遵循的顺序等内容的总称，其包括公诉案件的第一审程序与自诉案件的第一审程序。

针对公诉案件的第一审程序而言，人民法院对提起公诉的案件进行审查后，对于起诉书中有明确的指控犯罪事实的，应当决定开庭审判。人民法院决定开庭后，应当进行一系列的审判前准备活动。根据刑事诉讼法的有关规定，法庭审判可分为法庭调查、法庭辩论、被告人最后陈述、评议与宣判五个阶段。

与公诉案件的审判程序相比，自诉案件的审判程序主要具有以下特点：（1）人民法院对告诉才处理的案件和被害人有证据证明的轻微刑事案件，可以在查明事实、分清是非的基础上进行调解；（2）自诉人在宣告判决前可以同被告人自行和解或者撤回起诉；（3）自诉案件的被告人在诉讼过程中，可以对自诉人提出反诉。

简易程序是基层人民法院对某些简单轻微刑事案件进行审判时所采用的，比第一审普通程序简便、快捷的审判程序。适用简易程序应当满足如下条件：（1）案件事实清楚、证据充分的；（2）被告人承认自己所犯罪行，对指控的犯罪事实没有异议的；（3）被告人对适用简易程序没有异议的。适用简易程序审理案件，不受刑事诉讼法有关送达期限、讯问被告人、询问证人鉴定人、出示证据、法庭辩论程序规定的限制。

其次，第二审程序。第二审程序又称上诉审程序，是指第二审人民法院根据上诉人的上诉或者人民检察院的抗诉，就第一审人民法院尚未发生法律效力的判决或裁定认定的事实与适用的法律进行审理时所应当遵循的步骤与流程。

再次，死刑复核程序。死刑复核程序是指人民法院对判处死刑的案件进行审查核准所应遵循的特别审判程序，死刑由最高人民法院核准。

最后，审判监督程序。审判监督程序，又称再审程序，是指人民法院、人民检察院对已经发生法律效力的判决与裁定，在认定事实或适用法律上确有错误时，予以提出并对案件进行重新审判的一种诉讼程序。

（五）执行

刑事诉讼中的执行，是指公安司法机关和法律授权的其他组织，依照法定程序将已经发生法律效力的判决、裁定所确定的刑罚等内容付诸实施，以及解决实施过程中出现的特定问题而进行的各种活动，主要包括各类判决、裁定的执行与变更执行程序。

二、民事诉讼

顺应社会法治的不断发展，民事诉讼在我国已是不可或缺的司法程序。民事诉讼本身是为解决当事人的诉求，通俗地讲就是当人身或财产权益受到侵害时，通过向法院提起诉讼，以求达到保护自身合法权益，同时制裁民事违法行为的手段。民事诉讼需要双方当事人和其他诉讼参与人参加，法院居中裁判，确保当事人的实体权利和程序利益不受侵蚀，并且具有以下特点：

第一，强制性。民事诉讼的强制性既表现在案件的受理上，又反映在裁判的执行上。只要原告符合起诉条件，被告就得应诉。如果被告很不幸败诉了，那就得承担相应的法律责任。

第二，程序性。民事诉讼是必须按照程序进行的诉讼活动，参与民事诉讼的任何人都不例外。

第三，特定性。民事诉讼的对象必须具有相关民事权利义务，除此之外的，不属于民事诉讼的审理范围。

第四，自由性。在民事诉讼中，当事人可以自由处置自己的诉讼权利和实体权利，任何人不得加以干涉，但因当事人随意处置权利所导致的后果，自己应承担法律风险。

第五，规范性。民事诉讼相关的审理制度限制了法官的恣意，消除了对社会统一规范的背离，满足了国家和社会维护统一的法律秩序的要求。

（一）民事诉讼的影响

全面推进依法治国是我国法治建设的重要步骤，法治已在现今社会获得普遍认同，民事诉讼作为法治建设的重要一环，不仅与社会大众息息相关，还能影响到政府的公信力。法院在案件结束后，除法律另有规定外，会将裁判文书向社会公开，同时如果相关当事人不履行法院的生效文书等，可能被纳入失信被执行人名单。需要认真对待这两种方式带来的影响：

1. 裁判文书公开

党的十八届三中全会将推动法院生效裁判文书公开作为司法体制改革的一项重要内容，足以反映司法公开对于推进法治中国建设的重大意义。

首先，裁判文书是法院审判活动、裁判理由、裁判依据和裁判结果的最重要载体，公开可以进一步促进法官在审理案件过程中，充分发挥自身的专业素养。

其次，公开有利于公民行使自身的监督权。《宪法》第一百三十条规定："人民法院审理案件，除法律规定的特别情况外，一律公开进行。"从这一角度，公开是法院的义务，知情是公民的权利。裁判文书公开，保障监督权的同时也保障了公民的知情权，进而公民可以行使参与权、表达权。

再次，公开推进廉洁。"阳光是最好的防腐剂""路灯是最好的警察"。在全民监督下，裁判者在法律文书上体现的不只是专业，更是廉洁。

最后，公开促进公正。在公众监督下，裁判者既专业又廉洁，作出的裁决不公正也难。让法官的自由裁量权在法律的"笼子"里有序运行。利用倒逼机制，推进司法公开，促进司法公正。①

2. 失信被执行人名单

失信被执行人也就是我们俗称的"老赖"，被执行人具有履行能力而不履行生效法律文书确定的义务，并具有法律规定的情形时，人民法院应当将其纳入失信被执行人名单，依法对其进行信用惩戒。只要被纳入失信被执行人名单，在生活中就会处处受限。这里的被执行人不仅包括公民、法人及其他组织，也包括政府部门。例如在江西省宜春市中级人民法院的执行裁定书中，因被执行人奉新县人民政府违反财产报告制度，拒不履行生效法律文书确定的义务，决定将该县纳入失信被执行人名单。②

（二）民事诉讼程序

审判程序是法律生活中的具体表现，它的对象"不是人们的权利义务，而是用来申明、证实或强制，实现这些权利义务的手段，或保证在它们受到侵害时能够得到补偿"③。

1. 第一审程序

第一审程序是民事审判程序的基本程序，民事诉讼的第一审在司法机关的层级结构中不仅是处于"前沿阵地"，而且对于纠纷的解决具有实质性的关键意义，这是由第一审的固有功能所决定的。④第一审程序包括普通程序、简易程序，普通程序包括起诉和受理、审理前的准备、开庭审理、诉讼中止和诉讼终结、判决和裁定等诉讼阶段。每一个诉讼阶段都有相对独立的诉讼活动、具体内容和诉讼目的。简易程序是简化了的第一审程序，它比普通程

---

① 参见黑龙江省拜泉人民法院：《裁判文书公开的原因及意义是什么》，黑龙江省拜泉法院网，2017年1月10日。
② 参见江西法制网：《奉新县政府拒支付3.2亿元被申请执行》，澎湃新闻，2017年3月31日。
③ ［英］沃克：《牛津法律大辞典》，光明日报出版社1988年版，第15页。
④ 参见赵旭东：《民事诉讼第一审的功能审视与价值体现》，载《中国法学》2011年第3期。

序简便易行，它适用的范围是审理事实清楚、权利义务关系明确、争议不大的简单的民事案件。

2. 第二审程序

第二审法院对上诉案件的审理，属于对案件的续审，也就是说虽然一审已经作出判决，但当事人不服一审判决，认为其仍存在争议，希望二审法院能够就其提出的争议重新进行审理。《民事诉讼法》第一百六十八条规定："第二审人民法院应当对上诉请求的有关事实和适用法律进行审查。"第二审法院审理的事实和法律问题仅围绕当事人上诉请求展开。如果上诉人请求改变或撤销原判决的全部，则二审法院就应对一审判决中认定的全部事实和适用法律进行审查；同理，如果上诉人只请求改变或撤销判决的一部分，则二审法院只围绕上诉请求的部分事实认定和适用法律进行审查。上诉请求的有关事实和适用法律，既包括上诉人提出的事实和法律问题，也包括上诉人未提出的但与上诉请求有关的其他事实和法律问题。

3. 发回重审程序

发回重审是撤销原判、发回重审的简称，是指第二审人民法院经过对尚未发生法律效力的一审判决审理后，认为原判决认定事实不清、证据不足；或者违反法定程序，可能影响该案件正确判决时，裁定撤销一审判决，并将案件发回原审法院重新审理的诉讼制度或程序。客观来讲，我们很难将"发回重审"称之为一种案件审理方式或审级制度，它只是二审法院处理一般案件的特殊手段，但是对民事诉讼仍然有着极其特殊的地位和重要意义，其不仅有利于人民法院查清案件事实、作出客观公正的审理结果和维护被告人的合法权益，但就"发回"这一举措来看，它也是二审法院纠正错误裁判，并对下级法院审判工作进行法律监督的一种重要手段。因此，该制度对保证审判质量、维护司法公正并于具体个案中践行保障人权的诉讼理念都有着一定的积极意义。

4. 审判监督程序

审判监督程序，又称"再审程序"，是指人民检察院对人民法院作出的已发生法律效力的判决、裁定，发现确有错误，依职权提起再行审理的特殊诉讼程序。目的在于对已生效而确实有错误的判决和裁定，通过再次审理并作出裁判予以纠正。但是审判监督程序并不是每一个民事案件必经的程序，通常情况下，它只是民事诉讼程序的补救措施。当事人、法院、检察院都可能成为审判监督程序的发起者，对象必须是已经发生效力的判决、裁定。这是为保障民事诉讼程序制度基本目的实现，客观、公正地解决民事纠纷。通常情况下，对于依法裁判的案件必须保证既判力，不能轻易推翻。但针对少数的特殊情况，例如案件存在重大的程序瑕疵或者实体瑕疵，从维护社会公正的角度出发，那可能就不能承认判决的既判力，否则，不仅有违社会公平正义，同时也会让公众产生对法律裁判的怀疑，因此，审判监督程序有其合理性，在对有严重瑕疵的案件纠错层面，能够保障程序的正义。

三、行政诉讼

行政诉讼是推进国家治理体系和治理能力现代化的重要一环，是解决行政争议、建立和谐社会、保护公民合法权益、促进行政机关依法行政的主要制度，监督的对象是行政机关。

（一）关于《行政诉讼法》的修改完善

1990 年《行政诉讼法》颁布实施，标志着行政诉讼制度在我国的正式建立和施行。它的颁布和施行，是中国法治建设的重要里程碑。行政诉讼制度自施行以来，发挥了监督和促进行政机关依法行政，化解行政纠纷，保障人民群众合法权益，确保法律设定的行政目标切实实现的重要作用。

2014 年 11 月 1 日，十二届全国人大常委会第十一次会议高票表决通过了关于修改行政诉讼法的决定，自 2015 年 5 月 1 日起实施。这使得创设"民告官"制度的行政诉讼法，成为党的十八届四中全会以后修改的第一部法律，也是《行政诉讼法》自 1990 年 10 月 1 日施行 24 年来作出的首次修改。

纵观修改后的《行政诉讼法》，不难看出，行政诉讼作为监督行政机关的一项强有力的措施和手段，其功能从立法的角度得到了极大的发挥，持续强化对行政权监督已是新常态。修改后的《行政诉讼法》在第一条开宗明义将立法目的由"维护和监督行政机关依法行使职权"修改为"监督行政机关依法行使职权"，去掉了"维护"一词，强调行政诉讼就是要对行政机关行政行为的合法性甚至合理性进行控制和监督，以保护公民、法人和其他组织的合法权益。这一立法目的的修改有其深远意义，也奠定了此次修法加强司法权对行政权监督和规范的基调和原则。

第一，行政诉讼受案范围大幅增加，体现了司法权对行政权监督广度的蔓延。行政诉讼的受案范围是受到行政权侵害的权利受司法保护的范围，也是行政权受司法权监督的范围。此次修法，《行政诉讼法》受案范围大为增加，这是对司法实践的总结和升华，也是行政诉讼制度在我国发展的必然。一是将原法中的"具体行政行为"修改为"行政行为"，解决了具体行政行为概念模糊，不科学、不准确的问题。当然，这一修改并不意味着抽象行政行为就可以直接诉讼，而是不再采取具体行政行为这一学理上的说法，改由法院对诉讼请求是否符合立案条件进行审查来代替。二是将规章授权的组织作出的行政行为纳入受案范围，解决随着政府职能转变，越来越多的公共管理和服务职能由社会组织承担，这些组织的行为如果侵犯了合法权益，也应该纳入行政诉讼范围。三是增加了受理的具体列举事项，从原法的 8 项增加到 12 项。保留了原法规定的"人民法院受理法律、法规规定可以提起诉讼的其他行政案件"的兜底条款，为以后扩大受案范围和进行司法解释留下空间。同时，为解决规章以下规范性文件违法的问题，还明确规定了人民法院可以对规范性文件进行附带性审查，人民法院认为规范性文件不合法的，不作为认定行政行为合法的依据，并要向规范性文件的制定机关提出处理建议。

第二，案件审查模式发展为合法性审查为主，合理性审查为辅，体现了司法权对行政权的监督深度的拓展。修改后的《行政诉讼法》第六条规定"人民法院审理行政案件，对行政行为是否合法进行审查"，确立了人民法院通过行政审判对行政行为进行合法性审查的原则。这也是行政诉讼审查的一条基本原则，其原因在于在我国行政机关和司法机关各自有其职责分工，人民法院行使行政审判权，一方面要对违法的行政行为予以撤销或者变更，另一方面也要对行政机关在法定权限内行使行政权予以尊重，这也是保证行政机关有效履行行政管理职能的前提。

但这一原则在此次修法中取得了实质性突破，为加强对行政行为审查的力度，从实质上解决行政争议，修改后的《行政诉讼法》第七十条在法院作出可以撤销判决的情形中，增加了行政行为明显不当的，法院可以判决撤销。在第七十七条规定的法院可以作出变更判决的情形中，扩大了变更判决的适用范围，规定行政处罚明显不当的，或者其他行政行为涉及对款额的确定、认定确有错误的，人民法院可以判决变更。这两处修改，标志着行政审判从合法性审查到合理性审查的重大突破，意味着人民法院可以对行政机关行使自由裁量权的度进行裁定，并将行政机关行使自由裁量权过程中极端不合理的情形纳入了合法性审查的范围，规定明显不当的，适用撤销判决。《行政诉讼法》审查模式的这一突破，对于司法权与行政权之间关系的影响将是巨大的，也需要行政机关和司法机关在实践中不断融合和沟通。

第三，立足实践创新制度，体现了司法权对行政权监督内容和手段的不断丰富。新《行政诉讼法》与以往相比一大特点就是立足实践创设和发展了一些新的制度，并从各种角度发挥司法审判以及执行对行政权监督的作用。主要包括：一是建立了复议机关共同被告制度。为加强对复议机关的监督，发挥行政复议制度的作用和优势，明确规定复议机关维持原行政行为，作出原行政行为的行政机关和复议机关是共同被告，要求以共同被告身份出庭应诉，并主要就复议程序的合法性进行答辩。解决行政复议维持率高、纠错率低的问题，发挥行政复议制度解决行政争议主渠道的功能和作用。从制度上促使复议机关充分发挥监督和纠错职能。二是明确规定被诉行政机关负责人出庭应诉制度。修改后的《行政诉讼法》规定："被诉行政机关负责人应当出庭应诉。不能出庭的，应当委托行政机关相应的工作人员出庭。"明确了在行政诉讼案件中，被诉行政机关负责人应当出庭应诉的基本原则，同时，如果行政负责人有正当理由确实不能出庭应诉的，应当委托行政机关相应的工作人员出庭应诉。这一制度的建立体现了行政诉讼当事人双方诉讼地位的平等，也有利于提高行政机关负责人的法治意识。目前，不少地方已经出台操作制度，明确了行政机关负责人必须出庭的具体情形。三是制定了更为严格的执行制度。为增强人民法院判决执行力，树立司法权威，针对行政机关拒绝履行判决、裁定、调解书的问题，修改后的《行政诉讼法》第九十六条作了如下修改：一是将原法处罚行政机关，修改为处罚行政机关负责人。这一修改在执行实践中将产生极大的威慑作用。二是将行政机关拒绝履行的情况予以公告。三是拒不履行判决、裁定、调解书，社会影响恶劣的，可以对该行政机关直接负责的主管人员和其他直接责任人员予以拘留；情节严重，构成犯罪的，依法追究刑事责任。

行政诉讼制度是促进行政机关依法行政，实现依法治国的重大制度保障。此次《行政诉讼法》修改施行后，意味着我国的行政活动将在更大范围内接受司法监督，行政机关内部对于行政复议制度作用的发挥，以及对于行政诉讼制度的重视都将随着修改后的《行政诉讼法》的贯彻落实逐步深化。同时，也进一步要求行政机关在司法权的监督下必须树立有权必有责，用权受监督的意识，依照法定职权、按照法定程序、正确行使权力，防止权力滥用和不作为，促进行政机关依法行政水平的提高。这也是行政诉讼制度修改和完善的目的和初衷。

（二）关于行政机关负责人出庭应诉制度

修改后的《行政诉讼法》第三条确立了我国行政机关负责人应当出庭应诉的法律制度。被诉行政机关负责人应当出庭应诉，不能出庭的，应当委托行政机关相应的工作人员出庭，破解"告官不见官"的难题。行政机关负责人出庭应诉，是新修正的行政诉讼法的一大亮点，各级领导干部在推进依法治国方面肩负着重要责任，全面依法治国必须抓住领导干部这个"关键少数"。领导干部对行政应诉工作的认识，往往直接反映行政机关对司法和法律的态度。作为行政机关负责人的领导干部参与行政诉讼，既能提高行政审判效率，又能有效化解行政争议，同时也能有效促进其依法行政。根据《宪法》规定，我国行政机关实行首长负责制，行政机关负责人出庭应诉理应成为行政诉讼制度的重要组成部分。但在实践中，有些行政机关负责人怕当被告，出庭应诉者比例不高，究其原因，一方面，官本位意识浓厚，行政机关负责人由于其自身身份的特殊性，大多耻于成为被告，有相当数量的行政领导干部怕当被告，怕丢脸面，怕败诉出丑，不应诉，不出庭，在诉讼中只委托一般工作人员出庭；另一方面，行政事务繁杂，过多的会议与日常工作事务的压力，加之行政程序制约，需要行政机关负责人协调的事务占用了大量的工作时间，使得一些行政机关的负责人即使想出庭，往往也由于大量行政事务的安排而不能实现。此外，现行行政诉讼法和最高人民法院的司法解释中并没有强制性地要求作为行政诉讼被告方法定代表人的行政机关负责人必须出庭。

　　行政机关负责人出庭应诉是依法行政、建设法治国家大前提下的举措，发挥了行政诉讼制度在提升领导干部法治思维与法治水平等方面的积极作用。行政机关负责人出庭应诉，能给官民提供一个平等的机会面对面，对于促进依法行政，促进国家的法治建设具有现实意义。一方面，行政机关负责人通过出庭应诉更清楚和直接地了解案情，真实地感受到民情、民怨，能够现场了解行政争议的症结何在，从而可以协调行政纠纷，可以快速有效地解决行政争议；另一方面，行政机关负责人出庭应诉可以促使行政机关积极应对行政诉讼，认真对待行政相对人权利，进而促进依法行政，打造法治型政府。尤其是行政机关负责人亲自出庭应诉，当面接受行政相对人的质询，直接听取行政相对人的意见和掌握民众诉求，有利于强化政府部门的亲民意识，能够有效克服官本位思想，拉近与老百姓的距离，密切干群关系，提升政府官员在人民群众中的形象。目前，修改后的行政诉讼法施行以来，行政机关负责人尤其是基层机关负责人出庭应诉比例逐年在攀升，有的行政机关规定了负责人必须出庭的数量，有的行政机关还将行政首长出庭应诉纳入行政机关年度绩效考评内容。

　　行政机关负责人出庭应诉应把握以下几点：

　　第一，充分认识行政机关负责人出庭应诉是法律要求。《行政诉讼法》第三条确立了行政机关负责人出庭应诉制度，这体现了法律对于行政机关应诉的要求，也体现了行政纠纷实质化解的立法宗旨。根据该规定，被诉行政机关负责人出庭应诉是一个基本原则。但立法考虑到绝对地要求每个行政案件均由行政机关负责人出庭有现实上的困难，立法作出了"不能出庭的，应当委托行政机关相应的工作人员出庭"的规定。

第二，行政机关负责人的范围。根据2018年关于行政诉讼法的司法解释第一百二十八条规定："行政机关负责人，包括行政机关的正职、副职负责人以及其他参与分管的负责人。"这一规定适度扩大了行政机关负责人的范围，符合行政机关的工作实际，便于行政机关负责人出庭应诉制度落到实处。

第三，行政机关负责人应当出庭的情形。2018年关于行政诉讼法的司法解释第一百二十九条规定："涉及重大公共利益、社会高度关注或者可能引发群体性事件等案件以及人民法院书面建议行政机关负责人出庭的案件，被诉行政机关负责人应当出庭。"该规定明确了行政机关负责人应当出庭的情形。

第四，行政机关负责人应当出庭但不出庭的，应当提交有正当理由不能出庭的情况说明。情况说明应加盖行政机关印章或者由该机关主要负责人签字认可。行政机关拒绝说明理由的，人民法院可以向监察机关、上一级行政机关提出司法建议，但并不发生阻止案件审理的效果。

第五，行政机关负责人不能出庭的，应当委托行政机关相应的工作人员出庭，不得仅委托律师出庭。2018年关于行政诉讼法的司法解释第一百三十条对相应的工作人员进行了界定，包括该行政机关具有国家行政编制身份的工作人员以及其他依法履行公职的人员。同时规定，被诉行政行为是地方人民政府作出的，地方人民政府法制工作机构的工作人员，以及被诉行政行为具体承办机关工作人员，可以视为被诉人民政府相应的工作人员。如果行政机关仅委托律师出庭，人民法院应当记录在案和在裁判文书中载明，并可以建议有关机关依法作出处理。

（三）行政公益诉讼制度在我国的实践

2014年党的十八届四中全会通过的《中共中央关于全面推进依法治

国若干重大问题的决定》中提出"探索建立检察机关提起公益诉讼制度"。2015 年 7 月 1 日，十二届全国人大常委会第十五次会议授权最高人民检察院在 13 个省、自治区、直辖市的部分市级与基层检察院开展为期两年的公益诉讼试点工作。7 月 2 日，最高人民检察院发布《检察机关提起公益诉讼改革试点方案》。

2017 年 6 月 27 日，十二届全国人大常委会第二十八次会议审议通过了关于修改《行政诉讼法》的决定，于《行政诉讼法》第二十五条第四款增加规定"人民检察院在履行职责中发现生态环境和资源保护、食品药品安全、国有财产保护、国有土地使用权出让等领域负有监督管理职责的行政机关违法行使职权或者不作为，致使国家利益或者社会公共利益受到侵害的，应当向行政机关提出检察建议，督促其依法履行职责。行政机关不依法履行职责的，人民检察院依法向人民法院提起诉讼。"修订后的《行政诉讼法》于 2017 年 7 月 1 日开始施行，检察机关提起行政公益诉讼制度结束试点，行政公益诉讼制度进入常态化运行。关于行政公益诉讼，以下几点值得关注。

第一，行政机关在配合开展行政公益诉讼活动中存在的问题。据统计，目前自然资源管理部门是我国行政公益诉讼制度施行过程中的诉讼大户，这里专门以机构改革后的自然资源管理系统在行政公益诉讼中的问题为例来进行分析。自然资源管理领域的行政公益诉讼的案件主要集中在违法用地查处、闲置土地处理、土地出让金缴纳、土地复垦以及矿山环境恢复治理等方面，大部分案件在检察机关提起行政公益诉讼前的检察建议诉前程序中就已经履责到位，如案件真正进入诉讼阶段，行政机关一般会承担败诉结果。在实践过程中，存在以下难点问题：一是涉及行政处罚执行难的问题，行政机关已经作出行政处罚决定，但因为牵涉没有强制执行权，执行不到位的问题，检察机关认为是行政机关履职不到位。二是涉及既成事实整改难的问题，部分案件涉及的土地已经出让、建筑已经建成同时也符合土地利用总体规划或者城市规划，存在无法恢复原状或者收回土地的客观现实性，最终法院仍作出了确认违法并追究相关当事人刑事责任的判决。三是涉及自然资源管理覆盖不到位的问题，例如地热资源由自然资源管理部门管理，但部分省份对于温泉、地热矿泉水等存在管理盲区的问题，目前已经有检察机关指出相关问题。四是何谓履责到位的问题边界不清，例如有的存在根据检察机关建议已经多次下达土地出让金催缴通知书并主动将问题向政府报告，要求政府下达决定，最后检察机关还是认为自然资源管理部门履责不到位。五是公益诉讼中政府和部门职责不清，例如涉及土地出让金催缴的问题，自然资源管理部门实际是代财政收缴，面临公益诉讼时是否应该也将财政部门纳入进来；同样的，耕地保护以及违法用地的问题也是政府的职责，现在责任全部集中在自然资源管理部门也存在职责不清的问题。

第二，司法机关关于行政公益诉讼的主要观点。一是行政公益诉讼制度最主要的目的是为了维护公共利益，而不是监督行政机关。因此，行政机关尽职履责的判断标准应为保证公共利益不再受到损害，如果行政机关的行为不足以保护公共利益，即使根据检察机关的检察建议作出了一定行为，人民法院也将认定行政机关未全面履行法定职责，这是行政公益诉讼与其他的诉讼相异之处。二是要高度重视检察机关的诉前检察建议。行政机关在收到检察建议书后，应该积极纠正违法行为或履行职责，同时要加强和检察机关的协作配合，就某些需要沟通的环节建立协作机制。一般情况下，按照检察建议书的要求整改和主动反馈后，检察机关经审查后不会再提起公益诉讼。三是进入法院审理阶段行政机关仍旧应当积极作为。在法院审理过程中，行政机关仍旧可以就被诉行为进行补救，如果审理阶段检察机关的诉讼请求全部达到了，法院会考虑协调检察机关撤诉，将来也不排除不支持检察机关公益诉讼的可能性。

第三，关于行政机关在参加行政公益诉讼活动中的建议：一是行政机关应正确对待公益诉讼诉前程序。行政机关在收到检察建议书后，应该高度重视，认真自查，确属履职不到位或行为错误的，应该积极纠正违法行为或履行职责，同时要加强和检察机关的协作配合，就某些需要沟通的环节建立协作机制。一般情况下，按照检察建议书的要求整改和主动反馈后，检察机关经审查后不会再提起公益诉讼。否则，法院一旦立案并进入实质审查，便不再适用调解，行政机关只能接受法院判决并履行判决。二是要认真做好答辩和准备工作。行政公益诉讼受《行政诉讼法》规范，因此，行政机关在进行答辩时也要按照《行政诉讼法》的要求进行准备，充分做好答辩状起草以及证据依据材料准备工作。因为此类案件的特殊性，在行政机关负责人出庭上可以倾斜考虑。同时，关于纠正违法行政之诉，答辩的重点应该放在履职行为是否事实清楚、程序合法、依据充分上；关于不作为之诉，答辩的重点应该放在是否属于职责范围、是否已经履职上以及履职是否适当上。值得注意的是，环境资源保护和国有资产保护是政府以及很多部门都应当承担责任的，某些问题的出现不应当是一个政府部门的事情，有权必有责，政府以及各部门都应当按照法律规定各负其责，责任要分清楚。此外，要严格执行法院判决。在行政公益诉讼中，检察机关可以向人民法院提出撤销违法行政行为、在一定期限内履行法定职责、确认行政行为违法或无效的诉讼请求。这些请求一旦得到法院支持，行政机关必须纠正错误的行政行为，或者主动履职，如果因为错误的行政行为或不作为导致其他权利人权益受到侵害的，下一步还将面临行政赔偿的可能。为增强人民法院判决执行力，树立司法权威，修改后的《行政诉讼法》制定了更为严格的执行制度。为此，行政机关在收到检察机关提起的公益诉讼判决后，应当严格执行法院判决，避免执行不力造成的被动。

本讲作者：

王　琦　中共中央党校（国家行政学院）党建部讲师

冉　桦　四川蓉桦律师事务所主任

胡卉明　自然资源部不动产登记中心（法律事务中心）复议事务处处长

劳动和公务员制度

一、劳动制度

（一）劳动合同制的发展

新中国成立以来，我国很长一段时间实行以固定工为主的劳动合同制度，其典型特点是用人单位和劳动者的自主权有限，固定工享受"铁饭碗"待遇。

1986 年国务院发布的《国营企业招用工人暂行规定》提出实行劳动合同制，同时出台的《国营企业实行劳动合同制暂行规定》第二条规定，企业在国家劳动工资计划指标内招用常年性工作岗位上的工人，除国家另有特别规定者外，统一实行劳动合同制。用工形式，由企业根据生产、工作的特点和需要确定，可以招用五年以上的长期工、一年至五年的短期工和定期轮换工。不论采取哪一种用工形式，都应当按照本规定签订劳动合同。企业招用一年以内的临时工、季节工，也应当签订劳动合同。

根据 1992 年《国务院关于修改〈国营企业实行劳动合同制暂行规定〉第二条第二十六条的决定》，企业在国家劳动工资计划指标内招用常年性工作岗位上的工人，实行劳动合同制。劳动合同可以采用有固定期限、无固定期限和以完成一项工作为期限三种形式，均须依照本规定签订劳动合同。国务院决定将"除国家另有特别规定者外"这一限制删除，意味着从 1992 年起开始推行全员劳动合同制。

1994年《劳动法》明确规定建立劳动关系应当订立劳动合同，这样，用工主体的适用范围不再限于国营企业，扩大到各类企业，以及与劳动者建立劳动关系的国家机关、事业组织、社会团体。

（二）全员劳动合同制的推行

如前所述，《劳动法》适用的范围包括各类企业、个体经济组织、国家机关、事业组织、社会团体和与之建立劳动合同关系的劳动者。"企业"是指从事产品生产、流通或服务性活动等实行独立经济核算的经济单位，包括各种所有制类型的企业，如工厂、农场、公司等。所谓"国家机关、事业组织、社会团体和与之建立劳动合同关系的劳动者"中的劳动者包括三个方面：(1) 国家机关、事业组织、社会团体的工勤人员；(2) 实行企业化管理的事业组织的非工勤人员；(3) 其他通过劳动合同（包括聘用合同）与国家机关、事业单位、社会团体建立劳动关系的劳动者。《劳动法》的适用范围排除了公务员和比照实行公务员制度的事业组织和社会团体的工作人员，以及农业劳动者、现役军人和家庭保姆等。

1. 事业单位的工勤人员是否适用《劳动法》

《人事部关于国家机关、事业单位工勤人员依照执行〈劳动法〉有关问题的复函》（人办法函〔1995〕8号）规定："一、根据《劳动法》第二条第二款的规定和国家机关、事业单位工勤人员的劳动特点，凡与工勤人员普遍签订劳动合同的单位，其工勤人员的管理依照《劳动法》进行。二、国家机关、事业单位实行劳动合同制的工勤人员，其工资、福利按照国家关于机关、事业单位工资、福利的规定执行。"可见，尽管部分国家机关、事业单位实行了劳动合同制，但是工资、福利并不按劳动法执行，而是仍按照国家关于机关、事业单位工资、福利的规定执行。

《最高人民法院关于人民法院审理事业单位人事争议案件若干问题的规定》（法释〔2003〕13号）规定："事业单位与其工作人员之间因辞职、辞退及履行聘用合同所发生的争议，适用《中华人民共和国劳动法》的规定处理。"

这里"适用《中华人民共和国劳动法》的规定处理"是指人民法院审理事业单位人事争议案件的程序适用《劳动法》的相关规定。人民法院对事业单位人事争议案件的实体处理应当适用人事方面的法律规定，但涉及事业单位工作人员劳动权利的内容在人事法律中没有规定的，适用《劳动法》的有关规定。

2008年生效的《劳动合同法》第九十六条规定："事业单位与实行聘用制的工作人员订立、履行、变更、解除或者终止劳动合同，法律、行政法规或者国务院另有规定的，依照其规定；未作规定的，依照本法有关规定执行。"

2014年施行的《事业单位人事管理条例》第十二条规定："事业单位与工作人员订立的聘用合同，期限一般不低于3年。"《事业单位人事管理条例》和《劳动合同法》构成特别法和一般法的关系，对于《事业单位人事管理条例》没有作出特殊规定的内容，应当适用《劳动合同法》。例如，《事业单位人事管理条例》规定了事业单位和工作人员单方解除聘用合同的制度，未规定且未禁止双方协商解除聘用合同，此时应执行《劳动合同法》第三十六条，"用人单位与劳动者协商一致，可以解除劳动合同"。又如，《事业单位人事管理条例》第十九条提及了聘用合同的依法终止，但并未就终止的情形作出规定，此时就应执行《劳动合同法》第四十四条。

2. 社会组织的劳动合同制

2008年生效的《劳动合同法》仅对企业之外的民办非企业作出了明确规定，但对基金会等社会组织并未明确。同年出台的《劳动合同法实施条例》第三条规定："依法成立的会计师事务所、律师事务所等合伙组织和基金会，属于劳动合同法规定的用人单位。"《民政部关于加强社会组织专职工作人员劳动合同管理的通知》（民发〔2011〕155号）要求：社会组织应依照《劳动合同法》的相关规定与专职工作人员订立、履行、变更、解除和终止劳动合同，并加强劳动合同的日常管理。经人力资源和社会保障部同意，为了满足各级社会组织劳动用工管理的需要，民政部依照《劳动合同法》的相关规定，制订了《社会组织劳动合同范本》，供各级社会组织与专职工作人员签订劳动合同时使用。

一直以来，我国社会组织专指基金会、社会团体和民办非企业单位三类，与之相对应的法律为《基金会管理条例》《社会团体登记管理条例》和《民办非企业单位登记管理暂行条例》，其中后两者颁布实施已有 20 年。有立法专家指出，"社会组织"的概念不清，需要明确，最好能与《民法典》一致。

（三）和谐劳动关系的构建

党的十八大报告明确提出，要健全劳动标准体系和劳动关系协调机制，加强劳动保障监察和争议调解仲裁，对构建和谐劳动关系提出了新的要求。2015 年，《中共中央国务院关于构建和谐劳动关系的意见》发布，对构建和谐劳动关系进行了战略部署，主要内容包括：充分认识构建和谐劳动关系的重大意义；构建和谐劳动关系的指导思想、工作原则和目标任务；依法保障职工基本权益；健全劳动关系协调机制；加强企业民主管理制度建设；健全劳动关系矛盾调处机制；营造构建和谐劳动关系的良好环境；加强组织领导和统筹协调等。

【典型案例】

2016 年 11 月，芦某等 51 名员工向劳动仲裁委申请仲裁主张经济补偿。2017 年 1 月 18 日，劳动仲裁委裁决用人单位向芦某等 51 名员工支付经济补偿共计 95 万余元。该案在执行过程中，用人单位已无财产可供执行。因用人单位自 2010 年以来均为一人独资公司，杨文某、杨万某先后为该公司的唯一股东，芦某等 39 名员工遂向法院起诉杨文某、杨万某，主张二人对公司的债务承担连带责任。

2017 年 12 月 28 日，法院一审判决杨文某、杨万某向芦某等 39 名员工支付经济补偿，但杨文某、杨万某不同意该判决，并上诉至中级人民法院。二审期间，中级人民法院主动与市总工会联手组织调解。经过法官、工会律师多次沟通协调，2018 年 5 月 2 日，各方当事人最终达成调解协议，39 名员工在协议签订三天内成功获赔 54 万余元款项，案件顺利审结。

该市中级人民法院积极落实《广东省高级人民法院广东省总工会劳动争

议诉调对接工作规范（试行）》，启用"法院＋工会"调解模式，在案件调解过程中主动联系诉调对接工作室派驻的工会律师，充分发挥工会积极作用，妥善化解了劳资矛盾，最终使劳动者的合法权益得以有效保障。

（四）劳动关系与劳务关系

劳动关系，是指用人单位招用劳动者为其成员，劳动者在用人单位的管理下提供有报酬的劳动而产生的权利义务关系。主要包括以下三个法律特征：（1）劳动关系是在实现劳动过程中所发生的关系，与劳动者有着直接的联系。（2）劳动关系的双方当事人特定，一方是劳动者，另一方是用人单位。（3）劳动关系具有隶属性，即劳动者服从用人单位的管理。

劳务关系，主要是指提供劳务一方向接受劳务一方提供一次性的或者是特定的劳动服务，接受劳务一方向提供劳务一方依约支付劳务报酬的一种有偿服务的法律关系。其特征为：（1）双方当事人的地位平等，在人身上不具有隶属关系。（2）工作风险一般由提供劳务一方自行承担。但由接受劳务一方提供工作环境和工作条件的和法律另有规定的除外。（3）基于民事法律规范成立，并受民事法律规范的调整和保护。（4）主体具有不特定性，提供劳务一方和接受劳务一方都可以是自然人、法人或是其他组织。

劳动关系与劳务关系有一些明显的区别：（1）主体不同。劳动关系是按照《劳动法》的规定在用人单位和劳动者之间产生的一种不对等关系，是管理和被管理、支配和被支配的关系，是指在用人单位与劳动者之间产生的一种劳动者提供劳动，用人单位付报酬的稳定关系。劳务关系是按照民法产生的平等主体之间的契约关系，一般情况下不存在管理与被管理的情况，劳务方只要按照约定完成工作任务即可，劳务关系的产生、变更和消灭，以及履行，均是平等的。（2）两者产生的依据不同。劳动关系是基于用人单位与劳动者之间生产要素的结合而产生的关系。劳务关系产生的依据是双方的约定，是平等民事主体按照民法的规定，双方意思自治的结果。（3）客体不同。劳动关系的客体是劳动关系主体双方的权利义务共同指向的对象，即劳动者的劳动行为。劳务关系的客体比较广泛，既包括行为，也包括物、智力成果及与人身不可分离的非物质利益（人格和身份）。（4）两者关系的稳定性不同。劳动关系当事人之间关系较为稳定、长久，反映的是一种持续的生产资料、劳动者、劳动对象之间结合的关系。而劳务关系当事人之间体现的是一种即时清结或者延时清结的关系。

根据上述法律特征和区别，实践中对二者进行区分应当把握如下几点：（1）从用人单位的性质上进行区分。应当注意某些单位将其内部某个环节的业务或整体承包给个人，而后承包人以个人名义与提供劳动的人员签订所谓的雇佣合同，如果该单位具有合法的用工主体资格，则应当认为劳动者与该发包单位之间存在劳动关系。（2）考察劳动者是否实际接受用人单位的管理、指挥或者监督。如提供劳动的一方自主管理，自由支配，用人单位的规章制度对劳动者没有约束力，则可以排除双方之间存在劳动关系。（3）考察具体的劳动内容。如果劳动者提供的劳动内容是用人单位的业务组成部分，一般来说双方之间存在劳动关系。如果劳动者提供的劳动内容仅是用人单位的偶然临时性工作，则双方一般是雇佣关系。（4）考察用人单位是否向劳动者提供基本的劳动条件。一般来说，劳动关系的用人单位要向劳动者提供一定的劳动工具、工作设备，提供一定的劳动保护条件等。而在劳务关系中，一般由提供劳动的一方自行携带所需的劳动工具和工作设备。《最高人民法院关于审理劳动争议案件适用法律若干问题的解释（三）》（2010年9月14日起施行）第七条规定："用人单位与其招用的已经依法享受养老保险待遇或领取退休金的人员发生用工争议，向人民法院提起诉讼的，人民法院应当按劳务关系处理。"

在目前劳动法学界，对劳动关系的认定规则主要适用《关于确立劳动关系有关事项的通知》（劳社部发〔2005〕12号）。其中，第一条明确了劳动关系确定必须满足的五个条件：用人单位和劳动者符合法律、法规规定的主体资格；用人单位依法制定的各项劳动规章制度适用于劳动者；劳动者受用人单位的劳动管理，从事用人单位安排的有报酬的劳动；劳动者提供的劳动是用人单位业务的组成部分。

在前述五个条件中，实际上，我们需要重点去关注第三至第五个条件。

何谓劳动者受用人单位的劳动管理？其实就是要求劳动者与用人单位之间具有不可分割的关联。在具体案件中，需要证明劳动者确实是在用人单位规定的工作场所进行劳动，并且是依照用人单位的要求进行劳动，而不能是为了自己的利益。在具体的案件操作中，需要其他劳动者帮助作证，或者通过搜集平常工作中的视听资料，来证明实际为用人单位工作，受用人单位劳动管理的事实。

何谓从事用人单位安排的有报酬的劳动？实际上，是要求劳动者所获得的报酬是基于为用人单位进行劳动，两者之间必须具有因果关系。也就是说，如果是为了自己的利益而获得的报酬，是不能认定为劳动关系的。在具体的案件操作中，一般会通过出示待遇的支付凭证来证明待遇的支付来源及金额，以确定劳动关系的存在及劳动者本人工资基数。

在实践中，如果用人单位与劳动者之间并未实际形成具有职业性、从属性的身份特征，又或是劳动者所从事的工作并非用人单位业务必需的组成部分时，双方之间极有可能无法认定为劳动关系。

【典型案例】

2017年5月，耿某某进入某驾校担任机动车教练员，驾校向其发放劳动报酬。2018年6月8日，耿某某按照驾校规定的作息时间来到驾校训练场对学员进行教学，教学过程中耿某某突发疾病倒在教练车上，后被120急救车送到医院后确认死亡。

耿某某亲属向劳动人事争议仲裁委员会提出确认劳动关系的仲裁请求。驾校主张：驾校与耿某某之间是劳务关系。

仲裁委员会认为，根据规定，驾校与所聘用的教练员应当依法订立劳动合同，建立劳动关系。本案中，驾校与耿某某之间未签订劳动合同，且耿某某也不是在驾校备案的教练员，双方没有人事管理上的行政隶属关系，不具备劳动法律关系意义上的从属性。故耿某某与驾校间并不形成劳动关系。

一审法院认为：耿某某依法取得了教练员证，驾校亦系合法用工单位，双方均符合用工主体资格。耿某某于2017年5月到驾校工作，驾校给耿某某发放劳动报酬，并接受驾校的管理，有耿某某的微信记录等证据，足以认定耿某某与驾校之间存在劳动关系，交通部门亦未禁止教练员在多个驾校任职。一审判决耿某某与驾校存在劳动关系。

二审法院维持一审判决。

二、干部人事制度

（一）干部和好干部

"干部"一词，从日语中引入，译自法语的"cadre"，本义是"骨骼"。我国的"干部"一开始被用来指称政党的骨干结构或骨干成员，之后外延不断扩展，包括在国家权力机关、行政机关、司法机关、军事机关、党的工作机关、群众团体以及国家企业、事业单位任职并从事公务的人员，大体分为党政机关干部、人民团体干部、企事业单位的管理干部、专业技术干部、军队干部。

什么是好干部，如何衡量一个干部的好坏，不同的时期有不同的选用标准。总体来看，就是德才兼备。同时，好干部的标准又是具体的、历史的。不同历史时期，对干部德才的具体要求有所不同。习近平总书记指出："党的干部是党和国家事业的中坚力量。要坚持党管干部原则，坚持德才兼备、以德为先，坚持五湖四海、任人唯贤，坚持事业为上、公道正派，把好干部标准落到实处。"①2013年，习近平总书记在全国组织工作会议上指出，好干部要做到信念坚定、为民服务、勤政务实、敢于担当、清正廉洁。党的十九大报告中提出"建设高素质专业化干部队伍"，为新时代干部队伍建设指明了方向。高素质，第一位的是政治素质要高。2018年，习近平总书记在全国组织工作会议上的讲话强调："看一个干部政治素质高不高，主要看是否

---

① 习近平：《决胜全面建成小康社会　夺取新时代中国特色社会主义伟大胜利——在中国共产党第十九次全国代表大会上的报告》，人民出版社2017年版，第64页。

树立'四个意识'、坚定'四个自信'，是否坚决维护党中央权威和集中统一领导，是否全面贯彻执行党的理论和路线方针政策，是否积极贯彻落实党中央重大决策部署，是否忠诚干净担当。"[①]专业化，是政治过硬、具有综合素质的专业化，具有战略思维、创新思维、辩证思维、法治思维、底线思维的专业化，是专业知识、专业能力、专业作风、专业精神的统一，具有适应新时代中国特色社会主义发展要求的能力。

（二）干部人事制度和改革重点

人事即用人治事。干部人事制度是包括干部的录用、考核、培训、交流、工资、福利、保险、辞职、辞退、退休等一系列基本管理制度在内的政策制度体系。干部人事制度是我们党和国家政治制度的重要组成部分。党管干部是我国干部人事制度最鲜明的政治特色。

分类是管理的基础，没有分类管理就没有科学的干部人事管理。要建立符合各类干部成长和发展规律的人事管理体制和管理制度，就必须要在党管干部的原则下，逐步推进干部人事分类管理。1987 年，党的十三大报告正式指出："进行干部人事制度的改革，就是要对'国家干部'进行合理分解，改变集中统一管理的现状，建立科学的分类管理体制；改变用党政干部的单一模式管理所有人员的现状，形成各具特色的管理制度；改变缺乏民主法制的现状，实现干部人事的依法管理和公开监督。"1992 年，党的十四大报告中明确："加快人事劳动制度改革，逐步建立健全符合机关、企业和事业单位不同特点的科学的分类管理体制和有效的激励机制。"此后，各地各部门按照政企、政事分开和管人与管事既紧密结合又合理制约的原则，改革单一的管理模式，对各类人员实行分类管理。机关逐步建立起公务员制度，企业逐步建立了现代企业人事管理制度，事业单位推行以聘用制和岗位管理为核心的人事管理制度，形成了机关、企业、事业单位各具特色的分类管理制度。同时，根据不同情况和不同工作性质，人事分类管理不断细化深化。如

---

① 习近平：《在全国组织工作会议上的讲话》，人民出版社 2018 年版，第 19 页。

法官法、检察官法，专业技术类公务员和行政执法类公务员管理办法也相继出台和完善，事业单位内部也根据教育、科研、卫生等系统不同特点，建立了相应的人事分类管理制度。

党的十八届三中全会通过的《中共中央关于全面深化改革若干重大问题的决定》提出，坚持党管干部原则，深化干部人事制度改革，构建有效管用、简便易行的选人用人机制，使各方面优秀干部充分涌现。这是在总结实践经验的基础上，对干部人事制度改革总的方向、目标和思路的新概括，是进一步深化干部人事制度改革的总要求。

1. 公务员制度改革

公务员是干部队伍的重要组成部分，是社会主义事业的中坚力量，是人民的公仆。党的十三大后，我国开展了公务员制度的试点。1993 年 8 月，《国家公务员暂行条例》颁布，标志着中国公务员制度的理论与实践进入一个新阶段。2005 年，《公务员法》颁布，2018 年修订。公务员制度的建立，是对传统干部人事制度的一次全面改革，是依法管理干部人事工作的重要开端，在干部人事工作历史上具有重大的里程碑意义。

党的十八大之后，在全面深化改革的背景下，公务员制度不断完善，公务员分类管理也逐步推进。2015 年 9 月，中央深改组通过了《法官、检察官单独职务序列改革试点方案》；12 月，又通过了《公安机关执法勤务警员职务序列改革试点方案》和《公安机关警务技术职务序列改革试点方案》。2016 年 7 月，《行政执法类公务员管理规定（试行）》和《专业技术类公务员管理规定（试行）》发布。

2. 企业人事制度改革

企业人事制度是企业干部的人事管理制度。企业人事制度是经济体制和企业制度的重要组成部分，企业人事制度改革始终伴随着经济体制改革和国有企业改革共同推动。中组部、人事部等部门先后出台一系列政策制度，推进企业人事管理制度改革。2000 年，《深化干部人事制度改革纲要》颁布。企业人事制度改革的核心是，结合建立现代企业制度和完善公司法人治理结构，全面引进竞争机制，健全企业组织领导制度和企业内部人事管理制度，扩大企业用人自主权，完善选人用人机制，加快企业家队伍、职业经理人队伍、专业技术人员队伍和高技能人才队伍建设，逐步建立符合企业特点的现代企业人事制度。2001 年 3 月，国家经贸委、人事部、劳动和社会保障部联合发布了《关于深化国有企业内部人事、劳动、分配制度改革的意见》，统筹推进国有企业人事制度改革。

由于国有企业特别是中央管理企业，在关系国家安全和国民经济命脉的主要行业和关键领域占据支配地位，党的十八大以来，中央进一步加强国有企业领导人员管理制度，规范国有企业领导人员的薪酬制度和履职待遇。党的十八届三中全会通过的《中共中央关于全面深化改革若干重大问题的决定》要求，国有企业要合理增加市场化选聘比例，合理确定并严格规范国有企业管理人员薪酬水平、职务待遇、职务消费、业务消费。2014 年 8 月，中央通过了《中央管理企业负责人薪酬制度改革方案》和《关于合理确定并严格规范中央企业负责人履职待遇、业务支出的意见》，即"限薪令"，对于完善现代企业制度建设和深化国有企业人事制度改革具有重要意义。

3. 事业单位人事制度改革

事业单位是提供公共服务的重要主体。2000 年 7 月，中组部和人事部联合发出《关于加快推进事业单位人事制度改革的意见》，对事业单位人事制度改革作了具体部署，明确了事业单位人事制度改革的基本思路。

党的十八大以来，事业单位人事制度在分类改革的基础上深入推进。为规范事业单位人事管理，保障事业单位工作人员合法权益，建设高素质的事业单位工作人员队伍，促进公共服务的发展，国务院于 2014 年 4 月发布了《事业单位人事管理条例》，提升了事业单位人事管理的制度化水平。

4. 军队转业干部安置制度改革

军转干部安置制度是我国干部人事制度的重要组成部分。长期以来，计划体制下形成的军队转业干部指令性计划分配安置办法面临改革发展。2001

年1月，《军队转业干部安置暂行办法》颁发，对军队转业干部实行计划分配与自主择业相结合的方式安置。计划分配的军队转业干部由党委、政府负责安排工作和职务。自主择业安置是军转安置制度改革标志性的改革举措，自主择业的军队转业干部由政府协助就业、发给退役金。此后，不断调整完善计划分配方式、安置重点、安置去向、安置地点、待遇保障、自主择业条件等政策。尤其是党的十八大以来，中央组建退役军人事务部，加强退役军人服务保障体系建设，建立健全集中统一、职责清晰的退役军人管理保障体制。

（三）干部人事管理的法治化

重大改革必须于法有据，改革必须在法律框架内进行。干部人事制度改革的根本目标，就是实现干部人事管理的法治化、科学化和民主化。法治化既是巩固扩大干部人事制度改革成果的手段，又是把科学、民主的干部人事制度，用法律的形式加以固定，发挥其长期性、稳定性作用的重要措施。目前基本形成了以《公务员法》为核心的党政机关干部管理法律体系、以《公司法》等企业法律和现代企业制度为核心的现代企业人事管理法规体系和以《事业单位人事管理条例》为核心的事业单位干部人事法律框架。

1.公务员管理法治化

为适应改革开放新时期干部人事制度改革的要求，经历了近10年，1993年由国务院正式颁布《国家公务员暂行条例》。随着一些新的改革制度办法的实施，立法落后于实践的矛盾愈加突出。公务员法起草工作自2000年启动，到2006年1月1日正式施行。以公务员法为主体，先后制定涵盖公务员录用、考核、职务任免与升降、奖励、惩戒、回避、培训、调任、辞职、辞退、申诉、聘任等30多个配套政策法规，逐步形成较为完整的公务员管理制度体系，公务员的进入退出机制、教育培训机制、考核评价机制、激励约束机制不断完善。

2. 事业单位人事管理法治化

2014 年 4 月，国务院颁布《事业单位人事管理条例》，规范了事业单位岗位设置、公开招聘和竞聘上岗、聘用合同、考核和培训、奖励和处分、工资福利和社会保险及人事争议处理等。这是我国第一部系统规范事业单位人事管理的行政法规，标志着我国事业单位人事管理进入法治化阶段。

为加强和改进事业单位领导人员管理，2015 年 6 月，中办印发《事业单位领导人员管理暂行规定》。次年，中组部又分别会同有关部门印发宣传思想文化系统事业单位、高等学校、中小学校、科研事业单位、公立医院五个行业事业单位领导人员管理办法，共同构建了事业单位领导人员管理有总有分的制度体系。2019 年 9 月 18 日，中组部、人社部印发《事业单位人事管理回避规定》。所有这些规定，与此前出台的文件，共同搭建起事业单位人事管理"四梁八柱"的制度框架。

3. 企业人事管理法治化

改革开放以来，先后制定、实施并修改完善了《公司法》《劳动法》《劳动合同法》《劳动争议调解仲裁法》《企业国有资产法》以及收入分配、养老保险、医疗保险、失业保险、人力资源配置等一系列规章制度，形成了一套国有企业人事管理法律体系，巩固和发展了企业人事制度改革成果。

4. 军队转业干部安置法治化

军队转业干部安置主要以 2001 年《军队转业干部安置暂行办法》为主要依据，结合《现役军官法》《兵役法》《军人保险法》等法律规定开展军转安置工作。2021 年 1 月 1 日起，《退役军人保障法》实施，成为军队转业干部安置法治化建设的重要内容。

从上述干部人事制度框架和改革重点可以看出，干部人事制度改革仍然在不断的探索和完善过程中，对干部的选拔任用、培训、考核、待遇等方面的要求逐步细化，人事管理法治化建设仍然在路上。

三、公务员制度

公务员是政府管理的主体，是政府职能的载体。公务员队伍是中央和地方各级党政领导班子的重要来源，公务员制度建设事关整个干部队伍建设的成效，事关党的执政能力、执政基础和执政地位。

（一）我国的公务员

"公务员"这个词，最早从日文"公务员（こうむいん）"翻译过来。但与之相关的制度中国自古就有，现代意义的文官制度源于英国。公务员即"civil servant"或"civil service"，原意为文职仆人或文职服务人员。公务员制度是政治制度的重要组成部分。密尔曾经指出，"一国人民的根本的政治制度是从该国人民的特性和生活成长起来的一种有机的产物，而绝不是故意的目的的产物"，即"它们不是做成的，而是长成的"①。所以我们不能简单地套用其他国家的公务员制度来剖析我国制度。仅从公务员范围来看，各国规定都有差异。英国等英联邦国家的公务员只是指中央政府中非选举产生和非政治任命的事务官，不包括由选举或政治任命产生的内阁成员及各部政务次官、政治秘书等政务官；美国的公务员即"政府雇员"指中央政府的所有公职人员；而日本、法国等把从中央到地方政府机关的公职人员、国会除议员以外的工作人员、审判官、检察官、国有企业和事业单位的工作人员统称为公务员。

我国公务员范围相对宽泛，包括 8 类机关中除工勤人员以外的工作人员。8 类机关包括中国共产党各级机关，各级人民代表大会及其常务委员会机关，各级行政机关，中国人民政治协商会议各级委员会机关，各级监察机关，各级审判机关，各级检察机关，各民主党派和工商联的各级机关。

关于我国公务员的性质和定位，2018 年修订后的《公务员法》明确规定："公务员是干部队伍的重要组成部分，是社会主义事业的中坚力量，是人民

---

① ［英］J.S. 密尔：《代议制政府》，汪瑄译，商务印书馆 1997 年版，第 6 页。

的公仆。"首次在法律中明确公务员和党的干部队伍之间的关系，实现了公务员工作与党的干部工作的贯通。同时，公务员肩负着推动我国社会主义事业不断前进的历史重任，在党和国家工作全局中具有重要地位和作用。此外，公务员是人民的公仆，体现了立党为公、执政为民的本质要求，是全心全意为人民服务的宗旨的具体运用。

（二）我国公务员制度

我国公务员制度是在改革开放和社会主义现代化建设进入新的历史阶段，随着党和国家领导制度改革和干部人事制度改革逐步建立和完善起来的。公务员制度的主要制度框架包括分类管理、选人用人、监督约束和激励保障制度。

1.公务员分类管理

目前，我国公务员类别中除综合管理类、专业技术类、行政执法类外，还有监察官、法官、检察官等职位，在义务、权利、资格条件、任免程序、回避、等级等方面与其他职位类别的公务员有所区别。根据实践的需要，还可能出现新的类别。因此，《公务员法》明确规定，"根据本法，对于具有职位特殊性，需要单独管理的，可以增设其他职位类别"，为进一步完善职位分类制度预留制度空间。

2.公务员的任用

《公务员法》明确规定："公务员的任用，坚持德才兼备、以德为先，坚持五湖四海、任人唯贤，坚持事业为上、公道正派，突出政治标准，注重工作实绩。"该规定是公务员录用、职务职级任免与升降等各环节的基本准则。我国公务员的选任制、委任制和聘任制三种任职方式，都要考虑职位特点和工作职责，在法律法规规定下进行。

党的十八大以来，选人用人专项检查已经成为中央到地方各级巡视工作的重要组成部分。为了落实全面从严治党和从严管理干部要求，规范干部选拔任用工作监督检查和责任追究，2019 年 5 月，中办印发了《干部选拔任用工作监督检查和责任追究办法》。

3. 公务员监督约束

监督约束是保证公务员管理体系良性运行的必要环节，是预防权力腐败，对公务员进行规范管理的有效方式。重点包括考核、监督与惩戒、回避、离职后再就业限制、政务处分等。

第一，考核。当前公务员考核制度主要有以下变化：一是考核重点增加"政治素质"，同时增加规定"考核指标根据不同职位类别、不同层级机关分别设置"；二是增加专项考核方式；三是将定期考核结果运用于职位、职级调整。

第二，监督与惩戒。一方面从严管理干部。一是加强公务员的思想政治、履行职责、作风表现、遵纪守法等情况的日常管理监督。二是领导干部报告制度。对于不如实报告的问题，根据行为性质和情节严重程度进行相应处理。另一方面，进一步加强纪律约束，增加了政治纪律、工作纪律、生活纪律的内容。一是增加不得"散布有损宪法权威、中国共产党和国家声誉的言论""组织或者参加旨在反对宪法、中国共产党领导和国家的集会、游行、示威等活动"等禁止性规定。二是将"不担当，不作为"列入不得违反的纪律行为。三是将"违反有关规定参与禁止的网络传播行为或者网络活动"列入不得违反的纪律行为。

第三，回避。一是公务回避。《公务员法》规定："公务员不得在其配偶、子女及其配偶经营的企业、营利性组织的行业监管或者主管部门担任领导成员"。《党政领导干部任职回避暂行规定》进一步明确，领导干部的配偶、子女及其配偶以独资、合伙或者较大份额参股的方式，经营企业或者举办经营性民办非企业单位的，该领导干部不得在上述企业或者单位的行业监管或者业务主管部门担任领导成员。二是地域回避。《公务员法》规定："公务员担任乡级机关、县级机关、设区的市级机关及其有关部门主要领导职务的，应当按照有关规定实行地域回避。"《党政领导干部选拔任用工作条例》进一步明确，领导干部不得在本人成长地担任县（市）党委和政府以及纪委监委、组织部门、法院、检察院、公安部门主要领导成员，一般不得在本人成长地担任市（地、盟）党委和政府以及纪委监委、组织部门、法院、检察院、公安部门主要领导成员。

第四，离职后再就业限制。根据法律规定，公务员辞去公职或者退休的，原系领导成员、县处级以上领导职务的公务员在离职三年内，其他公务员在离职两年内，不得到与原工作业务直接相关的企业或者其他营利性组织任职，不得从事与原工作业务直接相关的营利性活动。

第五，政务处分。按照《监察法》规定，对有职务违法行为但情节较轻的公职人员，按照管理权限，直接或者委托有关机关、人员，进行谈话提醒、批评教育、责令检查，或者予以诫勉；对违法的公职人员依照法定程序作出警告、记过、记大过、降级、撤职、开除等政务处分决定。《公职人员政务处分法》进一步强化对公职人员的管理监督，实现党纪与国法的有效衔接，推进政务处分的法治化、规范化。

4. 公务员激励保障

激发公务员队伍活力需要加强正向激励和做好保障，重点包括公务员职务职级晋升、奖励、工资福利等管理环节。

第一，职务与职级。我国实行公务员职务与职级并行制度，公务员可以通过领导职务或者职级晋升。

第二，奖励。一是突出时效性，"坚持定期奖励与及时奖励相结合"。二是树立崇尚担当作为的良好导向，将"勇于担当"作为奖励的重要情形。三是为进一步提升公务员的职业荣誉感，《公务员法》规定"按照国家规定，可以向参与特定时期、特定领域重大工作的公务员颁发纪念证书或者纪念章"。

第三，工资福利保险。一是公务员工资制度。我国公务员实行国家统一规定的工资制度，已经建立了公务员工资的正常增长机制，逐步建立以工资调查为基础的工资调整机制。二是福利待遇。针对公务员工作任务重、压力大，经常加班加点的情况，增加了公务员在法定工作日之外加班给予补助的规定，不断完善权益保障机制。三是公务员社会保险制度。随着我国社会保险制度的推进，公务员依法参加机关养老、医疗、失业、生育等社会保险，并与社会保险相衔接。

（三）我国公务员管理的法律体系框架

自《公务员法》颁布实施以来，中国特色公务员制度体系已经基本建立，公务员管理工作逐步走上法治化轨道。从我国现行公务员制度架构看，公务员管理既依照宪法、法律、行政法规、规章等，也依照党内法规，这些共同构成了公务员管理的法律体系框架。

1.公务员法

公务员法是公务员管理的基本法律制度，是公务员制度的基本框架。具体内容包括两方面：一是应当或者只能在基本法中予以确定的重大事项，比如公务员范围、《公务员法》适用范围、公务员的任用条件、公务员的职务、职级与级别等问题。二是公务员管理的主要环节和方面。包括录用、考核、奖励、监督与惩戒、培训、晋职晋级、工资福利、辞职与辞退、退休等主要环节的一般规定。

2.行政法规、规章和规范性文件

主要包括国务院制定的行政法规和国务院人事行政主管部门制定的行政规章等。如中组部、人事部制定的《公务员范围规定》《公务员调任规定》《公务员录用规定》《公务员培训规定》，国务院颁布的《行政机关公务员处分条例》等。

3.党内法规和规范性文件

党管干部是公务员制度的基本原则，公务员管理必须遵守执行党的干部路线、方针政策。尤其是党的十八大以来，为从严治党，陆续出台了一系列党内法规，包括"八项规定""六项禁令"以及《关于进一步规范党政领导干部在企业兼职（任职）问题的意见》《关于改进地方党政领导班子和领导干部政绩考核工作的通知》《党政领导干部选拔任用工作条例》《关于加强干部选拔任用工作监督的意见》《关于县以下机关建立公务员职务与职级并行制度的意见》《推进领导干部能上能下若干规定（试行）》《行政执法类公务员管理规定（试行）》《专业技术类公务员管理规定（试行）》《关于防止干部"带病提拔"的意见》和《关于规范公务员辞去公职后从业行为的意见》等。这些都是公务员制度的法律体系的重要组成部分。

4.其他有关法律

我国公务员范围较宽泛，《公务员法》主要针对一般公务员，对领导成员、法官、检察官、警察等适用其他相关法律规定。具体包括：《全国人民代表大会和地方各级人民代表大会选举法》《地方各级人民代表大会和地方各级人民政府组织法》《法官法》《检察官法》《人民警察法》等。

本讲作者：

时福茂　中华全国律师协会法律援助委员会秘书长，北京市农民工法律援
　　　　助工作站执行主任，北京市致诚律师事务所律师

王芳霞　中国人事科学研究院副处长、副研究员

第二部分

基本法律原则

法、法治及法律原则

一、法是什么

古体的"法"字,由氵、廌、去三部分组成。其中"廌"即为獬豸(中国古代法律的图腾和象征,俗称独角兽),"廌法"二字合为一体,取其公正不阿之意;从水,取法平如水之意。

法是什么?这是一个法学家们追问已久但始终没有得出确定答案的问题。而且,近年来随着"软法"概念的兴起,使得对法这一概念的理解似乎更为困难。

(一)一般意义上的法

什么是法?早期的大学法学教科书关于法的经典定义是:法是反映统治阶级的意志和利益,由国家制定或认可的,并以国家强制力保障实施的行为规范。其实,这只是众多法的定义当中的一种,"迄今为止,人们对'法'下过成百上千(不说成千上万的话)个定义,但没有一个定义完全为世人公认"[①]。英国法学家哈特有一本名为《法律的概念》的专著,他认为:"在与人类社会有关的问题中,没有几个像'什么是法?'这个问题一样,如此反反

[①] 姜明安:《软法与软法研究的若干问题》,法治政府网,http://law.china.cn/thesis/txt/2006-11/07/content_233211.htm,2013 年 2 月 5 日访问。

复复地被提出来并且由严肃的思想家们用形形色色的、奇特的甚至反论的方式予以回答。"①美国现代法学家柯亨认为给"法"下令人满意的定义是毫无必要的，弗兰克说给"法"下令人满意的定义是不可能的。在他们看来，立法者、法官和法学家不必去思考法是什么，法就是法。②下面我们简单介绍一些古今中外学者对于"法"的经典界定或者见解，这或许有利于我们对于法的概念的理解。

中国先秦法家的代表管子认为："法者，天下之程式也，万事之仪表也"③，"尺寸也，绳墨也，规矩也，衡石也，斗斛也，角量也，谓之法"④。古希腊思想家亚里士多德认为："法律的实际意义却应该是促成全邦人民都能进于正义和善德的（永久）制度。"⑤"法律……可以被定义为'不受任何感情影响的理性'。"⑥古罗马思想家西塞罗认为法是自然中固有的最高理性。古罗马法学家杰尔苏将法定义为"善良和公正的艺术"。中世纪神学思想家托马斯·阿奎那认为："法是人们赖以导致某些行动和不作其他一些行动的行为准则或尺度。'法'这个名词（在语源上）由'拘束'一词而来，因为人们受法的拘束而不得不采取某种行径。但人类行动的准则和尺度是理性，因为理性是人类行动的第一原理。"⑦法"不外乎是对于种种有关公共幸福的事项的合理安排，由任何负有管理社会之责的人予以公布"⑧。美国法学家伯尔曼认为，法律不只是一整套规则，它是立法、判决、执法中活生生的人，是为分配权利与义务，并据以解决纷争、创造合作关系的活生生的程序。⑨庞德认为法律是一种社会工程，它的目的是尽可能合理地建筑社会结构，以

---

① ［英］哈特：《法律的概念》，张文显、郑成良等译，中国大百科全书出版社 1996 年版，第 1 页。

② 参见周旺生：《法的概念界说》，载《北京大学学报》（哲学社会科学版）1994 年第 2 期。

③ 《管子·明法解》。

④ 《管子·七法》。

⑤ ［古希腊］亚里士多德：《政治学》，吴寿彭译，商务印书馆 1996 年版，第 138 页。

⑥ 转引自 ［美］E. 博登海默：《法理学：法律哲学与法律方法》，邓正来译，中国政法大学出版社 1999 年版，第 11 页。

⑦ ［意］阿奎那：《阿奎那政治著作选》，马清槐，商务印书馆 1997 年版，第 104 页。

⑧ ［意］阿奎那：《阿奎那政治著作选》，马清槐译，商务印书馆 1997 年版，第 106 页。

⑨ 参见肖建华：《法律必须被信仰》，载《法制日报》2002 年 7 月 28 日。

有效地控制由于人的本性而不可避免地出现的社会矛盾和冲突，以最小的阻力和浪费最大限度地满足社会中人类的利益。① 法律秩序乃是在不断地努力实现尽可能多的利益的进程中调整彼此重叠的权利主张和协调相互冲突的要求或愿望的一种过程。② 富勒认为："法律是使人类行为服从于规则之治的事业。"③ 现实主义法学家卢埃林曾依照庞德关于"书本上的法律"和"行动中的法律"之分的观点，区分了"纸面规则"和"实在规则"，并认为真正的法是后者，因此提出"官员们关于争端作出的决定就是法"。德国法学家赫克认为："法的每个命令都决定着一种利益冲突；法起源于对利益关系的调整机制；法的最高任务是平衡利益。"④

近年来，我国学者也提出了一些关于法的观点，如孙国华教授认为"法是'理'与'力'的结合"⑤。张千帆教授认为："如果就某特定过渡的特定时期而言法律是命令，那么把它放在人类历史的场合中考察，法治社会中的法律又是一种永恒的理性对话过程。"⑥ 魏宏教授认为，法是人行为的规范及其体系，其主要特征是：法是调节人行为的一种规范；法规定了人们的权利和义务；法具有公共意志性；法具有可诉性。周旺生教授列举了 30 个从古至今法学家关于法的代表性观点，如法是社会利益冲突所产生的强制规范；法是社会契约的产物；法是国家或政治社会中行使最高权力者制定的规则；法是实现社会控制的社会工程；法是由掌握主权的最高政治权威强制实施的人们外部行为的一般规则；法是被普遍遵守的规则；法是对人们共同生活的强制调整；法是一方面赋予另一方面限制人们相互关系中的外部自由的规范的总和；法是规定人们的外部行为并由法院适用的社会规则的总和；法一般是

---

① 参见张文显：《二十世纪西方法哲学思潮研究》，法律出版社 1996 年版，第 123 页。
② 参见［美］罗伯特·庞德：《法律史解释》，邓正来译，中国法制出版社 2002 年版，第 233 页。
③ ［美］富勒：《法律的道德性》，郑戈译，商务印书馆 2005 年版，第 124—125 页。
④ 转引自张文显：《二十世纪西方法哲学思潮研究》，法律出版社 1996 年版，第 130 页。
⑤ 孙国华：《再论法是"理"与"力"的结合》，载《河南省政法管理干部学院学报》2001 年第 1 期。
⑥ 张千帆：《法律是一种理性对话——兼论司法判例制度的合理性》，载《北京大学法律评论》2002 年第 5 卷第 1 辑。

通过社会有组织集团的强力来调整社会关系和规范人们行为的一种机制；等等。周旺生教授认为，法是以政权意志形式出现的，作为司法机关办案依据的，具有普遍性、明确性和肯定性的，以权利和义务为主要内容的，首先和主要体现执政阶级意志并最终决定于社会物质生活条件的各种社会规范的总称。①

其实，"法是什么"的界定往往与法的外延的划定有关联。一般人理解的法就是国家制定的法律、法规和规章，有人主张的最为广义的法包括制定法、法律解释、国际条约、其他规范性文件、司法判例、政策、惯例、习惯与习惯法、当事人之间的契约以及法学原理等。不同的人，所关注的法的范围不同，核心区域不同，得出的法的概念也不一样。不同的法律观念，不同的法律传统，不同的法治实践，都会影响到法律概念的界定。法国、德国、日本、中国等大陆法国家的学者更多地从成文法典的角度界定法律是什么，英美法传统的法学家总是更多地强调司法中的法——判例法在法律中的地位。著名的比较法学家勒内·达维德说："英国法基本上是一种判例法（case law）；它的规范基本上应到英国各高级法院所做判决的判决理由（ratio decidendi）中去寻找。"美国现实主义法学的先驱、大法官霍姆斯指出："我所说的法律，就是指法院事实上将做什么的预言，而绝不是其他什么空话。"②美国法学家格雷曾说，法只是指法院在其判决中所规定的东西，法规、判例、专家意见、习惯和道德只是法的渊源。当法院作出判决时，真正的法才被创造出来。

相对于以上论断而言，哈特关于法的界定要形象得多。哈特认为，法律制度完全是或根本上是由规则所构成的，但法院的决定并不是意义确定而清楚的既定规则的必然结果。法律规则可以有一个与其意义毫无争议的核心，但所有的规则都有一个不确定的边缘，这个边缘或"暗区"使法律存在"空缺结构"。法律的"空缺结构"一方面是由语言的本性导致的，即存在着一般语言所能提供的指引的限度，这是语言所固有的；另一方面也是由立法者

① 参见周旺生：《法的概念界说》，载《北京大学学报》（哲学社会科学版）1994 年第 2 期。

② *The Path of the Law*，p.173. 转引自［美］E. 博登海默：《法理学——法律哲学与法律方法》，中国政法大学出版社 2004 年版，第 162 页。

预测未来能力的有限性以及由此引起的目的的相对模糊性导致的，而在最根本上是由未来的不确定性决定的。法律的"空缺结构"意味着的确存在着这样的行为领域，在那里，很多东西需留待法院或官员来发展，他们根据具体情况在相互竞争的、从一个案件到另一个案件分量不等的利益之间作出平衡。①

　　从上述众多的有关法的定义或描述中，我们的确很难也没有必要得出一个所谓的权威定义。但有一点是值得指出的：法不仅包括法典、条文等静态意义上的"死法"，还包括实践中动态意义上的"活法"，不过在不同的法系、不同的国家以及不同国家的不同发展阶段二者的比重不同而已。前者限制了后者的有效活动范围，使得法院不至于随意"造法"；后者是前者的有益补充，是法的不竭之源。在我国，一般意义上的法是指法律、行政法规、地方性法规，部门和地方政府的规章也被纳入广义法律的范围。此外，法律制定部门、司法机关对于法律法规的有权解释也具有法律效力；特定情况下的习惯法、国际法等也具有法的效力。

（二）"软法"是法吗

　　近年来，软法（Soft Law）的概念在国内外逐渐流行起来。在人们对于"法是什么"还没有明确回答的情况下，"软法"的介入似乎使得问题更为复杂。有人认为"软法亦法"，也有人主张"软法非法"。常见的软法定义是法国学者 Francis Snyder 于 1994 年作出的，他认为："软法是原则上没有法律约束力但有实际效力的行为规则。"关于软法的外延，我国学者梁剑兵将国内外学者的各种观点概括为 12 类：（1）国际法；（2）国际法中那些将要形成，但尚未形成的，不确定的规则和原则；（3）法律的半成品，即正起草，但尚未公布的法律、法规；（4）法律意识与法律文化；（5）道德规范；（6）民间机构制定的规范，如高等学校、国有企业制定的规范、规则；（7）我国"两办"（即中共中央办公厅和国务院办公厅）的联合文件；（8）程序法；（9）

---

① 　参见沈仲衡：《价值衡量法律思维方法论》，吉林大学博士学位论文 2005 年。

法律责任缺失的法条或法律，即只规定了应该怎么做，但没有规定如果不这样做怎么追究相应法律责任的法条或法律；（10）仅有实体性权利宣言而无相应程序保障的法条或法律，如没有相应程序性保障的宪法序言；（11）法律责任难以追究的法律；（12）执政党的政策等柔性规范。①

其实，软法是不是法，关键还是取决于人们对于"法"这一概念的界定，某种意义上也可以说取决于人们对于法的外延的认同程度。传统的"硬法"意义上的"法"固然没有"软法"的生存空间，但有人主张的"大口袋"的"法"不仅可以容下"硬法"和"软法"，甚至可以将这二者之外的其他东西也涵盖进去。

本书比较赞同姜明安教授关于软法的观点。② 他认为，可以作为软法研究范围的应仅为以下六个方面的规则：（1）行业协会、高等学校等社会自治组织规范其本身的组织和活动及组织成员行为的章程、规则、原则；（2）基层群众自治组织（如村民委员会、居民委员会）规范其本身的组织和活动及组织成员行为的章程、规则、原则，如村规民约等；（3）人民政协、社会团体规范其本身的组织和活动及组织成员行为的章程、规则、原则以及人民政协在代行人民代表大会职责时制定的有外部效力的纲领、规则；（4）国际组织规范其本身的组织和活动及组织成员行为的章程、规则、原则，如联合国、世界贸易组织（WTO），国家作为主体的国际组织规范国与国之间关系以及成员国行为的规则；③（5）法律、法规、规章中没有明确法律责任的条款（硬法中的软法）；（6）执政党和参政党规范本党组织和活动及党员行为的章程、规则、原则（习惯上称之为"党规""党法"）。至于其理由，姜明安教授认为法的特征有三：（1）法是人们的行为规则；（2）法是具有外在约束力的人们的行为规则；（3）法是由一定人类共同体制定、协商、认可的人们的

---

① 参见姜明安：《软法与软法研究的若干问题》，法治政府网，http：//law.china.cn/thesis/txt/2006-11/07/content_233211.htm，2013 年 2 月 5 日访问。

② 参见姜明安：《软法与软法研究的若干问题》，法治政府网，http：//law.china.cn/thesis/txt/2006-11/07/content_233211.htm，2013 年 2 月 5 日访问。

③ 世界贸易组织制定的规则是否都属于软法值得进一步研究，该组织通过的一些规则是"有牙的"，即可以据以提起诉讼的。

行为规则，法具有民主性、公开性、普遍性、规范性。正是基于对法的特征的这一界定，从而将软法也纳入了法的范围。不过，姜明安也认为，软法虽然是法，但软法不是一般意义的法，软法是非典型意义的法（非严格的法）。典型意义的法首先表现为强制性规则，由正式的立法机关制定或认可，有刑罚和赔偿等法律责任保障实施，由法院裁决法实施过程中的纠纷等。而对于非典型意义的软法来说，则不具有上述特征，它不一定要由国家立法机关制定，不一定要由国家强制力保障实施，不一定由法院裁决其实施中的纠纷。

二、什么是法治

（一）法治的基本界定

"法治"本为汉语固有词汇，但一直不受青睐。① 何为法治？古希腊哲学家亚里士多德说："法治应包含两重意义：已成立的法律获得普遍的服从，而大家所服从的法律又应该本身是制定得良好的法律。"② 我国学者夏恿教授把法治依次解释为一项历史成就、一种法制品德、一种道德价值和一种社会实践，认为法治是法律史上的一个经典概念，也是当代中国重新焕发的一个法律理想，并认为滥觞于近代革命以前的法治观念至少有三：即法律至上、权力分立与制衡、法律来源于某种超越于现实政治权力结构的实在。③ 徐显明教授将"法治"界定为"意以一种社会结构状态为表述，其反义为'专制社会'，其近义为'法治国家''法治政府'。其内涵为：在法律规束住了国家权力和政府后而使权利在人和人之间得到合理配置的社会状态。这种社会状态即我们所追求之'法治社会'"④。江平先生认为，法治包含着制度、方

---

① 参见夏恿：《法治是什么——渊源、规诫与价值》，载《中国社会科学》1999 年第 4 期。
② ［古希腊］亚里士多德：《政治学》，商务印书馆 1996 年版，第 199 页。
③ 参见夏恿：《法治是什么——渊源、规诫与价值》，载《中国社会科学》1999 年第 4 期。
④ 徐显明：《论"法治"构成要件——兼及法治的某些原则及观念》，载《法学研究》1996 年第 3 期。

法和理念三个层面。判断善法和恶法，就在于有没有法治理念。[1]

（二）法治的标准

关于法治的标准，[2]19世纪英国法学家戴雪通常被视为近代西方法治理论的奠基人。他认为，法治有三条标准，即法律具有至尊性，反对专制与特权，否定政府有广泛的自由裁量权；法律面前人人平等，首相同邮差一样要严格遵守法律；不是宪法赋予个人权利与自由，而是个人权利产生宪法。[3]之后，随着法治研究的逐渐深入，关于法治标准的讨论越来越丰富。美国法学家富勒、英国法学家莱兹和菲尼斯均非常巧合地提出了法治应当具备八项标准，我国学者夏恿教授提出了法治的十大规诫，李步云先生提出了法治国家的十大标准。例如，富勒认为，具备法治品德的法律制度由八个要素构成：（1）一般性；（2）公布或公开；（3）可预期；（4）明确；（5）无内在矛盾；（6）可遵循性；（7）稳定性；（8）同一性。莱兹提出的法治的八条原则是：（1）法律必须是可预期的、公开的和明确的；（2）法律必须是相对稳定的；（3）必须在公开、稳定、明确而又一般的规则的指导下制定特定的法律命令或行政指令；（4）必须保障司法独立；（5）必须遵守像公平审判、不偏不倚那样的自然正义原则；（6）法院应该有权审查政府其他部门的行为以判定其是否合乎法律；（7）到法院打官司应该是容易的；（8）不容许执法机构的自由裁量权歪曲法律。菲尼斯提出的法治的八项要件分别是：（1）规则是可预期、不溯及既往的；（2）规则无论如何也不是不能够被遵循的；（3）规则是公布的；（4）规则是清楚的；（5）规则是相互协调的；（6）规则足够稳定以允许人们依靠他们关于规则内容的知识而受规则的引导；（7）适用于相

---

① 参见江平：《市场经济需要怎样的法治》，载《新经济周刊》2010年第11期。

② 不同的学者在讨论这一问题时使用不同的概念，例如法治的标准、要件、要素或规诫（如夏恿），甚至有学者在法治的原则的标题下讨论法治的标准问题（如菲尼斯）。考虑到这些学者所讨论问题的相近性，这里一并予以讨论，并且除非特殊情形，均以法治的标准称之。

③ 参见李步云：《法治国家的十条标准》，载《中共中央党校学报》2008年第1期。

对有限情形的法令和命令的制定受公布的、清楚的、稳定的和较为一般性的规则的引导；（8）根据官方资格有权制定、执行和适用规则的人，一要对遵循适用于其操作的规则是负责的、可靠的，二要对法律的实际执行做到连贯一致并且与法律的要旨相符合。夏恩教授提出的法治的十大规诫是：（1）有普遍的法律；（2）法律为公众知晓；（3）法律可预期；（4）法律明确；（5）法律无内在矛盾；（6）法律可循；（7）法律稳定；（8）法律高于政府；（9）司法威权；（10）司法公正。[①] 李步云先生提出的法治国家的十条标准是：（1）法制完备；（2）主权在民；（3）人权保障；（4）权力制衡；（5）法律平等；（6）法律至上；（7）依法行政；（8）司法独立；（9）程序正当；（10）政党守法。[②]

上述法治的标准，八项也好、十项也罢，本质上差别不是太大。在这些标准中，有些已为领导干部所熟知，比如法律的一般性、公布或公开、可预期、明确、无内在矛盾、稳定性等；有些标准虽然不同的学者使用了不同的表达方式，但其实质并无不同，例如"有普遍的法律"和"法的一般性""法律为公众知晓"和"法律公布或公开"等。对于广大领导干部来说，值得进一步强调的有以下几点：

第一，法治的前提是有"法"可依，但构成法治基础的法一定是"良"法，是可遵循之法。这一点被多数学者所提及。如富勒提出具备法治品德的法律应具有"可遵循性"，菲尼斯提出"规则无论如何也不是不能够被遵循的"，夏恩提出的"法律可循"。其实，法治有两个基本原则：一是必须有规则，二是规则必须能够被遵循。1978 年邓小平提出的我国社会主义法制的十六字方针强调了"有法可依"，也就是说强调了"必须有规则"的法治原则，但没有强调"法律可循"或者"法律可依"[③] 的法治基本原则。因此，将"有法可依、有法必依、执法必严、违法必究"的十六字方针作为社会主义法制的基本要求固然没有问题，但是作为社会主义法治的基本要求似乎还欠缺了一点。可以说，十六字方针已不能完全适应社会主义法治建设的新要求，也无法满足人们对于社会主义法治建设的新期待。在中国特色的社会主义法律

① 参见夏恩：《法治是什么——渊源、规诫与价值》，载《中国社会科学》1999 年第 4 期。

② 参见李步云：《法治国家的十条标准》，载《中共中央党校学报》2008 年第 1 期。

③ 参见夏恩：《法治是什么——渊源、规诫与价值》，载《中国社会科学》1999 年第 4 期。

体系已经形成的背景下，有相当部分的人（包括部分学者和领导干部）认为现在法治的主要问题不再是"没法可依"，而是"有法不依、执法不严、违法不究"。对于这种观点，如果仅仅在十六字方针的框架内讨论应该是有道理的，但若考虑到"法律可循"的标准，应该说还是值得反思的。不可否认，当前我国社会主义法治实践中，"有法不依、执法不严、违法不究"的问题固然比较严重，但无"法律"（指狭义上的法律，尤其是排除了法律中软法条款的法律）可依的现象依然比较常见，而"法律不可循"的问题更为严重。如果将所有问题都归结为执法、司法，不仅不公平，而且不利于我国立法本身的健全和完善，因而必须认识到其误导作用。令人振奋的是，党的十八大提出了"科学立法、严格执法、公正司法、全民守法"的法治新十六字方针，用"科学立法"替代"有法可依"，不仅表明"无法可依"的时代已经基本结束，同时也表明现行法律质量不高，亟待提高的历史使命。"无法可依，肯定没有法治社会，有法可依与有法必依也不必然导致法治国家。""倘若所定之法并非善法，那么依法、执法与护法越严，其对法治破坏就越烈，其目标离法治就越远。"①富勒说，人们一般认为，只有行政官、法官、警官和检察官才会侵犯法治，立法机关只有在违反宪法对其权力的限制时才会危害法治。其实，立法机关制定一项模糊不清、支离破碎的法律也同样会危害法治。如果立法不切实际，政府官员就会面临这样的困境：要么强迫公民为其不可能为之事，以致造成严重的不义；要么对公民违法视而不见，从而削弱对法律的尊重。在罗尔斯"作为公平的正义"里，规则应该具备的首要品性就是"必须做的，即可能做的"。莱兹也指出，法治有两方面的含义：一是人们应该受法律的统治并服从法律，二是法律应该让人们能够受其引导。他认为，应该关注的是后一种含义。因为一个人只是在不破坏法律的意义上遵守法律，只有当他的法律知识构成了他守法理由的一部分时他才服从法律。所以法律要被人们服从就必须能够引导人们的行为。②

第二，对于法治建设而言，应重视"必须在公开、稳定、明确而又一般

---

① 徐显明：《论"法治"构成要件——兼及法治的某些原则及观念》，载《法学研究》1996年第 3 期。

② 参见夏恿：《法治是什么——渊源、规诫与价值》，载《中国社会科学》1999 年第 4 期。

的规则的指导下制定特定的法律命令或行政指令"的法治标准。其实菲尼斯提出"适用于相对有限情形的法令和命令的制定受公布的、清楚的、稳定的和较为一般性的规则的引导"的标准也与前述莱兹提出的标准类似。只有这样，方可避免"上有法律、下有政策""上有政策、下有对策"的问题。

第三，关于司法公正，培根说，一次不公的判决比多次不公的行为祸害尤烈，因为后者不过弄脏了水流，前者却败坏了水源。①

第四，关于法律稳定，基本的看法是规则不能改变过快以至难以学习和遵守，频繁改变的法律和溯及既往的法律一样危害法治。②法律不稳定之所以会危害法治，是因为它一方面会破坏法律所应有的确定性、可预期性和权威性，另一方面则会造成社会的权势者通过法律侵害私人权利和公共利益。在这个意义上，保持宪法的稳定对于一国的法治至关紧要。稳定性乃是宪法内在的"刚性"。③

第五，法治之所以重视程序正义甚于重视实体正义，是因为实质正义需要通过程序正义实现，没有程序正义实质正义就很难实现，甚至不可能实现。而且，实质正义的标准难以把握，而程序正义的标准较明确，易于为人们接受。再者，程序正义并非全是手段，在很多情况下也具有目的价值。④

第六，关于法律高于政府、依法行政或法律至上，夏恿教授将"法律高于政府"作为法治的标准，这里的"政府"包括一切掌握国家管理权力或执政的个人、群体、组织或机构，不仅仅指行政机构。也就是说，政府要在法律之下，而不是法律之外，尤其是法律之上行权履责。另外，李步云教授将"依法行政"作为法治国家的标准无疑是考虑到了中国的国情，尤其是他将"政党守法"也作为法治国家的一项标准。

---

① 参见《培根论说文集》，商务印书馆 1983 年版，第 193 页。
② 詹姆士·麦迪逊曾严厉谴责当时美国议会频繁改变法律。他认为法律随政策而变化将会使立法成为有权有势、胆大妄为者的专利，成为勤奋劳动、消息闭塞者的圈套。参见《联邦党人文集》，商务印书馆 1980 年版，第 230 页。
③ 参见夏恿：《法治是什么——渊源、规诫与价值》，载《中国社会科学》1999 年第 4 期。
④ 参见姜明安：《再论法治、法治思维与法律手段》，载《湖南社会科学》2012 年第 4 期。

（三）法治的内在矛盾冲突

1.制度目标冲突

法治要求法律制度具有一般性、确定性、稳定性、普遍平等等特性，但这并不是说法治否定或不追求特殊性、灵活性、变动性和差别性。正如沃尔克所指出的，一方面，法治表示对法律的确定性和稳定性的需求，以便人们得以相应地规划和组织他们的安排；但是，另一方面，法治又强调需要法律保有某种灵活性并且能够让自身适应公共观念的变化。可见，作为法律面前人人平等的推论结果，法治宣称对法律适用的一般性的要求；但是，法治又小心翼翼地让平等原则不适用于那些可以或者应该作出合理区别的案件。[1]

2.制度价值冲突

法的价值包括正义、秩序、平等、自由、公平、效率、安全、利益等。由于这些价值并非完全相容，法在追求、实现这些价值时，尤其是在面对相互矛盾冲突的价值目标时，不得不作出相应的选择。徐显明教授认为，在现代法业已被认识到的由一组组基本价值范畴组合的价值体系中，为求得善法，人们应在价值发生矛盾时作出如下选择：正义与利益以正义为先；自由与秩序以自由为先；公平与效率以公平为先；安全与和平以安全为先；生存与发展以生存为先。正义、自由、公平、安全、生存为善法之恒定价值，其余为相对价值。这种价值选择，使法律价值观与经济价值观有所不同。至善之法，即是衡平价值关系使价值冲突降至最低限度之法。[2]

三、为什么要法治，不要人治

孟德斯鸠曾说："一切有权力的人都容易滥用权力，这是万古不易的一

---

[1] 参见夏勇：《法治是什么——渊源、规诫与价值》，载《中国社会科学》1999年第4期。
[2] 参见徐显明：《论"法治"构成要件——兼及法治的某些原则及观念》，载《法学研究》1996年第3期。

条经验。有权力的人们使用权力一直到遇有界限的地方才休止。"①习近平总书记在党的十八届四中全会第二次全体会议上的讲话中指出："法治和人治问题是人类政治文明史上的一个基本问题，也是各国在实现现代化过程中必须面对和解决的一个重大问题。综观世界近现代史，凡是顺利实现现代化的国家，没有一个不是较好解决了法治和人治问题的。相反，一些国家虽然也一度实现快速发展，但并没有顺利迈进现代化的门槛，而是陷入这样或那样的'陷阱'，出现经济社会发展停滞甚至倒退的局面。后一种情况很大程度上与法治不彰有关。"②

　　法治是与人治相对立的概念，法治是法律之治、规则之治。因此，与人治强调人的作用及个人神秘性、多变性、特殊性、实质正义等相比，法治更加强调制度的作用，更重视普遍、公开、明确的规则的作用，更重视制度的统一性、稳定性、可预期性、可遵循性及同一性，更重视程序正义，尤其是正当程序的价值。

　　现代社会之所以选择法治而不要人治，原因在于公权力的行使者同样是具有私利的私人，不是天使。麦迪逊说："如果人都是天使，就不需要任何政府了。如果是天使统治人，就不需要对政府有任何外来的或内在的控制了。"③姜明安教授也指出，如果现实中有"天使""公人"存在的话，人治可能优于法治。同时，他认为："作为一种治国理政的方式，法治相较于人治，重视法和制度的作用甚于重视用人（选贤任能）的作用，重视规则的作用甚于重视道德教化的作用，重视普遍性、原则性甚于重视个别性和特殊性，重视稳定性、可预期性甚于重视变动性和灵活性，重视程序正义甚于重视实体正义。"④

　　现代社会倡导法治，反对人治，但并不反对发挥个人的作用。法治与人治的对立仅仅是在作为治国理政基本方略的高度而言的，法治所强调的是法

①　[法]孟德斯鸠：《论法的精神》，张雁琛译，商务印书馆1995年版，第104页。

②　中共中央文献研究室编：《习近平关于全面依法治国论述摘编》，中央文献出版社2015年版，第12页。

③　[美]汉密尔顿、杰伊、麦迪逊：《联邦党人文集》，程逢如等译，商务印书馆2011年版，第264页。

④　姜明安：《再论法治、法治思维与法律手段》，载《湖南社会科学》2012年第4期。

律的至上性及对公权力的规范和控制，其不但不否认人的作用，而且某种程度上更有利于发挥人的积极性、主动性、创造性，只不过是不让个别人恣意妄为罢了。事实上，法律一般都会赋予执政者灵活处理个别性、特殊性、变动性的一定自由裁量空间，只是这种自由裁量不同于"人治"的任意裁量、恣意裁量，而是在坚持普遍性、原则性、稳定性和可预期性的前提下的自由裁量，是在追求实质正义和形式正义统一前提下的自由裁量。① 作为一个与"人治"相对立的概念，法治本身就是为了通过法律遏制政府权力，而不是为了通过法律管治普通民众而提出来的。经典的法治观念都把权力制衡作为防止人治的一个关键。②

我国从计划经济走向市场经济，就是公权力逐渐从市场退出，市场机制逐渐发挥作用的过程，即人治不断走向法治的过程。从"文化大革命"的"无法无天"，到1979年"法治"这一概念进入中央的文件③，到"市场经济是法治经济"观念的普及、"依法治国""依法行政""法治政府"等概念在党和国家重要文献的广泛使用和入宪，以及"依法治国"被确定为基本的治国方略，我国的法治化进程已经步入了快车道。但值得注意的是，人治与法治的较量远未结束。当然，人治与法治的较量无论如何激烈，在当今和未来的中国，完全否定法治主张人治的观点不会有什么市场，因而也不会产生什么社会影响和危害。我们真正需要警惕的是人治法治结合论。例如，有学者指出："人治和法治这两种模式各有优缺点，二者可以互相弥补，共同促进。法治具有僵化滞后、尺度不易掌握的缺陷，这些可以通过人治的及时灵活、尺度易定的优势来协调；人治具有因人而异、权威性不强的弱点，这些可以通过法治的相对稳定、权威至高无上的长处来完善。"④ 对于领导干部，尤其是转型期的领导干部来说，人治与法治的结合论可能有一定的吸引力。但必须指出的是，在法治之下重视人的作

① 参见姜明安：《再论法治、法治思维与法律手段》，载《湖南社会科学》2012年第4期。
② 参见夏勇：《法治是什么——渊源、规诫与价值》，载《中国社会科学》1999年第4期。
③ 1979年《中共中央关于坚决保证刑法、刑事诉讼法切实实施的指示》指出：法律"能否严格执行，是衡量我国是否实行社会主义法治的重要标志"。
④ 宋飞：《法治与人治的较量——兼论德治》，法律图书馆网，http://www.law-lib.com/lw/lw_view.asp？no=6070，2012年12月9日访问。

用并不等于法治与人治的结合。"法治"和"人治"是两种性质完全不同的治国理政方式，二者不可能相互结合、相互补充和"共存共荣"。①

当然，法治中国、法治政府建设是个过程，党的十八大以来，尤其是十八届四中全会关于全面推进依法治国的战略部署，无疑会加快中国的法治化进程。但必须指出的是，中国的法治化进程既不同于英、美、法等国自下而上的社会演进方式，也不同于新加坡、韩国、日本自上而下的推动方式，中国的法治化方式是自上而下与自下而上的结合，以自上而下为主的双向互动。在历史遗留问题累积、各类社会矛盾复杂、法制还不太健全、立法质量总体不是很高、几千年人治传统、国民法治意识还有待提高、各种体制机制与法治社会的要求还有一定距离的现实情况下，必然会存在一些与法治原则和精神不符的现象，因此，我们在全面推进依法治国的进程中，在法治的方向上，应尽可能快地减少人治的空间。

四、法律原则

每一个法律规范都有一定的规范目的，都体现着其追求的价值；作为法律规范集合的每一部法律，每一个部门法，也都有超越个别规范目的，统领规范价值的若干灵魂性的共同价值；所有的法律，其背后都蕴藏着人类共同的价值追求——公平正义。② 正是在一些总体的、根本的价值目标的指导和制约之下，整个法律体系才能实现和谐，法律的功能方可真正实现。③ 德国法学家拉伦兹指出："整个法秩序（或其大部分）都受特定指导性法律思想、原则或一般价值标准的支配。"④

① 参见姜明安：《再论法治、法治思维与法律手段》，载《湖南社会科学》2012 年第 4 期。
② 参见尹田：《论民法基本原则之立法表达》，载《河南省政法管理干部学院学报》2008 年第 1 期。
③ 参见尹田：《论民法基本原则之立法表达》，载《河南省政法管理干部学院学报》2008 年第 1 期。
④ [德] 拉伦兹：《法学方法论》，陈爱娥译，五南图书出版有限公司 1999 年版，第 255 页。

法律原则是某一部门法或法律文件中所体现的共同法律精神，是立法、执法、司法、守法及法学研究各环节必须遵循的基本精神指引。法律原则负载着法律制度的价值，是各个具体规则的来源和依据，是对上述制度价值与制度规则的抽象和概括。我国法学界关于法律原则的一种代表性的定义是，"众多法律规则之基础或本源的综合性、稳定性的原理和准则"[①]。

由于法学意义上的部门法和法律表现形式意义上的法律文件往往不是严格的一一对应关系，即某一部门法往往包括众多的法律文件，而且部门法内部也有高低层次划分，因此，法律原则也有基本法律原则和具体法律原则之别。比如民法有意思自治等基本原则，而作为民法一部分的合同法有契约自由等具体原则，合同法的契约自由原则是民法意思自治原则的具体体现。

法律原则有部门法意义上的法律原则，如宪法基本原则、民法基本原则、行政法基本原则等。法律原则还有法律文本意义上的法律原则。如《宪法》基本原则、《刑法》基本原则等。部门法意义上的法律原则往往是应然性原则，而具体法律文本中的法律原则则具有实然性。

法律原则的功能集中体现在立法和法律适用两个方面，尤其是后者。如在立法方面，法律原则是法律文本的价值主线和灵魂所在，是保证法制和谐统一的基础，也是法制改革的方向。在法律适用方面（执法和司法），即使再发达、完备的法律，存在漏洞是不可避免的，这是由人类理性的有限性和法律的滞后性所决定的；即使再科学、具体的法律，存在一些抽象概括规定是不可避免的，这是法律的稳定性和立法技术的需要。此外，法律规范之间、法律规范与法的正义价值之间存在矛盾冲突似乎也是不可避免的。作为法的精神的集中体现者，法律原则具有填补法律漏洞、解释模糊规定、解决法律冲突的功效。

法律原则在我国法治建设中具有特殊的意义，其特殊意义源自于我国法治建设本身的特殊性。正如学者指出的那样，过去很长一段时间我国法规范

---

① 张文显：《法理学》，法律出版社 1997 年版，第 71 页。

的总体概貌可用"立法极简主义"①一言而得以蔽之。其中，大量的法律漏洞以及类似于哈特所言的"空缺结构"（open texture）尤为显见，而在一定程度上可有效弥补种种规范缺失的判例制度则尚未建立，庞大繁杂的实施细则、司法解释乃至"审判纪要"几乎在实务中处于法规范的主导地位，并可能与既有的法规范构成冲突。凡此种种法秩序的存在状况，均增加了在司法实践中适用法律原则的重要性和必要性。②也就是说，我国现行法律存在一些漏洞、一些模糊规定和一些矛盾冲突，这些无疑是需要法律原则的填补、解释的。

本讲作者：

刘　锐　中共中央党校（国家行政学院）政治和法律教研部教授

王　建　民商法学博士

---

① 此处的"立法极简主义"主要指的是我国立法中存在着单纯以制定法作为正式法（regular law）的单一形态，以及制定法条文的极度简约等相关倾向。参见张卓明、林来梵：《论法律原则的司法适用——从规范性法学方法论角度的一个分析》，载《中国法学》2006 年第 2 期。

② 参见张卓明、林来梵：《论法律原则的司法适用——从规范性法学方法论角度的一个分析》，载《中国法学》2006 年第 2 期。

民法和民事诉讼法基本原则

一、民法和民事诉讼法基本原则概述

（一）民法基本原则

《民法典》在《民法通则》的基础上，结合三十多年来民事法律实践，适应我国经济社会的发展和民事活动的现实需要，对民法的基本原则作了丰富和补充。《民法典》规定的基本原则包括平等、自愿、公平、诚信、守法、公序良俗和绿色（下文专门介绍）。

这些基本原则的实践功能集中体现在指导民事立法、民事实践活动和民事法律适用三个方面。

在指导民事立法方面，民法基本原则作为民法规范文本的价值主线和灵魂所在，反映的是民事生活的根本属性和基本规律，从而使得其成为民事立法的指导思想，民事法制和谐统一的坚实基础。要实现科学的民事立法，就需要以民法基本原则为指引方向，不断制定和完善具体民事法律规范，使各项民事法律制度最大限度地保持和谐一致，真正构建和发挥好民事法律制度的体系价值。

在指引民事实践活动方面，民法基本原则也是当事人从事民事活动的基本指针和行动指南。人们进行民事活动，当然首先应以具体的民事法律规范作为自己行动的指南，但是，一方面普通人不可能对民事法律规范有深入的了解和掌握，另一方面普通人有时可能难以寻找到与自己特殊情景一一对应的具体民事法律规范，民法基本原则作为民事活动的最高准则，可以给当事人指引基本的行为方向。

在民事法律适用方面，作为民法精神的集中体现者，民事法律原则具有填补法律漏洞、解释模糊规定、解决法律冲突的功效。"法条有限而人事无穷"，即使再发达、完备的法律，也可能被发现存在漏洞，这是人类理性的有限性和法律的滞后性所决定的；即使再科学、具体的法律，存在一些抽象概括规定也是不可避免的，这是法律的稳定性和立法技术的需要；即使再周全、缜密的法律，法律规范之间、法律承载的各种价值之间存在矛盾冲突也是不可避免的，这是法律追求多种利益平衡的宿命。因而，在民法适用过程中，补充、解释和调和具体法律规范就需要以民法基本原则为依归。

这一点在我国民事法治建设中具有特殊的意义。相比于法治发达国家，我国民事立法的时间并不长，民事法律适用的经验积累还不充分，存在更多的法律漏洞、更多的模糊规定、更多的条文矛盾冲突，这些无疑都需要充分发挥民法基本原则的填补、解释和调和功能。

（二）民事诉讼法基本原则

民事诉讼基本原则是在审理解决民事案件的整个过程中和在民事诉讼的主要阶段上起着指导作用的准则。体现民事诉讼的立法指导思想和精神实质，对民事诉讼具有普遍指导意义。民事诉讼应当遵循下列原则：

1. 平等原则
平等原则是指在民事诉讼中，当事人平等地享有和行使诉讼权利。

2. 同等原则
同等原则是指一国公民、企业和组织在他国进行民事诉讼，同他国公民、法人和其他组织同等地享有该国法律所规定的诉讼权利，并同等地承担该国法律所规定的诉讼义务。

3. 对等原则

对等原则是指一国司法机关如果对他国公民、企业和组织的诉讼权利加以限制的，他国司法机关可以对该国公民、企业和组织的诉讼权利同样加以限制。

4. 法院调解自愿和合法原则

调解自愿和合法原则是指法院审理民事案件，应当根据自愿和合法的原则进行调解；调解不成的，应当及时判决。

5. 民事诉讼的辩论对抗性原则

辩论对抗性原则是指在法院主持下，当事人有权就案件事实和争议的问题，各自陈述其主张和根据，互相进行反驳和答辩。

6. 处分原则

处分原则是指民事诉讼当事人有权在法律规定的范围内，处分自己的民事权利和诉讼权利。处分即自由支配，可行使权利，也可以放弃权利。

7. 检察监督原则

检察监督原则是指人民检察院有权对民事审判活动实行法律监督。例如某投资公司与某保健品公司合同纠纷，一、二审法院均判令投资公司赔偿300万，投资公司不服，向检察机关申请监督，认为二审判决确有错误，检察院审查后向法院提出抗诉，法院再审，撤销二审判决。

二、平等原则

平等原则是指民事主体在民事活动中的法律地位一律平等。也就是说在民事法律关系中，民事主体互不隶属，各自能独立地表达自己的意志，其合法权益平等地受到法律的保护。

平等原则是民事法律关系特有的原则，也是民事法律区别于行政法律关系、刑事法律关系等其他法律关系的主要标志，也是民法最基础、最根本的一项原则。① 即使是承担公共管理职责的国家机关，一旦进入民事领域，例如购买商品、服务等，与普通民众、企业也一样是平等的，并不能因为国家机关在履行公共管理职责过程中与相对人存在管理与被管理的关系，而将这种不对等关系带入民事领域。

平等原则是市场经济的内在要求在民法上的具体体现。实行市场经济，必然呼唤市场主体地位平等、机会平等。市场是由一个个市场主体及其活动所组成的。要让市场在资源配置中起决定性作用，就必须平等对待每一个市场主体。自然人与自然人之间，企业与企业之间，自然人与企业之间在市场中的地位都应当是平等的，没有高低贵贱之分，只要依法经营，就应同样得到法律的保护。只有这样，才能真正启动市场竞争，实现优胜劣汰，资金、土地、技术、信息、劳动力等生产要素才能根据各市场主体的效益情况不断优化流向，最终实现社会资源的总体合理配置。如果有的市场主体拥有高人一等的地位，那么就会限制资源的自由流动，导致资源的逆向配置。在制定《物权法》的时候，就曾发生过关于国有、集体和私人的物权是否应当平等对待的争论。对此，2007 年《物权法》第三条第三款明确规定，"国家实行社会主义市场经济，保障一切市场主体的平等法律地位和发展权利"，为这场争论给出了结论。

平等原则也是社会发展进步在民法上的具体写照。从西方社会发展历史来看，在古罗马时代，不同等级的人拥有不同的公权和私权，存在有无人格，以及人格高低之分。只有享有自由、家长和市民身份的人才具有完整的人格，奴隶不享有人格，妇女、家子也不拥有完整的人格。古代中国同样是等级制度历史十分悠久的国家，皇室贵族与官僚之间不平等，官僚与平民百姓之间也不平等，同为平民百姓，彼此之间也不见得平等。古代中国法律的突出特点就是"引礼入法"，而礼制的核心之一便是贵贱有别，亲疏有差。

---

① 参见尹田：《论民法基本原则之立法表达》，载《河南省政法管理干部学院学报》2008 年第 1 期。

但是，这种将人划分为三六九等的做法自然与社会发展趋势格格不入。及至17、18世纪，近代民法否定了古代民法不平等身份的狭隘观念，实现了法律人格的形式平等。① 英国法律史学家梅因曾说过一句名言，"所有进步社会的运动，到此处为止，是一个'从身份到契约'的运动"②。今天，平等和独立已经取代依附与等级，成为社会共同认同的理念，法律面前人人平等更是深入每一个人的内心。

当然，随着社会经济的发展，平等原则也被不断注入新的内涵。现代社会，随着在生产、生活领域保护劳动者和消费者的呼声日高，平等原则的内涵正经历从单纯谋求民事主体抽象的法律人格的平等，到兼顾在特定类型的民事活动中，谋求当事人具体法律地位平等的转变。例如，《消费者权益保护法》特别授予了消费者在特定情形下的"无理由退货权"，即经营者采用网络、电视、电话、邮购等方式销售商品，消费者有权自收到商品之日起七日内退货，且无需说明理由。但经营者却没有类似的可以无理由取消交易的权利。这从形式上看或许不平等，但考虑到网络、电视、电话、邮购交易的实际情形，也可以说是保障了双方实质上的平等。

三、自愿原则

自愿原则是指民事活动应当尊重民事主体的意愿，民事主体可以按照自己的意思设立、变更、终止民事法律关系。自愿原则的基本理念就是保障和鼓励人们依照自己的意志参与社会经济生活，允许当事人根据自己的意愿，凭借自身知识、偏好和判断，自主选择和确定自己所希望产生的民事法律关系，并自行承担相应的法律后果。

自愿原则反映在民法的诸多领域，例如物权人可以根据自己的意愿支配和处分财产，受害人可以根据自己的意愿选择宽恕加害人，立遗嘱人可以根

---

① 参见马骏驹、刘卉:《论法律人格内涵的变迁和人格权的发展》，载《法学评论》2002年第1期。

② 梅因:《古代法》，沈景一译，商务印书馆1959年版，第144页。

据自己的意愿订立遗嘱决定遗产分配等，不过最主要、最集中地体现自愿原则是在合同法领域。合同关系应当是双方当事人经过充分协商，就各自的合同权利和义务达成一致的产物。自愿原则贯穿合同关系的全过程，包括：第一，订不订立合同自愿，当事人自主决定是否签订合同；第二，与谁订合同自愿，当事人可以根据自己的意愿选择对方当事人；第三，合同内容自愿，双方当事人在不违法的情况下自主约定合同内容；第四，变更、终止合同自愿，当事人可以协议补充、协议变更有关内容，也可以协商解除合同。

自愿原则强调在民事活动中尊重当事人的自由选择，让当事人按照自己的意愿确定民事法律关系。这意味着既要排除另外一方当事人的强迫、欺诈及其他不当影响和压力，也要排除任何第三方单位和个人，包括政府机关对当事人自主行为的干涉，确实让当事人在法律允许的范围内做到"我的地盘我做主"。

自愿原则和平等原则紧密相连。法律地位平等是自愿原则的前提，如果当事人的法律地位不平等，就谈不上协商一致，谈不上什么自愿。与此同时，自愿也是双方地位平等的必然后果。平等意味着任何一方都不得凌驾于另一方之上，都无法把自己的意志强加给另一方，自愿协商就成为当事人之间互利合作的必然选择。

当然，自由从来都不是绝对的、无限制的自由，不是当事人想怎样就怎样。自愿是在法律允许范围内的自由。当事人的自主意思只有在法律允许的范围内行事，才能获得法律的支持和保障。因此，自愿原则和公平、守法、公序良俗等民法其他基本原则密切相关。当事人的自愿行为必须同时符合公平、守法、公序良俗等民法其他基本原则的要求，否则就无法产生当事人希望的法律效果。即使是在最看重自愿原则的合同法领域，也可以看到有许多自愿原则的例外。例如在邮政，电信，供用电、热、水、气，交通运输，医疗等事关公众生活的公共事业和公共服务领域，就会存在一定的强制缔约要求，这就是对当事人自主支配所作出的限制。

自由意味着责任。自由与责任是一个硬币的两个方面。自主自愿的行为是当事人的一种自我选择，自我选择的同时意味着要承担该项选择可能的代价和责任。当事人选择了进入特定的民事法律关系，在享受选择带来的民事权利的同时，也应当履行相应的民事义务，并承担无法履行民事义务所可能带来的民事责任。民法在保障当事人实现自己意愿的同时，不允许当事人"光拣好的挑"，只要权利而逃避责任。自主选择的另一面就是自己责任，民事侵权以过错责任为原则。一般情况下，侵权赔偿责任要以权利被侵犯之人证明侵犯权利之人主观上有过错为前提，这也就是侵权归责的过错责任原则。所谓归责原则，是指由加害人承担损害的特殊事由。因为损害一般应由受害人自己承担，除非有特殊事由时，受害人方可向加害人请求赔偿。侵权责任法的归责原则有过错责任原则和无过错责任原则。

第一，过错责任原则。过错责任原则，也称为过失责任原则，是指由于行为人的故意或过失不法侵害他人权利的，行为人应就所生的损害负赔偿责任。19世纪以来，过错责任原则成为侵权行为法的主导归责原则。究其原因，无非是近代资本主义自由经济和崇尚科学，尊重个人理性、自由的结果。当时的法学思潮之所以视过失责任主义为金科玉律，其理由无非是：（1）使个人就其过失行为招致的损害负责，符合道德上可非难的正义原则。（2）过失责任原则可以较好地调和"个人自由"与"社会安全"两个基本价值。从而使个人的自由不致被束缚，保障个人通过自由意思，自主抉择、参与，使其聪明才智得以充分发挥。这无疑又体现了法律对个人尊严的尊重。《民法典》第一千一百六十五条规定的"行为人因过错侵害他人民事权益造成损害的，应当承担侵权责任"，即是过错责任原则。

第二，无过错责任原则。无过错责任原则，也即不问过错责任原则，是指侵权行为的成立不以行为人的故意或过失为要件。需要特别注意的是，无过错责任原则并不是加害人在行为时真的无过错，而是不问其过错的有无。因此，事实上加害人可能有过错，也可能无过错，只不过加害人的过错有无不被考虑而已。《民法典》第一千一百六十六条规定的"行为人造成他人民事权益损害，不论行为人有无过错，法律规定应当承担侵权责任的，依照其规定"，即是无过错责任。

无过错责任原则是适应现代工业社会工伤事故、环境污染、交通事故等工业灾害频繁发生而产生的。一方面，现代工业极大地改善了人类生活、促进了社会的进步，因而不能认为其是不法行为；另一方面，现代工业又不断地制造较大范围的危险，这些危险是社会一般人难以预防和控制的。对于这些人为造成的"不幸损害"，应如何分配？按过错责任原则，不但工业灾害的制造者无不法性和可非难性，而且社会普通人对高科技领域加害人的过错的举证甚为困难。于是，过错责任原则的局限性便暴露了出来。正是为了克服过错责任原则的这种局限性，基于分配正义的理念，法律确立了无过错责任原则。其基本理由是：（1）他们是危险来源的制造者，而且其在一定限度内可以控制危险。（2）他们从经营企业或使用物品中收到了高额利益，基于公平正义的原则，获得利益即须承担风险。（3）这些企业能够在一定范围内承担风险，而且还可以通过价格机制分化风险，而让一般公民承担此风险则几乎不可能。（4）让一般受害人承担举证责任甚为困难。

需要说明的是，无过错责任原则是法国、德国等大陆法系国家的称谓，在英国、美国等英美法系国家，相似的称谓是严格责任。严格责任是与过错责任相比较而言的，是一个比较性概念，意思是比过错责任严格的侵权责任类型。从范围来讲，严格责任与无过错责任并无太大的区别，因此，这两个概念往往被交替使用。

第三，关于过错推定。在过错责任原则中，根据民事诉讼"谁主张，谁举证"的原则，受害人必须举证证明加害人有过错。但是，"举证责任之所在，败诉之所在"，对于有些加害人的行为而言，受害人举证证明加害人的过错很困难，甚至根本不可能。例如医疗事故侵权，让普通患者证明医疗行为存在过错往往非常困难。基于弱者保护的原则，法律对类似于医疗事故侵权的侵权行为规定了过错推定制度。所谓过错推定，是指损害发生后，加害人被推定为有过错，除非其能够举证证明自己没有过错，否则就要承担损害赔偿责任。过错推定的实质意义在于"举证责任的倒置"，即将本来应由原告承担的证明被告有过错的责任转嫁给了被告，由其来证明自身没有过错。如《民法典》第一千一百六十五条第二款"依照法律规定推定行为人有过错，其不能证明自己没有过错的，应当承担侵权责任"规定的即为过错推定责任。

过错推定从理论上讲依然为过错责任，加害人只要能够证明自己没有过错，就不承担责任。这与无过错责任原则那样根本不考虑加害人过错的有无是不同的。但是从实际效果来看，在实行过错推定之后，加害人在诉讼中能够真正通过举证证明自己没有过错而不承担责任的现象很少发生，因此从实际效果看，过错推定与无过错责任原则相差无几。

四、公平原则

公平原则是指民事主体应依社会公认的公平观念从事民事活动，合理确定各方的权利和义务，维持当事人之间的利益均衡。公平原则体现的是民法促进社会公平正义的基本价值，也是正义的道德观在法律上的反映。

古人许慎在《说文解字》中解释"法"字时说，"灋，刑也。平之如水，从水。廌所以触不直者去之，从去"，因此人们在形容法律时通常都会讲"法平如水"。古罗马法学家塞尔苏斯也讲过，"法律乃善良和公平的艺术"。中西方的这些法律谚语都充分说明公平是人们最为朴素的法律情感，也是各国法律制度长久以来就孜孜以求的目标，更是法律制度确立自身正当性的内在基础。

"公平的概念只有在人与人的关系上才有意义"①。民法上公平的要义就是妥善确定民事活动中各方的权利和义务，避免天平过分地向某一方当事人倾斜。合同约定应当信守，他人财产不可侵犯，伤害他人必须赔偿，见义勇为理应得到支持，这都是公平的应有之义。

要注意的是，公平原则并不简单等同于等价有偿。例如，日常生活中十分常见的赠与行为，只要赠与是赠与人的真实意思，就不能单纯因为赠与本身是无偿的而认定赠与违反公平原则。再如，很多著名的影星、歌星、体育明星的粉丝迷们为了得到他们的一件签名照、运动衫或其他的物品，为了观看一次他们的演出，愿意用高价进行交换。虽价格在常人看起来超乎异常，甚至离谱，但是只要这些粉丝们是成年人，能理解自己的行为后果，法律也无从置喙。因此，在民法上就一方给付与对方的对待给付之间是否公平、是否具有等值性，其判断依据采取的是主观等值原则，即当事人主观上愿以此给付换取对待给付，即为公平合理，至于客观上是否等值，法律一般并不

---

① 彼得·斯坦等：《西方社会的法律价值》，中国人民公安大学出版社 1990 年版，第 78 页。

过问。

当然，法律也并非一律放任自流，完全任凭当事人决定。例如，一方当事人利用对方处于危险境地，或者陷入"叫天天不应，叫地地不灵"的窘迫，或者缺乏判断能力等情形，致使双方之间的权利义务关系显失公平的，那么基于公平的理念，民法允许受损害的一方可以向人民法院或者仲裁机构请求予以撤销。

再如，合同的双方当事人可以自行约定违约金条款，确定一方违约时应当缴纳的违约金金额，但是如果约定的违约金低于违约造成的真实损失，或者过分高于造成的损失，机械地执行违约金条款显然都是不公平的。从公平的角度出发，民法也允许当事人可以请求人民法院或者仲裁机构予以增加或者适当减少。

又如，现代社会生活中许多经济交易往往通行格式合同。一些商家借制定、签订格式合同之际，或者朗朗乾坤之下硬往合同里塞进损人利己的"私货"，或者大布迷魂阵，以偷偷隐藏的蝇头小字、佶屈聱牙的专业词汇等方式，明渡陈仓，暗修栈道，或者对合同的条款作异于常理的解释，甚至堂而皇之地宣称合同的全部解释权全归己有，不容他人染指，以便发生纠纷时充分利用解释权条款把自己的义务与责任推卸得一干二净。但在公平原则的审视之下，这些手段都是法律所嗤之以鼻的。

由此可见，公平的价值追求，对于弥补法律具体规定的缺失和纠正贯彻自愿原则过程中可能出现的一些弊端，有着十分重要的意义。

五、诚信原则

诚实信用原则是指民事主体在行使权利、履行义务的过程中，应当秉持诚实，恪守承诺。诚实信用原则在我国之前的民事立法中已多有要求。例如，《民法通则》第四条规定，民事活动应当遵循诚实信用的原则。《合同法》第六条规定，当事人行使权利、履行义务应当遵循诚实信用原则。《民法典》第七条规定，民事主体从事民事活动，应当遵循诚信原则，秉持诚实，恪守承诺。

诚实信用原则适用于民法的全部领域。正因为诚实信用原则高度的抽象性和普遍的适用性，也常常被奉为民法中的"帝王条款"，具有"君临法域"的效力。

所谓的"秉持诚实"主要是要求当事人在民事活动中应当秉持善意，一切民事权利的行使，应当合乎权利所保护的目的，不能超过权利的正当界限，一旦超过，即构成滥用。常见的权利滥用的类型有：行使权利以损害他人为目的；以有损于社会利益的方式行使权利；违背权利目的行使权利。例如，假借订立合同，恶意进行磋商，导致他人丧失商业机会；再如故意隐瞒与订立合同有关的重要事实或者提供虚假情况；又如专利权人长期不实施其专利，也不以合理的条件允许具备条件的他人使用其专利等。同理，民事义务的履行，也应当善意而真诚，协力实现权利人所受保护的利益。如果未以诚信的方式履行义务，仍然属于履行不到位。例如，当事人应当根据合同的性质、目的和交易习惯履行通知、协助、保密等义务，违反这些义务，仍然构成违约。

信守承诺则是一条古老而重要的基本社会交往规则。子曰："人而无信，不知其可也。"夫子无法想象一个人不讲信用会是什么样子的。法律也同样无法想象一个不需要遵守诺言的社会如何能够运转下去。信守诺言是中华民族传统美德与信条。自从西汉的董仲舒首先把"仁义礼智信"概括为"五常之道"之后，"信"就成为每一个中国人自我的基本要求之一。恪守诺言同样是世界其他民族的古老传统。古罗马的法律认为当事人双方达成的合同是一种"法锁"。当两个人彼此意思一致，达成了合同，那么他们就被法律锁在一起。除非法律出于其他原因自己打开这把锁，否则解开这把锁只能是当事人践行自己承诺的行为。

诚实信用原则是市场伦理道德准则在民法上的反映。举止善意、一诺千金不仅仅是一种自我的道德约束，它本身具有重要的社会意义。诚实守信有效地降低了社会的交易成本，使得人与人之间的信任成为可能，让人际之间的合作得以顺利进行。现代市场经济是信用经济。以社会分工为基础的市场交易要求交易的双方都必须讲究信用，才能实现各自的交易目的，真正达到互利共赢。在此基础上，不断扩大的市场交易又会进一步刺激社会分工细化和专业效率的提高。随着社会分工日渐细分，市场交易关系更加频繁，也更为复杂，要维持日益扩展和日渐繁杂的市场关系就需要以诚信为基础确立良性市场秩序。

没有诚信，就没有大规模的交换，也就没有发达的市场，经济活动的广度和深度都会受到极大的限制。事实证明，哪个行业、哪个地区的诚信水平不高，哪个行业、哪个地区的经济发展水平就提不上去。因此，诚信是各类市场主体可持续发展的生存之本，是各类经济活动高效开展的基础保障，也是减少政府对经济的行政干预、完善社会主义市场经济体制的迫切要求。

当前，我国社会信用体系尚不完善，个别人社会诚信意识和信用水平偏低，有些人在生活中、在商业中以耍小聪明、玩小把戏为荣，履约践诺、诚实守信的社会氛围尚未形成，重特大生产安全事故、食品药品安全事件时有发生，商业欺诈、制假售假、偷逃骗税、虚报冒领、学术不端等现象屡禁不止。坚持民事主体在民事活动中必须讲诚实重诺言守信用，有助于改善市场信用环境、降低交易成本、防范经济风险，对于建设诚信社会、规范市场秩序具有重要的现实作用和深远的历史意义。

六、守法原则

守法原则就是指民事主体从事民事活动，不得违反法律。法律规定有强制性规定和任意性规定之分。所谓强制性规定是指内容具有强制性质，不允许人们加以更改的法律规定。例如《民法典》第一百五十四条规定，行为人与相对人恶意串通，损害他人合法权益的民事法律行为无效。只要是此类行为就归于无效，当事人即使自己不提出异议也同样无效。任意性规定是指允许人们以自己的意愿变更相关内容的法律规定。例如《民法典》第七百一十二条规定，出租人应当履行租赁物的维修义务，但是当事人另有约定的除外。该条规定意味着，出租人和承租人可以协商改变法律上关于租赁物维修义务由出租人承担的规定，比如说约定由承租人负责。这就属于任意性规定。不得违反法律是指不得违反法律中的强制性规定。

民事活动应当符合法律的强制性规定。当事人不能为了逞一人之快，遂一己之愿而违背法律的强行规定。莎士比亚的名剧《威尼斯商人》为我们提供了一个解说守法原则的最好例子。威尼斯商人安东尼奥为了帮助朋友，向犹太商人夏洛克借了一笔钱，而夏洛克为了报复安东尼奥平时对他的侮辱，情愿不要利息，但是要求在三个月的期限届满之后，如果安东尼奥不能清偿债务，就要由夏洛克在安东尼奥"心口所在的附近取一磅肉"。后来因为安东尼奥的商船接连沉没，到期无法还清债务，夏洛克就向法庭起诉，请求按照原合同履行。智慧的鲍西娅将安东尼奥从这个困境中解救出来中，鲍西娅承认这一合同的效力，夏洛克的确有权在安东尼奥的胸前取一磅肉。但是由于合同上只写了一磅肉，所以如果在割肉时流出一滴血，或者割下来的肉超过一磅或不足一磅，那就不再是合同所允许的范围，而变成是谋杀，要按照威尼斯的法律抵命并没收全部的财产。

剧本中这一案件靠着鲍西娅的智慧得到了解决。但是从现代法律的观点来看，本案的正解其实在于如何评价合同自身的效力。民法虽然承认当事人在民法领域拥有广泛的自由，但当事人的意志不能抵触法律。如果当事人从事的民事活动的内容或者形式违反法律的强制性规定，法律将旗帜鲜明地拒绝承认这样的民事行为的效力。夏洛克和安东尼奥所订立的这种割肉抵债的合同，伤害了别人的健康权，显然属于违法的合同。

需要注意的是，守法原则讲的法律强制性规定不仅包括民法，还包括其他法律、行政法规的强制性规定。现代社会出于保障人权、维护社会秩序、保障公共利益等不同理由，通过民法，更多的是通过各类公共管理性质的法律、行政法规设定了民事行为的禁区，这些都构成了民事行为的边界。

七、公序良俗原则

公序良俗原则是指民事主体从事民事活动，不得违背公序良俗。公序良俗是公共秩序与善良风俗的合称。公共秩序的含义多是指与社会公共利益有关的社会秩序，包括经济秩序、政治秩序、生活秩序等，而善良风俗通常指的是社会公认的、良好的道德准则和风俗，是社会、国家的存在和发展所必要的一般道德，或者说是特定社会所尊重的基本伦理要求。

　　各国的民事立法中，有采用公共秩序与善良风俗两个概念的，也有仅用善良风俗一语的。《民法总则》首次在我国民事立法中采用了公序良俗原则的表述。之前我国的民事法律大都使用的是社会公共利益、社会经济秩序、社会公德等概念。如《民法通则》第七条规定："民事活动应当尊重社会公德，不得损害社会公共利益，扰乱社会经济秩序。"《合同法》第七条规定："当事人订立、履行合同，应当遵守法律、行政法规，尊重社会公德，不得扰乱社会经济秩序，损害社会公共利益。"《物权法》第七条规定："物权的取得和行使，应当遵守法律，尊重社会公德，不得损害公共利益和他人合法权益。"社会公共利益和社会经济秩序可以说就是公序，而社会公德则是良俗的集中体现。《民法典》第八条规定："民事主体从事民事活动，不得违反法律，不得违背公序良俗。"

　　公序良俗原则是现代民法一项重要的法律原则，一切民事活动应当遵守公共秩序及善良风俗。民事主体实施法律行为的目的和内容，只要违反公序良俗，即使法律对该行为没有明确的相应禁止性规定，也可以认定其抵触法律。公序良俗的内涵与外延是随着社会发展而变化的。在现代社会，保护劳动者、消费者、承租人等现代市场经济中的弱者已经成为公共秩序的范畴。

　　与守法原则相类似，公序良俗原则也是对民事主体自由意志的一种限制。当事人自愿实施的民事行为也不得违反社会秩序和社会公德。公序良俗成为法律为民事主体自由行动划定的另外一道红线。林肯曾说："法律是显露的道德，道德是隐藏的法律。"法律是调整社会关系的主要手段。法律规范必须以维护社会基本秩序和基本道德为基础，但法律也不可能将所有的道德准则事无巨细地都确认为法律义务，而只能要求人们不违反基本的道德准则。公序良俗原则将尊重社会公共秩序和善良风俗作为强制性规范，使民法成为维护社会公共利益及共同道德价值的重要载体，推动遏制歪风邪气，筑牢社会的道德底线，弘扬社会公德，维护社会基本秩序。

　　相较于守法原则，公序良俗原则的内涵较为模糊。但也正是这一特点，让公序良俗原则在很大程度上弥补了法律禁止性规定的不足，填补了法律漏洞。由于社会生活的复杂性以及法律的滞后性，立法者不可能把一切应当禁止的行为都事先设想完备，并提前以禁止性规范的形式表达出来。在法律无具体的禁止性规定时，公序良俗原则成为司法机关衡量当事人的行为是否应当给予保护的裁判准则。

八、绿色原则

绿色原则是指民事主体从事民事活动，应当有利于节约资源、保护生态环境。绿色原则的提出，传承了天地人和、人与自然和谐共生的我国优秀传统文化理念，又体现了党的十八大以来的新发展理念，与我国是人口大国、需要长期处理好人与资源生态的矛盾这样一个国情相适应。[1]

中国传统文化一向注重追求"天"与"人"之间的和谐均衡。"天人合一"是中国古代哲学的宝贵思想。老子提出"人法地，地法天，天法道，道法自然"。儒家对天人合一观念也进行了许多阐发。孔子提出"钓而不纲，弋不射宿"，主张只用鱼竿钓鱼，不用大网拦河捕鱼，反对射猎夜宿之鸟，防止幼鸟失怙，毁掉两代生命，充分表明了孔子对于自然的态度。《中庸》中也说"致中和，天地位焉，万物育焉"。这种"天人合一"的思想，以"天地与我并生，而万物与我为一"为最高追求境界，蕴含了深邃的生态伦理观，与当代可持续发展的要求高度契合。

改革开放四十多年来，我国综合国力有了很大提升，国际影响力显著增强，特别是经济发展举世瞩目，目前我国经济总量已跃居世界第二位，成为拉动世界经济增长的一大火车头。然而相对粗放的经济增长方式，也使我们在资源环境方面付出沉重代价。我国资源严重短缺，人均资源耕地、水资源拥有量，分别不到世界平均水平的40%、30%；人均煤炭、石油和天然气资源拥有量仅为世界人均水平的60%、10%和5%。但与国际先进水平相比，我国经济增长仍存在资源消耗高、浪费大、环境污染严重等问题。创造同样的价值，我国的能耗较高。人均资源消费需求与资源的总量和质量，总体资源消耗需求与环境污染承载能力之间的矛盾越来越突出，已经成为影响和制

---

[1] 参见李建国：《关于〈中华人民共和国民法总则（草案）〉的说明——2017年3月8日在第十二届全国人民代表大会第五次会议上》。

约我国发展的突出因素。

党的十八大审时度势，明确把生态文明建设纳入中国特色社会主义事业"五位一体"总体布局，首次将"美丽中国"作为生态文明建设的宏伟目标。党的十八届三中全会提出要加快建立系统完整的生态文明制度体系，十八届四中全会要求用严格的法律制度保护生态环境，十八届五中全会将绿色发展纳入"五大发展理念"，作为指导"十三五"乃至更长时期经济社会发展的一个重要理念。习近平总书记强调，"要把生态环境保护放在更加突出位置，像保护眼睛一样保护生态环境，像对待生命一样对待生态环境"①。"我们既要绿水青山，也要金山银山。宁要绿水青山，不要金山银山，而且绿水青山就是金山银山。"②

将绿色原则确立为民法的基本原则，规定民事主体从事民事活动，应当有利于节约资源、保护生态环境，这一规定呼应了绿色发展的时代主题，有利于制止浪费资源、损害生态环境的行为，摒弃"杀鸡取卵"的发展方式，推动应对当前面临的资源趋紧、环境污染严重等突出问题，促进以环境承载能力为基础，遵循自然规律，合理开发建设，形成人与自然和谐共处的环境友好型社会，实现我国生态可持续发展。

当然，绿色原则作为崭新的民法基本原则，如何在民事法律活动中予以具体适用，例如，谁来评判当事人的行为是否有利于节约资源、保护环境，当事人的民事行为如果不符合绿色原则，行为的法律效力如何，谁可以对不符合绿色原则的民事行为提出异议，如何提出异议，等等，这些都还有待进一步的司法实践和学理研究加以明确。

本讲作者：

王　建　民商法学博士

冉　桦　四川蓉桦律师事务所主任

---

① 中共中央文献研究室编：《习近平关于社会主义生态文明建设论述摘编》，中央文献出版社 2017 年版，第 8 页。

② 中共中央文献研究室编：《习近平关于社会主义生态文明建设论述摘编》，中央文献出版社 2017 年版，第 21 页。

刑法和刑事诉讼法基本原则

一、罪刑法定原则

（一）罪刑法定原则的渊源

罪刑法定原则是一项非常古老的原则，一般认为由 1215 年英国《大宪章》奠定。它的基本含义是"法无明文不定罪，法无明文不处罚"①。

在罪刑法定原则确立之前，对于一个公民，是否定罪、定什么罪、如何处刑都是出于当权者的意志，具有非常大的恣意性和专断性。例如我国古代的春秋决狱制度，引据《春秋》等六经中的思想来论断刑狱和罪责，首要考查行为人的动机意图，凡是行为人的动机有悖于儒家经义的宗旨，就要定罪处罚；凡是法律没有明确规定不为罪的情况，就任意加以比附经义；凡是法律条文与儒家经义相违背的，儒家经义高于现行法律的效力。这种断案方式具有一定的随意性与模糊性，很容易导致主观臆断。

而英国《大宪章》第 39 条明确规定："对于任何自由人，不依同一身份的适当的裁判或者国家的法律，不得逮捕、监禁、剥夺领地、剥夺法的保护或放逐出境，不得采取任何方法使之破产，不得施加暴力，不得使其入狱。"这一规定确定了两大原则：一是对任何人判处刑罚必须要经过适当的裁判，也就是"适当的法律程序"，保证了刑事审判的程序公正；二是刑法

---

① 张明楷：《刑法学》，法律出版社 2016 年版，第 44 页。

作为处罚后果最严重的法律，必须是适当的，从而保障了刑事审判的实体公正。这两大原则经过后世的不断完善，演化了罪刑法定原则的形式侧面和实质侧面。

在大约五个世纪之后的 1789 年，法国大革命全面爆发，8 月 26 日这一天，制宪会议正式通过了《人权宣言》。其中第 8 条指出："在绝对必要的刑罚之外不能制定法律，不依据犯罪行为前制定且颁布并实施的法律，不得处罚任何人。"这一条规定正式标志了罪刑法定原则的诞生。不难看出，《人权宣言》中的罪刑法定原则依然强调了该原则的程序和实体两个侧面。1810 年的《法国刑法典》第 4 条进一步对罪刑法定原则进行了完善："没有在犯罪行为时以明文规定刑罚的法律，对任何人不得处以违警罪、轻罪和重罪。"这一规定在原先的基础上强调了定罪量刑所依据的法律必须在犯罪行为之前就存在，这在日后演化成了"禁止重法溯及既往原则"，也就是"事前的罪刑法定原则"。

可以看到，罪刑法定原则起源于《大宪章》，确立和完善于《人权宣言》以及《法国刑法典》，因此具有非常强烈的启蒙思想的烙印，这一原则的提出本质上是向封建时代滥用刑罚权的宣战，是向少部分当权者独断专行的抗议，换言之，罪刑法定原则具有保障多数国民预期自己何时会受到刑罚惩罚、消除动辄得咎恐惧的重要作用，在西方法治思想中具有里程碑的意义。

在此之后，罪刑法定原则从法国传到了德国和英国，并逐渐成为当代刑法的核心原则。罪刑法定思想在 19 世纪 30 年代传入中国，但由于封建阶级的重重阻力未能得到采纳。直到 1911 年颁布的《大清新刑律》才第一次以法律的形式确立了罪刑法定原则，如今已成为当今刑法理论中的首要原则。我国现行《刑法》第三条规定："法律明文规定为犯罪行为的，依照法律定罪处刑；法律没有明文规定为犯罪行为的，不得定罪处刑。"这是罪刑法定原则的完整表述。

（二）罪刑法定原则的内容

从罪刑法定原则的演进可以看出，罪刑法定原则的内容包括形式侧面和实质侧面。形式侧面，是指定罪量刑必须依据成文的法律；实质侧面，是指刑法法规的内容必须适当。再进一步细分，形式侧面可以分为四个子原则，也就是成文的罪刑法定原则、事前的罪刑法定原则、严格的罪刑法定原则、明确的罪刑法定原则。

1. 成文的罪刑法定原则

成文的罪刑法定原则是罪刑法定原则的逻辑起点，也是"法无明文不定罪，法无明文不处罚"的字面意义。也可以说，事前的罪刑法定原则以及严格的罪刑法定原则都是成文的罪刑法定原则的自然推论。

成文的罪刑法定原则首先否定了习惯法作为定罪量刑根据的现象。例如，"赔命价"是在我国藏族等少数民族地区长期普遍存在的用来解决杀人、伤害纠纷事件的习惯法。它是指在杀人或者伤害案件发生之后，侵害人或其家属给付相应的财物或金钱，就此达成双方和解的纠纷解决方式。我国现行刑法体系已经彻底否认了这种习惯法。这种习惯法当中的纠纷解决途径不仅违反了自己责任原则，而且也极大导致了贫富差距引起的司法不公，因此，不能直接作为定案的根据。类似的例子还有很多。不可否认的是，习惯法体现了特定时间特定地区的风土人情和民意倾向，可以较好地适用于社会生活简单，价值单一的时代。但是，在今天这样一个价值多元、社会复杂的时代，习惯法不可能再直接作为刑法的法渊。[1] 当然，并不排斥习惯法可以作为刑事立法的考虑因素，以及在面对特定案件之时的价值预判。

其次，成文的罪刑法定原则也排斥了判例直接作为定罪量刑的根据。不可否认，判例具有其自身的优势，例如应用性强、操作灵活、可解释的空间较大等。但问题在于，刑事判例法的推行是以已经存在大量经典案例可以借鉴作为良性循环为基础的，而我国缺乏英美国家那样深厚的判例文化，贸然引入我国，只会造成"水土不服"的尴尬局面。更为重要的是，判例法实则就是法院立法，其本身也存在非民主性与溯及既往的缺陷，不仅违背民主主

---

① 参见［美］昂格尔：《现代社会中的法律》，吴玉章、周汉华译，中国政法大学出版社1994年版，第44页。

义的原理，当然也违背了罪刑法定原则。所以，目前我国的做法是，不断完善采用案例指导制度。对于"两高"发布的指导性案例，各级法院、检察院在办理相似案件时应当参照。

成文的罪刑法定原则之所以是罪刑法定原则的核心，是因为其保障了刑法中公民与国家之间的关系。刑法，是国家根据自己的意志，规定哪些行为是犯罪并应当负何种刑事责任，给予犯罪人何种刑事处罚的法律规范的总称。形象地说，是一种自上而下，强势对弱势的关系。正因为如此，作为弱势一方的公民，必须要保证其在行为前的信息对称。换言之，当公民行为之时，可以通过法律为其提供明确的行为指引，让其对行为的后果有一个明确的预期。在当今法治国家背景下，必须保障成文的罪刑法定原则，才能消除专制和恣意裁判，才能保障公民的基本利益，这也是成文的罪刑法定原则作为核心原则的根源所在。[①]

2. 事前的罪刑法定原则

事前的罪刑法定原则，是指犯罪以及刑罚必须在行为之前预先规定，不得对在其公布、施行前的行为进行追溯。事前的罪刑法定原则本质上是对成文的罪刑法定原则的补充和完善，因为这一原则本质上也是为了保障公民在行为之时，对于行为的后果有着清楚的认识。如果现在的行为合法，但是以后可能被宣告为违法，甚至被认定为犯罪处以刑罚，则公民就没有丝毫自由可言，同时人们也会对法治丧失信心，进而摧毁法的社会机能，阻碍社会的发展。

在我国目前的司法实践中，依然存在某些违反事前的罪刑法定原则的案件判决，具体包括以下情形：第一，改变证据规则，事后以较为简单的证明要求或者证据直接定罪；第二，事后延长案件的追诉时效；第三，事前仅有法律规定禁止，但未规定相应刑罚，事后补充刑罚加以处罚；第四，事后减少犯罪构成要件的必要要素从而降低犯罪成立的门槛加以定罪……[②] 这些做法显然违反了禁止事后法的原则，在以后的司法实践中应当特别加以关注。

---

① 参见黎宏：《罪刑法定原则的现代展开和刑事司法公正》，载《司法改革论评》2002 年第 2 期。

② 参见张明楷：《刑法学》，法律出版社 2016 年版，第 51 页。

3.严格的罪刑法定原则

严格的罪刑法定原则，是指在解释法律时禁止类推，这也是成文的罪刑法定原则的自然推论。类推解释，是指需要判断的事实与法律规定的事实类似，便将法律规定的法律后果适用于所判断的事实。现代刑法禁止不利于被告人的类推解释。刑法通过文字形成规范，指引、指示人们的行为；反过来，人们通过法律规范了解哪些行为可以做，以及特定行为的法律后果。如果在事后对刑法规范的用语进行一般人根本无法想到的理解，就远远超出了人们的预期，如此则无疑是架空了罪刑法定原则的基础，使得罪刑法定原则名存实亡。例如，我国刑法第二百二十七条规定了伪造、倒卖伪造的有价票证罪以及倒卖车票、船票罪。行为人甲违法倒卖飞机票的，能不能按照该条文认定为犯罪呢？答案是否定的。刑法第二百二十七条给人们传达的预期是，不得伪造、倒卖伪造的有价票证，不得倒卖车票、船票，否则就构成犯罪，显然，倒卖飞机票的行为并没有被该条所禁止。法无禁止即自由。如果事后将"车票、船票"解释为包含"飞机票"，对倒卖飞机票的行为也依本条定罪，无疑是事后定罪量刑，违反了罪刑法定原则。再如，将刑法第二百三十六条强奸罪中的"妇女"解释为人，进而认为强奸男性的行为也应当认定为强奸罪的解释，同样是刑法所禁止的类推解释。

4.明确的罪刑法定原则

明确的罪刑法定原则包括两层含义：一是明确的定罪，也就是犯罪构成必须明确；二是明确的量刑，也就是禁止绝对不定期刑。

犯罪构成必须明确。"表示这样一种基本要求：规定犯罪的法律条文必须清楚明确，使人能确切了解违法行为的内容，准确地确定犯罪行为与非犯罪行为的范围，以保障该规范没有明文规定的行为不会成为该规范适用的对象。"[1]如果犯罪构成不够明确，人们在行为时无法预测自己行为的后果，不知道自己的行为是否构成犯罪，就必然会造成阻碍人们行动的效果，因而限

---

[1] ［意］杜里奥·帕多瓦尼：《意大利刑法学原理》，陈忠林译，法律出版社1998年版，第24页。

制了自由。比如，如果刑法规定："禁止公民做违背常理之事"，人们一定觉得摸不着头脑，什么是"违背常理之事"？后果又是什么？这就属于犯罪构成不明确的条文，虽然刑法规范存在，但却形同虚设，违背了明确的罪刑法定原则。

禁止绝对不定期刑，是指在刑罚的设定上，必须规定特定的刑种和量刑幅度。我国刑法分则采用了相对确定的法定刑，例如，刑法第二百三十二条规定："故意杀人的，处死刑、无期徒刑或者十年以上有期徒刑；情节较轻的，处三年以上十年以下有期徒刑。"这就是具有明确性的规定。法官不仅应当以相对确定刑为依据裁量刑罚，而且必须作出具体的裁量，即必须宣告具体明确的刑罚，而不能宣告不定期刑。

5. 适当的罪刑法定原则

适当的罪刑法定原则是罪刑法定原则实质侧面的必然要求。具体来说，罪刑法定原则的前四个原则都是围绕成文的罪刑法定原则所展开的，旨在说明定罪量刑都需要有成文的、明确的法律规范，而适当的罪刑法定原则则是强调定罪量刑所依的法应当是"良法"，这就是罪刑法定原则的实质要求。[1]

从理论上来说，犯罪和刑罚由立法机关制定，但这并不代表立法机关可以完全脱离民意和道德准则随心所欲地界定犯罪和规定刑罚。那么，如何从理论上评价刑事立法的适当性呢？以下原则是需要考虑和遵循的：

第一个原则，禁止处罚不当罚的行为。"法治并不意味着一切琐细之事均由法律处理，更不意味着琐细之事由刑法处理。法律排斥过剩的、矛盾的和不适当的规定。现代社会越来越复杂，人际交往越来越频繁，如果人们的一举一动都由法律来制约，必然造成法律条文过剩、自相矛盾和不适当。"[2]倘若刑法对犯罪的规定过于细碎、宽泛，必然会过度限制国民的自由，与刑法保障国民自由的目的相违背。例如，在公共场所聚众吸烟的行为、放声高歌扰民的行为等，都不能由刑法加以规制，否则就极大限度地限缩了国民的

---

[1]　参见苏彩霞：《罪刑法定的实质侧面：起源、发展及其实现——一个学说史的考察》，载《环球法律评论》2012 年第 1 期。

[2]　张明楷：《刑法学》，法律出版社 2016 年版，第 54 页。

行动自由。

第二个原则，刑法规范应当具有一定的抽象性。刑法规范应当是对某一犯罪行为类型的抽象规定，而不必针对特别的行为进行特别规定。例如，刑法不必在故意杀人罪、盗窃罪之外再增设一条规定："故意杀人达到十人以上的，处死刑"或者"盗窃数额达到 1 亿元的，处无期徒刑"，这些情形完全可以通过特定罪名中的情节设置加以规范。

第三个原则，禁止暴虐的刑罚。暴虐的刑罚，是指以过度的精神或肉体的痛苦为内容的残酷刑罚。从最早的"上古五刑"到其后"车裂""凌迟"等，中国历史上残害肉体、摧残精神的酷刑种类不胜枚举。在现今的刑罚体系中，大多数为判处剥夺人身自由的徒刑以及剥夺财产的财产刑，"慎用死刑"也成为一项基本的刑事政策。即便是判处死刑立即执行，也采用了相对文明和缓和的执行方式。刑罚处罚程度由重到轻，是历史发展的进步表现，也是历史发展的必然趋势。

（三）罪刑法定原则的意义

罪刑法定原则最重要的意义体现在三个方面：其一，于国家法治而言，贯彻了依法治国的精神，有效限制了国家的刑罚权，彻底摆脱了恣意定罪量刑的专权时代。其二，于公民而言，为公民提供了明确的行为指引，保障了人们的行动自由。其三，于刑法学发展而言，罪刑法定原则促使了成文法的完善，为刑法学研究和发展提供了重要的研究素材，促进了法治进程的发展。

二、罪刑相适应原则

（一）罪刑相适应原则的含义

罪刑相适应原则也称罪刑均衡原则，是指对于一个行为的处罚应当与行为性质相协调，重罪重罚，轻罪轻罚。罪刑相适应原则根源于报应刑的原理，报应刑的观点认为，刑罚的本质在于对犯罪的报应，犯罪行为和刑罚轻重的对应类似于一张价目表，行为人实施了怎样的犯罪行为，就要付出和行为同等程度的代价。最早的刑法强调"以牙还牙、以眼还眼"的同态复仇，提倡行为与刑罚的对等性，这便是罪刑相适应原则的雏形。正如贝卡利亚（Beccaria, Marchese di）在其名著《论犯罪与刑罚》一书中提出的，犯罪与刑罚应当等价。在罪刑相适应原则的基础上，罪名—刑罚体系犹如阶梯状展开，彰显着司法的公正。① 当今的刑罚体系摒弃了这种绝对对等的刑罚观念，在目前，"所要求的并不是某一犯罪和对这种犯罪的惩罚之间的那种完美适应的关系。而是对不同犯罪的惩罚应当在罚与罪的标度或标准上'相当'于相应的犯罪的恶或严重性"②。

（二）罪刑相适应原则的体现

我国《刑法》第五条明确规定："刑罚的轻重，应当与犯罪分子所犯罪行和承担的刑事责任相适应。"这是我国刑法要求罪刑相适应原则的直接体现。下面就该原则的理解作以下说明。

首先，罪与刑之间并非绝对对等。如前所述，"以牙还牙、以眼还眼"的同态复仇观念已被摒弃，因此，并非杀人者一定要判处死刑，盗窃者一定要判处与盗窃数额同等的罚金。这种"罪刑绝对对等"的观念不仅在诸如强奸罪、强制猥亵罪等罪名上难以落实，而且会导致严苛刑罚的滥用。

其次，存在不完全理想的罪刑相适应。各种刑罚都存在一定的阈值，因此，在特定情况下，可能存在不完全理想的罪刑相适应。例如，死刑立即执行是我国刑罚体系中最严厉的刑罚。甲以特别残忍的手段故意杀害一个医生的行为，被判处死刑立即执行；乙以特别残忍的手段故意杀害十个医生的情形，依然只能被判处死刑立即执行。这种状况实际上打破了罪刑相适应原则试图构建的阶梯式平衡，一定程度上违反了罪刑相适应的要求。那么应当如

① 参见马荣春：《论罪刑相适应原则之刑法地位》，载《河北法学》2008 年第 5 期。

② ［英］哈特：《惩罚与责任》，王勇等译，华夏出版社 1989 年版，第 155 页。

何解决呢？比较明智的做法是，谨慎适用极刑的阈值上限，只有在最严重的罪行时才能够启动死刑立即执行的适用。例如，在情节并不严重的案件中，坚持"少杀慎杀"的刑事指导思想，如此，当遇到性质相同但情节更为恶劣的案件时才能真正发挥极刑的威慑作用。

最后，罪刑相适应原则不仅体现在立法领域，也体现在司法领域。在立法领域，立法者需要衡量各种行为的社会危害程度，并以此为依据规定相应的刑种和刑度。① 例如，在一般民众的观念中，杀人是最为严重的行为，因此，我国《刑法》第二百三十二条规定："故意杀人的，处死刑、无期徒刑或者十年以上有期徒刑；情节较轻的，处三年以上十年以下有期徒刑。"不难看到，和一般罪名的刑罚不同，故意杀人罪的刑罚是按由重到轻排列规定的，也就是将最严重的死刑置于刑罚表述的最前面。这种立法表述表明了对杀人行为严厉惩处的立法态度，体现了罪刑相适应的原则。再如，《刑法修正案（九）》取消了走私武器、弹药罪，走私核材料罪，走私假币罪等罪名的死刑。原因在于，在当今社会，这些罪名的社会危害性已经远不如侵犯公民人身安全的犯罪严重，因此在法定刑配置上也要相应有所体现。另外，在司法上，同样应当遵守罪刑相适应原则，这主要涉及刑法的解释问题，尤其是根据罪刑相适应原则进行条文理解的时候，可能和罪刑法定原则发生紧张关系。

在解释论领域，罪刑相适应原则对应的解释理由主要是当然解释，即"入罪者，举轻以明重；出罪者，举重以明轻"。当然解释注重生活逻辑的运用，强调行为和责任的对应性，因此是站在罪刑相适应原则的角度观察问题。在我国刑法理论中，运用当然解释的例子十分广泛。

例如，我国《刑法》第十八条第三款规定："尚未完全丧失辨认或者控制自己行为能力的精神病人犯罪的，应当负刑事责任，但是可以从轻或者减轻处罚。"根据当然解释的原理，尚未丧失辨认或者控制自己行为能力的精神病人都要对自己的犯罪行为负责，那么完全具有辨认、控制能力的行为人当然要对自己的犯罪行为负责。这就是最简单的当然解释的运用。再如，我国《刑法》第三百五十八条协助组织卖淫罪规定："为组织卖淫的人招募、

---

① 参见马荣春：《论罪刑相适应原则之刑法地位》，载《河北法学》2008年第5期。

运送人员或者有其他协助组织他人卖淫行为的，处五年以下有期徒刑，并处罚金；情节严重的，处五年以上十年以下有期徒刑，并处罚金。"为卖淫组织充当打手的行为比"招募、运送人员"的行为更为恶劣，因此，更应当以本款定罪处罚。这里需要注意的是，本款法条中明确规定了"或者有其他协助组织他人卖淫行为"这样的表述，正是因为如此，充当打手的行为才能解释到这一罪名的构成要件当中，并未违反罪刑法定原则。但是，如果条文中没有"或者有其他协助组织他人卖淫行为"这样的规定，就增加了问题的复杂性，这种情况下就需要权衡罪刑法定原则和罪刑相适应原则的关系，在当中找到一种平衡。①

三、责任主义原则

（一）责任主义原则的含义

责任主义原则也是刑法中的重要原则，当今刑法理论的通说认为，只有当行为人对具有社会危害性的行为和结果具有责任时，才能将其行为认定为犯罪，并且量刑不得超出责任的范围与程度。责任主义原则包括两个子原则，其一是自己责任原则，指的是只能就实施行为的人的行为进行非难；其二是主观责任原则，指的是只有当行为人对所实施的行为与结果有责任能力、故意、过失、违法认识可能性以及期待可能性时，才能对行为人进行非难。② 下面分别加以论述。

（二）自己责任原则

自己责任原则，是指每个人只对自己实施的行为承担责任，与之对应

① 参见李翔：《立场、目标与方法的选择——以赵春华案为素材刑法解释论的展开》，载《东方法学》2017 年第 3 期。
② 参见张明楷：《刑法学》，法律出版社 2016 年版，第 67 页。

的是团体责任。例如，我国古代的连坐制度。连坐制是指因他人犯罪而使与犯罪者有一定关系的人连带受到刑罚处罚的制度。连坐制度在古老的原始社会就有了一定的雏形。当时，部落之间为了扩大领地而不断征战，屠杀其他部落或者敌对势力全部成员的作战习惯就是连坐最早的表现形式。商鞅变法提出了"令民为什伍，而相收司连坐"，首次在法律层面确立了连坐制度。连坐制度毫无疑问是一项非常落后的制度，一方面导致了畸形的社会关系，连坐制度意味着寻常百姓要监督自己的亲属甚至邻居，身边人一旦犯罪就要遭到连坐之责，进而导致人与人之间发展出畸形的关系，阻碍社会的发展。另一方面，连坐制度也导致了刑罚的滥用。刑罚处罚范围的无限扩大，造成了秦朝"赭衣塞路，囹圄成市"的局面，从而为秦朝灭亡埋下了祸根。

现代刑法坚持和贯彻自己责任原则，任何公民不因其他公民的行为承担刑事责任，这一点在刑法理论中有很多体现。例如，在不作为犯罪的问题上，成年且心智成熟的亲属的行为并不成为危险源。换言之，对于成年且心智成熟的亲属的犯罪行为，即使明知，也没有阻止义务。因此，当配偶、父母、子女偶尔对于行为人的犯罪行为隐约知晓，但没有制止的，并不能按照不作为犯罪论处，否则会不当扩大处罚范围。

再如，我国刑法规定，对于单位犯罪，只能对具有责任的主管人员和其他责任人员进行处罚，对于没有责任的主管人员和内部人员，不能加以处罚。换言之，不能因为构成单位犯罪，就一概处罚法定代表人或者实际控制人以及单位工作人员，这也是自己责任原则的体现。

（三）主观责任原则

主观责任原则，是指判断一个人的罪行，不仅要看客观行为与结果，还要考虑行为人的罪过（故意与过失）、违法认识可能性以及期待可能性。[①] 在责任主义确立之前，认定犯罪所采取的是结果责任，也就是说，只要存在

---

① 参见张明楷：《刑法学》，法律出版社 2016 年版，第 67 页。

客观损害结果，就要追究刑事责任，也不问行为人是否具有责任。主观责任原则的确立标志着刑法理论的重大进步。

主观责任原则强调客观危害行为与主观罪过的同时性，也就是说，在危害行为发生时，行为人必须对此具备主观罪过，且不具有责任阻却事由。例如，行为人甲醉酒驾车撞死路人，下车发现受害人正是自己的仇人乙，心想"死得正好，正想杀你"。但是，甲的行为只能成立交通肇事罪，而不能成立故意杀人罪。因为，行为人醉酒驾驶造成他人死亡之时，并没有杀人的故意，不可能成立故意杀人罪。但是，主观责任原则的同时性要求存在例外，理论上称为"原因自由行为"。具体来说，有责任能力的行为人，原本可以自己决定，但是基于故意或过失，使自己一时陷入无责任能力或限制责任能力的状态，并在这种状态下实施了符合构成要件的行为，虽然实施行为时没有责任，但依然能够成立犯罪。例如，行为人想杀死自己的情敌，为了壮胆喝了大量白酒使自己陷入醉酒状态杀死情敌的，虽然在杀人之时饮醉酒丧失了责任能力，但并不影响故意杀人罪的成立。

主观责任原则要求行为人至少对结果有预见可能性。例如，行为人以伤害故意造成了他人死亡的结果，但如果行为人不可能预见被害人死亡的结果，就不能认定为故意杀人罪，而是只能认定为故意伤害罪（致死）。曾经发生过这样一起案件：2003 年 8 月 7 日凌晨，民警巡逻至香山门头村的时候，发现有 4 名男子抬着一个可疑的编织袋。事后查明，该 4 名男子的编织袋中为其偷来的 47 斤葡萄。经调查，这些葡萄是北京农林科学院林业果树研究所葡萄研究园投资 40 万元、历经 10 年培育研制的科研新品种。几个行为人的馋嘴之举令其中的 20 余株试验链中断，损失无法估量。后北京市物价局价格认证中心对被偷的葡萄进行估价，被偷葡萄的直接经济损失为 11220 元。这便是著名的"天价葡萄案"。实际上，根据主观责任原则，这个问题可以得到适当的解决。虽然行为人客观上盗窃了数额特别巨大的财物，但是他们只想盗窃数额较大的财物，且对数额特别巨大没有预见的可能性，因此只能适用盗窃罪数额较大的法定刑。这便是责任主义原则的运用。

四、疑罪从无原则

(一) 疑罪从无原则的渊源

疑罪从无原则是一项古老的刑事诉讼原则，起源于古罗马法中"有疑，为被告人之利益"原则，它是无罪推定原则下的一项子原则，也是无罪推定原则的基本要求。贝卡利亚在其《论犯罪与刑罚》一书中指出："任何人都应当被认为无罪，至少在判决结果产生前。在明确判断其对于公共契约这一对于公民进行保护的客体进行违反之前，都应当保持法律对其产生的保护状态。"[①] 贝卡利亚的论述具有里程碑意义，自此，无罪推定的思想逐渐受到西方国家的普遍认同。1789 年法国《人权宣言》第 9 条规定："在未判定为有罪时，所有人都应作为无罪之人来看待。"

疑罪从无始终伴随着无罪推定原则的确立过程，成为无罪推定原则的自然延伸。早在古代以色列人的法律中，就已经存在疑罪从无原则的雏形。那时的法律规定，只有当能够证明被告人有罪的证据达到确定无疑、十分准确，且有罪的每一个重要方面都能得到证实，已经达到了排除合理怀疑的程度时，被告人才能被认为有罪。[②] 随着无罪推定原则的确立，疑罪从无原则也随之演化发展，当今绝大多数国家的刑法典中都有该原则的体现，已经成为刑事诉讼法中一项最为基本的人权保障原则。例如，日本《刑事诉讼法》第 336 条规定："被指控的行为不构成犯罪，或者难以有效认定犯罪事实的状态下，应当对于犯罪行为者以无罪论处。"美国纽约州《刑事诉讼法》第 180 条规定："被告人所被控诉的犯罪行为，如果没有合理的证据加以证明，法院应当对控诉进行反驳；对于被告人的处理方式为，在押状态下应当立刻恢复人身自由。"

---

① 〔意〕贝卡利亚：《论犯罪与刑罚》，黄风译，中国大百科全书出版社 1993 年版，第 31 页。

② 参见易延友：《刑事诉讼法规则原理应用》，法律出版社 2019 年版，第 91 页。

（二）我国的疑罪从无原则

我国刑事诉讼立法将疑罪从无作为疑案的处理原则并非从来就有。在封建社会时期，为了加强统治力量、打击犯罪，对于疑案的处理往往采取的是"疑罪从有"的做法。例如，《唐律》就有规定，"诸疑罪各依所犯以赎论"①。换言之，对于达不到定罪证明标准的疑案，并不宣告无罪，而是判有罪，但只判处该罪的赎刑。

受传统有罪推定思想的深刻影响，我国 1979 年《刑事诉讼法》制定时并没有确立疑罪从无原则，该法第一百零八条规定："人民法院对提起公诉的案件进行审查后，对于犯罪事实清楚、证据充分的，应当决定开庭审判；对于主要事实不清，证据不足的，可以退回人民检察院补充侦查；对于不需要判刑的，可以要求人民检察院撤回起诉。"可见，当时对于存疑的案件，要求退回检察院补充侦查。随着社会的不断进步，再加上人权保障理念的不断发展，我国刑事立法逐渐认识到疑罪从无原则对于保障人权、防止冤错案件发生的重要意义，修改后的 1996 年《刑事诉讼法》规定，在人民法院通过法定程序作出有罪判决之前，任何人都应被视为无罪，标志着疑罪从无原则在我国刑事诉讼领域的立法确立。之后 2012 年、2018 年修改中也均明确规定了疑罪从无原则，根据现行《刑事诉讼法》第五十五条的规定，案件的证明标准必须达到"事实清楚，证据确实、充分"，"证据确实、充分"则要求达到排除合理怀疑的程度。

（三）疑罪从无原则的意义

惩罚犯罪与保障人权是刑事诉讼法的两大价值追求，而某种意义上说，惩罚犯罪的目的同样是保障人权，因此保障人权的功能价值更应当被重视。尤其是近年来，随着佘祥林案、呼格吉勒图案、聂树斌案等一些冤假错案不断冲击公众视野，人们对刑事诉讼中冤假错案防范的重要性有了重新认识。

---

① 刘俊文：《唐律疏议》，中国政法大学出版社 1999 年版，第 593 页。

在这种情况下，坚持和贯彻疑罪从无原则就显得尤为重要。实际上，这些冤假错案当中，无一不体现出曾经的刑事司法实践中"疑罪从有""疑罪从重"的错误观念，以及司法机关在办案程序上一定程度的肆意。贯彻和落实疑罪从无原则，重视该原则在司法实践中的地位，对于减少甚至防止冤假错案、推进中国法治建设的进程，有着至关重要的作用。①

五、非法证据排除规则

（一）非法证据排除规则的渊源

非法证据排除规则起源并发展于英美。在英国的普通法中，法官可以通过自由心证排除其认为可能对被告人产生"不利影响"的证据。所谓"不利影响"，指的是一些证明价值极低而可能对被告人产生偏见或者不公正看法的证据。例如，英国上议院在 1980 年的 R. v. Black 一案中，法庭运用自由裁量权排除了一项通过警察圈套手段获取的证据。上议院指出，这一证据的偏颇性可能导致被告人得到不公正的审判，因此应当予以排除。而在美国，"救济规则"是一项非常重要的宪法权利救济方式。这一规则并不仅仅针对法律上认定的"非法证据"，凡是警察通过侵害公民宪法权利方式取得的证据，无论其与案件是否具有相关性，法院都应当禁止其出现在法庭上，法官应当排斥其证据效力，事实裁判者也不应当将其作为认定事实成立的根据。②

关于非法证据排除规则的理论根基，英美法系中有诸多学者进行了讨论。司法诚实理论认为，法院作为公权力机构，应当维护自己的荣耀和对公民的诚实，如果法院采纳了警察以侵害公民宪法权利而获得的证据，无疑成为了破坏宪法的帮凶。因此，法院对于这类非法证据不采纳，本质上是对于

---

① 参见陈卫东：《刑事诉讼法治四十年：回顾与展望》，载《政法论坛》2019 年第 6 期。

② 参见宋英辉、孙长永、朴宗根等：《外国刑事诉讼法》，北京大学出版社 2016 年版，第103—104 页。

非法取证行为的否定和惩罚。抑制理论认为，法院不采纳非法证据，实际上是为了抑制警察实施违反宪法的行为，因为从结果上排除此类证据，就从根本上切断了非法搜查、非法讯问、刑讯逼供此类行为的动机，它向参与司法和执法活动的警察传递一个信息：以违反宪法方式获取的证据，不会得到采纳。宪法权利理论则认为，非法证据排除规则是宪法权利的一部分，是宪法权利在刑事诉讼领域的落实，所以其成立也是不言而喻的。不难看出，关于非法证据排除规则的学说并不是互相排斥的，只是看问题的角度不尽相同："司法诚实理论"站在事后的视角，强调非法手段取得的证据不应当被法院和法官采纳；"抑制理论"则是站在事前和预防的角度，强调规则的指引作用；而"宪法权利理论"是从权利源头进行考查制度的合理性。[①]

（二）我国的非法证据排除规则

我国在很长一段时期内都没有非法证据排除规则，1979 年《刑事诉讼法》和 1996 年《刑事诉讼法》都没有引入非法证据排除规则的规定。但"两高"分别在 1998 年、1999 年颁布的相关司法解释中均规定，采用刑讯逼供等非法手段获得的犯罪嫌疑人、被告人供述、证人证言、被害人陈述等言词证据，都不能作为定案的根据和指控犯罪的依据。这是我国最早确立的言词证据的非法证据排除规则。2002 年到 2010 年之间，佘祥林案、赵作海案等一些冤假错案浮出水面，刑讯逼供导致的个案不公造成了恶劣的社会影响，引起了立法机关和司法机关的共同关注。最高人民法院、最高人民检察院、公安部、国家安全部、司法部于 2010 年 6 月联合发布了《关于办理刑事案件排除非法证据若干问题的规定》（以下简称《非法证据排除规定》），对非法证据的定义、排除非法证据的程序、争议证据合法性的证明等关键问题作了比较详细的规定。2012 年《刑事诉讼法》修改时，将《非法证据排除规定》中有关非法证据排除规则适用的证据范围、启动程序、证明责任等问题纳入其中，正式确立了我国的非法证据排除规则。自此，非法证据排除规则进入

[①]　参见陈瑞华：《比较刑事诉讼法》，中国人民大学出版社 2010 年版，第 56—57 页。

不断巩固和完善阶段。

《刑事诉讼法》第五十六条第二款规定："在侦查、审查起诉、审判时发现有应当排除的证据的，应当依法予以排除，不得作为起诉意见、起诉决定和判决的依据。"据此，我国在侦查阶段、审查起诉阶段和审判阶段都规定了相关司法机关可以针对非法证据进行调查和审查，而审判阶段的非法证据排除规则最为完善。《刑事诉讼法》第五十八条第一款规定："法庭审理过程中，审判人员认为可能存在本法第五十六条规定的以非法方法收集证据情形的，应当对证据收集的合法性进行法庭调查。"第二款规定："当事人及其辩护人、诉讼代理人有权申请人民法院对以非法方法收集的证据依法予以排除。申请排除以非法方法收集的证据的，应当提供相关线索或者材料。"该条详细规定了非法证据排除程序的内容，以下简要阐述。

其一，非法证据排除程序的启动主体。根据《刑事诉讼法》第五十八条第一款的规定，在法庭审理过程中，有权启动非法证据排除程序的主体为人民法院的审判人员，具体而言，应当特指审理本案的审判人员。另外，本款中的"法庭审理过程"指的并非"从开庭审判到法庭辩论终结"① 这一过程，开庭审理之前，审判人员和控辩双方就可以就非法证据排除问题进行相关的诉讼活动。

其二，非法证据排除程序的启动条件。根据《刑事诉讼法》第五十八条第一款的规定，人民法院启动非法证据排除程序的条件是"审判人员认为可能存在本法第五十六条规定的以非法方法收集证据情形"。对于"认为可能存在以非法方法收集证据情形"应该采取比较合理的标准。详言之，"认为可能存在以非法方法收集证据情形"并不要求一定存在以非法方法收集证据的情形，结合该条第二款的规定，只要申请方提供了相关的线索或材料，且该线索或材料足以使任何一个理性的正常人认为可能存在非法收集证据的情形，就满足了《刑事诉讼法》第五十六条规定的条件，就应当启动非法证据排除程序。

---

① 郎胜主编：《中华人民共和国刑事诉讼法修改与适用》，新华出版社 2012 年版，第126 页。

其三，非法证据排除的对象。非法证据排除的对象包括两类：言词证据和实物证据。对于言词证据，由于其本身更容易被捏造和扭曲，因此规定了严格的排除程序。《刑事诉讼法》第五十六条第一款第一句规定："采用刑讯逼供等非法方法收集的犯罪嫌疑人、被告人供述和采用暴力、威胁等非法方法收集的证人证言、被害人陈述，应当予以排除。"同时，最高人民法院、最高人民检察院、公安部、国家安全部、司法部 2017 年联合颁布的《最高人民法院、最高人民检察院、公安部、国家安全部、司法部关于办理刑事案件严格排除非法证据若干问题的规定》第一条至第五条详细界定了刑讯逼供的方式，包括殴打、违法使用戒具、非法限制人身自由等。在我国，对于以刑讯逼供等非法方法获得的犯罪嫌疑人、被告人供述，以及以暴力、威胁等方法获得的被害人陈述、证人证言，法律采取了强制排除的态度，换言之，法官对于是否排除非法证据不具有自由裁量权，必须一律排除；而对于实物证据，由于相对客观，因此提供了可以补正的机会，并非绝对的强制排除。《刑事诉讼法》第五十六条第一款第二句规定："收集物证、书证不符合法定程序，可能严重影响司法公正的，应当予以补正或者作出合理解释；不能补正或者作出合理解释的，对该证据应当予以排除。"

本讲作者：

武晓雯　中共中央党校（国家行政学院）政治和法律教研部讲师

王　琦　中共中央党校（国家行政学院）党建部讲师

第十一讲

行政法和行政诉讼法基本原则

　　行政法和行政诉讼法基本原则是指导和规范各类行政行为的基本性法则，它是在行政法的历史发展中长期形成的、贯穿于行政法具体规范之中但同时又高于这些具体规范，进而体现行政法基本价值观念的法理性规范。①"行政法之基本原则不仅要反映出法之基本原则的特征，而且也应反映出行政法追求的价值和目的"，对构筑行政法律制度的体系、指导行政主体制定法规规章、帮助行政法进行法律解释、指导行政主体的自由裁量、弥补行政法规范的漏洞以及判断具体行政行为是否合理都有重要的、不可替代的功能。②

　　行政法和行政诉讼法中的基本原则贯穿于行政立法、执法和司法活动中，对各项工作具有指引和统领作用，这些原则既是法律原则丛林中的一部分，又具有和行政活动密不可分的特性，无论在内涵外延还是在具体适用上都兼具共性和个性。从适用范围来讲，行政法基本原则包括两方面：一是行政法特有的原则，二是法律基本原则在行政法上的体现。前者，如行政合法

---

① 行政法原则和行政诉讼法原则存在一定差别。我国《行政诉讼法》第三条至第十条规定了六项基本原则，这些基本原则实际上是司法活动的原则，只适用于行政诉讼活动，而不是行政机关在行使行政权过程中要遵循的基本原则。但是行政法基本原则对于法院审理行政案件也是适用的。

② 参见刘莘：《行政法基本原则》，载应松年主编：《当代中国行政法》，人民出版社2018年版，第98—99页。

性原则、行政合理性原则、信赖保护原则等；后者，如诚实信用原则、平等原则、比例原则等。"在中国，原则可能没有宪法和制定法依据，只存在于一些著述、判决乃至社会公众的意识之中，由法学家予以阐发，并获得法律共同体相当程度的认可。在法律议论过程中，当一条行为准则作为独立论据产生说明力，而不再依赖别的法律渊源来证明（当然也不排斥其他渊源的论证作用），它就获得了法律原则的地位。这种地位的获得过程，是法律共同体达成共识的过程"[①]，也是社会不断认知和接受法律原则在社会关系中作用的过程。本讲内容对四大基本原则予以介绍和阐释，并结合经典论述、热点案例予以分析，以期通过基本原则来理解行政法的精髓和现代行政法律制度的奥妙所在，对以规范和处理行政法律关系为主的行政法在现代国家治理体系中的重要作用达到更为深刻的认知。

一、合法性原则

（一）合法性原则概述

合法性原则，是指行政权的设立、行使、运用必须依据法律，符合法律要求，不能与法律相抵触。合法性原则是行政法最重要的原则，不仅在我国学界被广泛接受和认可，而且行政诉讼法和行政复议法都对此原则作了明确的规定。合法性原则早年被笼统地表述为"依法行政原则"（rule of law）。合法性原则从范围上来讲规范的是行政权力的设定、行政活动、违法行为被追究责任和提供救济。

（二）合法性原则的具体原则

合法性原则是一个总原则，具体还包括法律优先、法律保留以及职权法

---

① 何海波：《行政诉讼法》，法律出版社 2011 年版，第 64 页。

定三个子原则。

1. 法律优先原则

法律优先原则（supremacy of law），又称法律优位原则，作为合法性原则的第一个具体原则，是指与行政机关及其活动相比，法律具有优先或者优位地位，强调行政机关要服从法律。这一原则的基本背景是要解决立法机关（权力机关）和行政机关之间的关系，即立法机关或者议会至上。所以这一原则首先是宪法原则，也是最为基本的公法原则，同时也是行政法原则。我国《宪法》第五条规定，"一切法律、行政法规和地方性法规都不得同宪法相抵触"，"一切国家机关和武装力量、各政党和各社会团体、各企业事业组织都必须遵守宪法和法律"，"任何组织或者个人都不得有超越宪法和法律的特权"，等等，都是法律优先原则的具体化。法律优先原则的含义即"上位法优于下位法"，人民代表选举的立法机关（权力机关）制定的法律要高于行政机关制定的规则。英国著名法学家戴雪（A.V.Dicey）就明确指出，法治的核心就在于"正规法律的绝对优位及政府专横权力之排除"[①]。

具体来讲，第一，凡已有法律规定的事项，行政法规必须服从法律的规定，只能制定实施细则，不得与之抵触。德国有法谚，"宪法消逝，行政法永存"，行政法对宪法有具体化的作用，行政法支撑着绝大多数公法法律制度，因此行政法对社会经济制度和民众日常生活影响巨大，现代法治更为强调对行政权的约束，行政法规只能是对法律的细化规定。第二，当有些事项尚无法律规定时，根据授权或者国务院的职权，在法律绝对保留的事项之外，行政法规可以作出规定。第三，一旦法律就该事项作出规定之后，行政法规的规定就必须服从法律的规定，凡抵触的，就必须及时修改或废止。此外，还需说明的是，法律优先原则中的"法律"不是狭义的法律，即全国人大及其常委会制定的法律，而是指广义上的法律规范，既包括法律，也包括行政法规和地方性法规等，既包括法律的明确规定，也包括法律原则、法律精神和

---

① A.V.Dicey, "The absolute supremacy of regular law and absence of arbitrary power on part of government", Introduction to *the Study of the Law of the Constitution*, 10th.ed.1964.

法律目的，还包括以法院为代表的司法机关依法作出的判决裁定，行政机关行使行政权在法律框架和范围内是法治广泛而深入的要求。2020 年我国全面建成小康社会，其中标志之一即基本建成法治政府，在新的历史时代背景下，法律优先原则要求行政机关服从法律更应当是通过履行行政权来实现法律所设定的目的、价值和精神，行政机关的多重活动应当以执行法律、捍卫法律和实现法律为导向，更加强调行政机关的目标全面性和行为能动性。

2. 法律保留原则

法律保留原则（英语：principle of legal reservation；德语：Gesetzesvorbehalt）来源于德国、法国等西方国家，是指法律对于重要事项的立法权予以保留，行政机关不得作出规定。这些重要事项一般是涉及宪法所规定的公民基本权利中的最为重要的内容，比如人身权利。法律保留原则是重要的宪法原则，也是行政法原则。在我国法律保留原则是指某些事项专属于全国人大及其常委会，只能通过法律加以规定，其他任何国家机关包括行政机关均不能涉足，除非法律的特别授权。根据《立法法》第八条的规定，我国法律保留的内容主要涉及国家基本制度、国家机构组织和职权、有关选举权和被选举权、人身自由、纳税、服兵役等公民基本权利和义务以及战争与和平、对外缔结条约等其他重要问题，共十一类事项。具体包括：（1）国家主权的事项；（2）各级人民代表大会、人民政府、人民法院和人民检察院的产生、组织和职权；（3）民族区域自治制度、特别行政区制度、基层群众自治制度；（4）犯罪和刑罚；（5）对公民政治权利的剥夺、限制人身自由的强制措施和处罚；（6）税种的设立、税率的确定和税收征收管理等税收基本制度；（7）对非国有财产的征收、征用；（8）民事基本制度；（9）基本经济制度以及财政、海关、金融和外贸的基本制度；（10）诉讼和仲裁制度；（11）必须由全国人民代表大会及其常务委员会制定法律的其他事项。法律保留分为绝对保留和相对保留，根据《立法法》第九条的规定，"有关犯罪和刑罚、对公民政治权利的剥夺和限制人身自由的强制措施和处罚、司法制度等事项"属于全国人大及其常务委员会绝对保留的立法事项，不得向其他任何国家机关授权。比如，我国 1996 年颁布的《行政处罚法》也明确规定处罚中的人身自由罚，只能由法律设定。这一规定就是《立法法》所规定的"绝对保留"事项。属于"相对保留"的事项，在必要时可以授权其他国家机关，包括国务院制定法规。具体到行政立法和制定规范性文件，凡须由法律规定的事项，行政机关不得以行政法规、规章及其他规范性文件作出规定。凡属必须由行政法规规定的事项，行政机关不得以规章及其他规范性文件作出规定。凡属必须由地方性法规规定的事项，行政机关不得以地方政府规章及其他规范性文件作出规定。凡属必须由规章规定的事项，行政机关不得以规章之外其他规范性文件作出规定。

3. 职权法定原则

职权法定原则是合法性原则的重要子原则，是所有类型的行政行为都必须遵守的原则，强调行政机关或者其他组织行使公权力要有法律规范的依据，否则将导致公权力行使无效。职权法定原则其实也是权力与权利这一对最重要的法律概念和体系的具体化，对于权力（公权力，power），法无授权不可为，对于权利（私权利，right），法无禁止即可为或者法无禁止即自由，对于二者其合法的源头截然相反。权利是由宪法及其各部门法所保护的各类社会主体身份和行动自由的基本保障，除非有法律禁止，则可自由行使，法律制度对其主要的目标是保护，当然也包含着对违法行使权利的禁止和规范；而权力的行使规则恰好相反，除非有法律的授权，否则不可为，法律制度对其主要的目标是限制和规范，当然也包含着对合法行政的维护和保障。职权法定原则是合法性原则的下位原则，也是法律优先原则和法律保留原则在行政法领域的进一步细化。

职权法定原则的含义具体包括三个方面：第一，行政权的设立必须依据法律。政府的权力必须来自法律授予，没有法律依据而行使权力，就是违法的。所以，行政职权必须合法产生，即由法律、法规设定，或者由国务院或者其他上级行政机关依法授予。任何行政主体都不得自我授权、自己给自己设立行政权力。第二，行政权的行使必须依据法律。享有行政权的行政主体，要在法定职权范围内活动、不得超越职权范围。这就要求，不仅要遵守实体规范，也要遵守程序规范；不仅要遵守法律的具体规定，也要遵守法律的基本原则。第三，违法行政行为应被有权机关撤销或认定无效。与此同时，行政机关须对其违法行政行为承担相应的法律责任。

二、合理性原则

（一）合理性原则概述

行政合理性原则指行政权的行使要适当、适度、合情。它主要针对行政裁量行为，要求其动机合理、目的公正、行为适当、不武断、按比例等。故行政合理性原则包含了比例原则。然而，也有观点认为比例原则等同于行政合理性原则，且更为直观、具有可操作性，用比例原则可以取代行政合理性原则。

英国行政法中关于"越权无效""合理性原则"（the principle of reasonableness）以及"unreasonableness""irrationality""arbitrary and capricious"等概念和原理等是中国行政法学理论界比较熟悉的内容。2004 年国务院《全面推进依法行政实施纲要》将英国乃至美国的合理性原则和德国的比例原则合二为一。除了前面提到的比例原则的内容，前半段的表述是"行政机关实施行政管理，应当遵循公平、公正的原则。要平等对待行政管理相对人，不偏私、不歧视。行使自由裁量权应当符合法律目的，排除不相关因素的干扰"，显然，"不偏私""不歧视""排除不相关因素的干扰"是英国合理性原则的内容。

比例原则正在成为一种全球现象，大有取代合理性原则趋势。在英国及一度应用合理性原则的国家包括加拿大、南非、澳大利亚、新西兰等也在一定程度或范围放弃了合理原则而改用比例原则。在非英语国家，比例原则也从德国向欧洲乃至更多国家推广。[1] 这其中可能有复杂的原因，包括"正当理由文化的需求、法律的早期发展、缓解多元社会冲突的有效司法装置、价

---

① 参见杨登峰：《从合理原则走向统一的比例原则》，载《中国法学》2016 年第 3 期。

值中立的通用语和原始司法权力"①等。关于比例原则与合理性原则的关系，在中国有不同认识，有的认为比例原则是合理性原则的组成部分，有的认为比例原则与合理性原则是并列的，也有的甚至认为比例原则可以取代合理性原则。主流认识还是将比例原则认为是合理性原则的一部分。在美国行政法上还有成本效益分析的方法，相比较而言，比例原则比合理性原则和成本效益分析似乎更受欢迎。"比例"一词在中文中更具客观性，在可理解和可操作程度上，比例原则也更胜一筹。

（二）比例原则

比例原则源于德国。在含义上，它是指行政主体实施行政行为应兼顾行政目标的实现和保护相对人的权益，实施行政权的手段与行政目的之间应存在一定的比例关系；如果行政目标的实现可能对相对人的权益造成不利影响，则这种不利影响应被限制在尽可能小的范围和限度之内，就像德国法学家在比喻警察行使权力应有一定限度时所讲的"不可用大炮打小鸟"。我国行政诉讼法在判断行政行为合法性时所用的标准之一是"滥用职权"，以此对行政裁量行为进行控制和规范，也可以看作是比例原则的适用。

从结构上看，比例原则包括三个具体的子原则：

1.适当性原则，即如果行政机关的行政行为或采取的行政措施能实现行政目的或至少有助于目的的达成，就是一种正确的手段。换言之，目的与手段之间必须是适当的。

2.必要性原则，又称最小侵害原则，即立法者或行政机关针对同一目的，有多种适合的手段可供选择时，应选择对公民、法人和其他组织损害最小的手段。

3.相当性原则，即行政机关采取的行政手段所造成的损害，不得与欲达成的行政目的的利益明显失衡。

---

① 刘权：《论比例原则的规范逻辑》，载《广东行政学院学报》2014 年第 2 期。

我国立法中出现比例原则的内容主要有《人民警察法》《人民警察使用警械和武器条例》(1996)、《行政处罚法》(1996)、《突发事件应对法》《食品安全法》(2009)、《行政强制法》(2011)和《精神卫生法》(2012)等。《刑法》第五条规定:"刑罚的轻重,应当与犯罪分子所犯罪行和承担的刑事责任相适应。"行政处罚也采用了与刑罚类似的思路,1996年3月17日通过,10月1日起施行的《行政处罚法》第四条规定:"设定和实施行政处罚必须以事实为依据,与违法行为的事实、性质、情节以及社会危害程度相当。"2011年6月30日通过,自2012年1月1日起施行的《行政强制法》整部法律都体现了比例原则的思想和内容,特别是第五条明确规定:"行政强制的设定和实施,应当适当。采用非强制手段可以达到行政管理目的的,不得设定和实施行政强制"。第四十三条规定:"行政机关不得在夜间或者法定节假日实施行政强制执行。但是,情况紧急的除外。行政机关不得对居民生活采取停止供水、供电、供热、供燃气等方式迫使当事人履行相关行政决定"。

政府对善治目标的追求决定了现代社会对政府提出更高要求。不仅是不越过权力的边界,更要积极行政、良好行政。为了达成善治的目标,政府的政策措施必须在做与不做中选择,如果采取手段,又需要在多种可选手段之间进行比较和权衡,在政策措施的科学性上做足工作。比如典型的是比例原则在行政裁量基准上的应用。"行政法如果不是控制自由裁量权的法,那它是什么呢?"① 对行政机关而言,法律法规和规章中存在大量模糊概括的对行政执法行为的范围、幅度和限度的设定,在具体执行中面临着滥用和失当的问题,如何缩减和限制行政机关在执法过程中的裁量权,成为近年来不少地方政府的工作重点。2014年党的十八届四中全会《关于全面推进依法治国若干重大问题的决定》明确提出,"建立健全行政裁量权基准制度,细化、量化行政裁量标准,规范裁量范围、种类、幅度",首次将建立健全裁量权基准制度上升到了国家战略层面。近年来,各地纷纷推出各种裁量基准,对裁量范围加以细化并设以

---

① [美]伯纳德·施瓦茨:《行政法》,徐炳译,群众出版社1986年版,第566页。

相对固定的具体判断标准。各地裁量基准最初主要集中于行政处罚执法领域，其核心是区别违法的不同情节和危害性，设定相对应的行政处罚幅度，通过违法情形与幅度的对应化，建立一定的"格次""档次"或"阶次"，以做到过罚相当。在这一意义上，自由裁量基准类似于"量刑基准"或"量刑指南"。① 随着裁量基准制度的进一步发展演变，现在行政许可、行政强制和行政征收等拥有裁量权的领域，也都出现了行政裁量权基准的运用。

在我国的司法判决中越来越多地适用比例原则内容应当是一个趋势。如果说比例原则在行政诉讼案件中的运用，代表着司法机关对行政目的与手段的考量，那么在司法层面，我国更多是以《行政诉讼法》所确立的"滥用职权"和"行政处罚显失公正"的手段，对行政行为合理性进行审查，主要是对行政权行使的动机目的以及对行政处罚的审查，并没有扩展到更为广阔的领域。2015 年《行政诉讼法》修改将司法审查的标准从"行政处罚显失公正"改为"明显不当"，大大拓展了对行政行为合理性审查的范围。比如，在汇丰实业发展有限公司诉哈尔滨市规划局案中，最高人民法院明确适用了比例原则。② 最高人民法院在二审判决书中用更为明确的表述，要求兼顾保护相对人权益，尽可能使相对人权益遭受最小的侵害，不应当造成过度的不利影响等。③ 其他案件如生猪运载案等也都明确出现了比例原则的适用。④

---

① 参见王锡锌：《自由裁量权基准：技术的创新还是误用》，载《法学研究》2008 年第 5 期。

② 参见张坤世：《比例原则及其在行政诉讼中的适用——由一个具体案例引发的思考》，载《行政法学研究》2002 年第 2 期；湛中乐：《行政法上的比例原则及其司法运用——汇丰实业发展有限公司诉哈尔滨市规划局案的法律分析》，载《行政法学研究》2003 年第 1 期。

③ 详见中华人民共和国最高人民法院行政判决书（1999）行终字第 20 号。

④ 《第 18 号案例：执法机关严重违反比例原则暂扣车辆给当事人造成损失的应当承担赔偿责任——王丽萍诉河南省中牟县交通局交通行政赔偿案》，最高人民法院行政审判庭：《中国行政审判指导案例》（第 1 卷），中国法制出版社 2010 年版。《第 19 号案例：交通警察施救行为过程中比例原则之应用——陈宁诉辽宁省庄河市公安局不予行政赔偿决定案》，最高人民法院行政审判庭：《中国行政审判指导案例》（第 1 卷），中国法制出版社 2010 年版。

三、诚实信用原则

（一）诚实信用原则概述

诚实信用原则是民法上的重要原则，同时也是适用于公法的重要原则，素有"帝王条款"之称。以诚信原则来重新审视政府的角色和政府与公民关系，可以不断挖掘出融合现代法治民主精神的思想，诚信原则的出现在于呼唤政府复位和回归，尤其在重塑行政主体与行政相对人关系、规范行政权运行以及推动行政法完善方面，具有不可忽视的功能。

已如史学和社会学考察所表明的，群体成员间的最低限度的合作与容忍是任何人类群体得以生存的必要条件，诚实信用不仅是人类社会存在和发展的基础，也是现代民主社会的根基所在，如果政府以善意不欺的态度和行为面对公民是政府合法性的根本依据之一，那么诚信对政府的必然性意义对整个社会的信用机制和良性运行来讲都是至关重要的。诚实信用作为法的原则，在各国表述不同，如罗马法中的善意原则（bona fides），法国民法的善意原则（bonne foe），德国民法的诚实和信用原则（Treu und Glauben），日本法中用的是信义诚实原则。《布莱克法律词典》将诚实信用解释为是或怀有善意，诚实的，公开的和忠实的，没有欺骗或欺诈，真实的、实际的，没有假装或伪装，清白无辜的，持信任和信赖的态度，没有注意到欺诈，等等。诚实信用在英语中为 good faith，即善意。而善意包括诚实的信念、不存恶意、没有欺骗或追求不合理好处的目的，也有学者主张从其对立面进行说明，善意的反面即 bad faith，恶意。在英美法中就倾向于列举恶意的情形，凡是属于恶意的情况即违反诚信原则。

诚实信用原则在行政法和行政诉讼法中意味着，第一，对行政机关和公务员有诚信总体要求，其中又包括公务员职业操守、行政机关对公务员的诚信和行政机关之间的诚信三个方面。第二，在行政立法中强调诚信原则，主要是对法不溯及既往原则的应用。第三，非强制行政行为的诚信，主要是对行政合同和行政指导。具体到行政合同，涉及履行合同义务、附随义务、情势变更原则和行政机关特权限制几方面。在行政指导部分，则关涉禁反言原则和不同类型行政指导的诚信要求。第四，诚信原则对行政行为效力也有要求，主要涉及有效行政行为的撤销和废止以及行政行为的无效。

（二）信赖保护原则

信赖保护原则，是指当行政相对人对行政行为形成信赖时，行政主体不得随意撤销或者废止该行为，否则须补偿行政相对人的信赖利益。

20世纪80年代至今，许多国家和地区都在行政程序法和相关法律中明确规定了信赖保护原则。2003年，我国在《行政许可法》中也首次对信赖保护原则作出了明确界定，从而使公民由于行政机关改变行政行为受到损害的补偿和赔偿要求有了法律依据。该法第八条第一款规定，公民、法人或者其他组织依法取得的行政许可受法律保护，行政机关不得擅自改变已经生效的行政许可；第二款规定，行政许可所依据的法律、法规、规章修改或者废止，或者准予行政许可所依据的客观情况发生重大变化的，为了公共利益的需要，行政机关可以依法变更或者撤回已经生效的行政许可。由此给公民、法人或者其他组织造成财产损失的，行政机关应当依法给予补偿。与此同时，该法第六十九条规定，行政机关工作人员滥用职权、玩忽职守作出准予行政许可决定而导致行政许可的撤销的，被许可人的合法权益受到损害的，行政机关应当依法给予赔偿。

四、正当程序原则

（一）正当程序原则概述

正当程序原则，是最为重要的公法原则之一，在英文中表述为 due process。这一原则来源于英国，第一重含义是自己不能担任自己的法官，第二重含义是听取当事人申辩。正当程序不仅是法律原则，也是重要的法律制度。在相当程度上已经从原则转化为很多的具体程序规定，也就是所谓的"法定程序"。从《行政处罚法》《立法法》《行政许可法》到《行政强制法》，我国行政法律制度体现出控制和规范行政权的两个基本路径，一是在设定权上，将行政权的设定限定在一定层级的法律规范，把法律保留原则和法律优先原则的内容具体化；二是在程序上予以规范，几个行政行为法中都有大篇幅对程序的规定，到行政强制法时，大约三分之二的条款都是程序规定。正因为正当程序原则的很多具体内容已经进入法律、法规乃至规章，适用法定程序即可。2015 年《行政诉讼法》修改是正当程序发展的又一个机遇，除了延续对违反法定程序构成违法，行政行为可被撤销外，还增加了确认违法的一种情况，即行政行为程序轻微违法，但对原告权利不产生实际影响的。

行政程序法治是现代行政法的重要内容和特色，对行政程序功能的重视程度与民主法治水平有直接关系。行政程序的价值和作用的发挥与两个因素直接相关，一是司法程序的发达程度。行政程序法治晚于司法程序法治，很多理念和制度都由司法程序演进而来。由于司法程序，特别是刑事司法程序涉及人身权、自由权等基本权利，司法程序的严苛和发达程度是一国法治水平的体现，也是民众法治意识水平的体现，而这些因素对行政程序有很大影响。二是政府法治水平。政府重视权力制约和监督，在制度上保障行政权的运行合法正当，最重要的途径就是行政程序。"普通人受行政机关的影响远比司法程序要更为直接、也更加频繁。人们可能会觉得司法程序与他们离得远了点，很多人终其一生都没有机会打官司，但是行政程序却几乎每天都会影响每个人的生活。"① 正当程序原则在发挥保护公民合法权益，确保行政行为的科学、合法和合理，提高行政效率，预防和化解行政纠纷方面都具有不可替代的重要作用。

特别需要澄清和说明的是，正当程序不仅是有利于行政相对人和其他利害关系人的，也是有利于行政主体的。正当程序对行政主体确保行政行为的科学、合法和合理也是有充分作用的。比如抽象行政行为的作出应当进行专

---

① K. Davis，*Administrative Law Text*，3rd ed. West Publishing Co（1972），p. 3.

家论证和公众参与，专家论证的作用就是保证科学性，而公众参与解决的是价值偏好和信息沟通，对抽象行政行为的广而告之、减少公众忧虑和抵制都有明显作用，也可促进行政主体对其行为进行反思和进一步判断。再以听取当事人意见为例，根据事项的重要性表现形式可以是不同的，对影响重大的行政行为要举行相对正式的听证程序，而一般的行政行为要满足通知、听取当事人意见等程序，选择正确适当的行政程序对行政行为的科学合理不仅是必须的，也是可行的。正当程序原则强调行政主体与当事人的沟通、协商和互动，因此表面上看似乎对行政效率有所损害，但由于减少了当事人的误解和抵制，最终行政行为实施的效果是更好的，速度也是更快的，因此，行政程序对提高行政效率也是有作用的。进一步讲，纠纷的发生和发展是不可避免的，关键是如何预防和化解。行政程序是在作出行政行为的过程中对行政主体与行政相对人之间的问题、意见、矛盾和误解进行沟通，因此，在预防和化解行政纠纷上，正当程序原则具有很重要的意义。如果将行政机关的活动到行政诉讼看作行政纠纷解决的一条河流的话，往行政行为的发源、自我校正和纠纷解决的上游来看，就会发现，下游累积的淤泥尘沙主要还是由于上游植被破坏、水土流失所致。下游拓宽河道、扩大行政诉讼的受案范围等努力固然重要，但是上游环境保护、防风固沙、疏通河道更为重要。按照正当程序原则的要求，严格履行行政程序正是行政主体自己开始化解和解决纠纷的开端。

（二）正当程序原则的具体原则和制度

行政公开原则、行政公正原则和行政效率原则三大行政程序的基本原则要靠行政程序基本制度来支持和实现，关于行政程序的基本制度可以从多个角度来观察，比如按照抽象行政程序与具体行政程序的分类研究行政程序的主要制度。抽象行政程序的主要制度包括规划制度、起草制度、形式统一制度、协调制度、征求意见制度、审查制度、会议通过制度、批准制度、备案制度、公布制度等；具体行政程序的主要制度包括受理制度、表明身份制度、告知制度、说明理由制度、查询制度和保密制度、回避制度、合议制度、审执分离制度、格式制度、顺序制度、调查制度、听证制度、复议制度、时限制度、司法审查制度等。①

1. 听证制度

听证（hearing），在英文中最基本意思是听取意见。听证制度来自自然正义（Natural Justice）原则，自然正义原则是英美法上的一个古老传统的原则，意指任何权力必须公正行使，对当事人不利的决定必须听取他的意见。② 自然正义原则是"不同时代广泛流行的自然法思想的一种表现。在司法上，这个原则表现为法官判案时必须听取双方意见，不能偏听一面之词；在行政上，这个原则表现为行政机关的决定对当事人有不利的影响时，必须听取当事人的意见，不能片面认定事实，剥夺对方辩护权利"③。听证最早是在司法领域，继而扩展到立法和行政领域。

听证有广义、狭义之分。狭义的听证是行政机关为了合理、有效地制定和实施行政决定，公开举行由利害关系人参加的听证会，听取各方面意见的活动；④ 广义的听证则除了正式听证会外，还包括各种形式的听取意见，范围宽泛，如座谈、调研、征求意见、会议等。听证根据行政行为性质还可以分为行政立法听证和行政执法听证，也可以称为立法型听证和司法型听证，⑤ 下面分别介绍：

（1）行政立法听证

听证程序作为最重要的程序装置在行政立法和重大行政决策中得到应用，对保障公民的参与权、增加行政立法和重大行政决策的科学性、可接受性和可操作性有重要意义。凡是有行政程序法典的国家或者地区都对听证程序有规定。

目前我国价格听证、规划听证、行政立法和重大决策听证中的听证会都

---

① 参见应松年：《行政法学新论》，中国方正出版社 2004 年版，第 353—360 页。
② 参见王名扬：《英国行政法》，中国政法大学出版社 1987 年版，第 151、152 页。
③ 王名扬：《美国行政法》，中国法制出版社 1995 年版，第 382 页。
④ 参见杨惠基主编：《听证程序理论与实务》，上海人民出版社 1997 年版，第 3 页。
⑤ 参见顾长浩主编：《中国听证制度研究》，法律出版社 2007 年版，第 3 页。

属于此类立法性质的听证。行政立法听证最早是在价格决策中出现的，1998年《价格法》将听证制度扩展至实行政府定价和政府指导价的商品和服务的价格决策领域。2000年《立法法》规定在起草行政法规与规章时可以采用听证会的方式听取意见。2002年《规章制定程序条例》对听证规则作了进一步的规定，第三十六条规定："依法不具有规章制定权的县级以上地方人民政府制定、发布具有普遍约束力的决定、命令，参照本条例规定的程序执行。"而规章制定程序一般包括立项、起草、审查、决定、公布等环节，其中在起草环节上，第十五条规定："直接涉及公民、法人或者其他组织切身利益……应当向社会公布，征求社会各界的意见；起草单位也可以举行听证会。"2007年《城乡规划法》第二十六条规定："城乡规划报送审批前，组织编制机关应当依法将城乡规划草案予以公告，并采取论证会、听证会或者其他方式征求专家和公众的意见。公告的时间不得少于三十日。组织编制机关应当充分考虑专家和公众的意见，并在报送审批的材料中附具意见采纳情况及理由。"在我国，听证会在行政立法、价格制定和规划等领域受到越来越多的关注和重视，只要一涉及广大人民群众关心的问题，就会想到听证会，可以说听证会已经深入人心。

由于听证会耗时长、成本高，因此，世界各国在行政立法中需要听取意见，但不一定是严格意义上的听证会，而是采取多种多样的灵活方式，包括信件、传真、电子邮件、电话、座谈、论证等方式。如韩国《行政程序法》关于行政上的立法预告，规定了公听会和意见提出两种听取公众意见的方式，没有规定听证程序。在美国，通过正式听证来完成行政立法的是少数情况，更多的是运用通告和评论程序、混合程序或者协商程序。

（2）行政执法听证

行政执法中的听证，究其性质是司法型听证，或审判型听证，利害关系人参加听证，对所争议事实进行辩论和质证，行政机关依据听证记录作出行政决定。考察各国关于行政决定前的听证程序的规定，司法性是其共通特点[1]，但是

---

[1] 有的国家的行政处罚听证程序直接适用的就是司法程序。参见应松年主编：《行政程序法立法研究》，中国法制出版社2001年版，第431页。

司法程度有差别。为什么在作出行政决定之前需要听证？首先，最为重要的原因是行政机关的决定或者决策影响到当事人重要的权利和利益，如果不给予当事人听证的权利，就剥夺或者限制其权利或者利益，严重违反法治和公民基本权利保护的原则。如德国《行政程序法》规定，"干涉当事人权利的行政决定作出之前，应给予当事人对与决定有关之重要事实表示意见的机会"。从权利重要性来讲，越是重要的权利和利益，程序越需要严谨、严肃，最重要的权利和利益，应当适用最为全面和复杂的程序，即正式听证。其次，从听证的本质需要上来讲，听证是为了解决争议事实，在对重要事实存在争议的情况下，需要面对面地进行口头辩论、询问和质证等。行政机关在作出行政决定时，特别是涉及剥夺或者限制当事人权利的，往往会有事实争议，只有通过口头辩论和当面质证才能搞清事实。在当事人来提交书面证据和材料存在客观困难或者需要了解当事人和证人的可信度时，就更需要通过听证来作出确认，而不是通过书面材料作出不够准确的判断。最后，听证程序也是为了实现个案正义和社会公正。由于听证具备了最为全面的公正要素，与法院的审判程序接近，能够最大程度上保证当事人的个案得到公正解决。由此，行政决定听证具有很好的纠纷预防和解决功能。

1996年颁布的《行政处罚法》专章规定了行政处罚的决定程序，并首次规定了听证制度，开创了我国行政听证制度的先河，也是我国行政程序法立法的里程碑。《行政处罚法》第四十二条规定，"行政机关作出责令停产停业、吊销许可证或者执照、较大数额罚款等行政处罚决定之前，应当告知当事人有要求举行听证的权利；当事人要求听证的，行政机关应当组织听证"，这一规定首次将对行政相对人权益造成重大影响的三类行政处罚纳入到行政听证的范围，并赋予当事人启动行政听证的权利。《行政处罚法》规定了较为完整的听证过程，包括当事人要求听证的，应当在行政机关告知后三日内提出；行政机关应当在听证的七日前，通知当事人举行听证的时间、地点；举行听证时，调查人员提出当事人违法的事实、证据和行政处罚建议；当事人进行申辩和质证；听证应当制作笔录；笔录应当交当事人审核无误后签字或者盖章；等等。《行政处罚法》作出明确规定后，2003年《行政许可法》对行政听证制度作了进一步完善，《治安管理处罚法》等重要法律法规和规章中都对行政听证程序作了明确的规定。此外产业损害调查、反倾销与反补贴调查等听证也都属于行政执法听证。

2. 回避制度

回避制度是指行政机关工作人员在执行公务时，如相应事项与本人有利害关系或者其他关系可能影响公正处理的，不得参与该事项的处理。回避制度来源于普通法上的自然正义原则，这项原则要求"任何人都不得做自己案件的法官"。

2006年《公务员法》对任职回避①、地域回避②和执行公务回避都做了规定，行政程序中的回避主要是指执行公务回避。现行《公务员法》第七十六条规定，"公务员执行公务时，有下列情形之一的，应当回避：（一）涉及本人利害关系的；（二）涉及与本人有本法第七十四条第一款所列亲属关系人员的利害关系的；（三）其他可能影响公正执行公务的"。《行政处罚法》也有对回避的规定，第三十七条规定，"执法人员与当事人有直接利害关系的，应当回避"。第四十二条规定，"听证由行政机关指定的非本案调查人员主持；当事人认为主持人与本案有直接利害关系的，有权申请回避"。此外，《行政许可法》《治安管理处罚法》《道路交通事故处理程序规定》《行政监察法》和《审计法实施条例》等都有对回避的规定。可以说，为了保证行政决定的公正，保护当事人的合法权益，回避制度已经得到接受和认可。

一般来讲，下列与本人有利害关系或者其他关系可能影响公正处理的情况一般应予回避：第一，与当事人有亲属关系。在我国亲属关系指夫妻关系、直系血亲关系、三代以内旁系血亲关系以及近姻亲关系。第二，在与本案有关的程序中担任过证人、鉴定人的。第三，与当事人的代理人有亲属关

---

① 第六十八条规定："公务员之间有夫妻关系、直系血亲关系、三代以内旁系血亲关系以及近姻亲关系的，不得在同一机关担任双方直接隶属于同一领导人员的职务或者有直接上下级领导关系的职务，也不得在其中一方担任领导职务的机关从事组织、人事、纪检、监察、审计和财务工作。"

② 第六十九条规定："公务员担任乡级机关、县级机关及其有关部门主要领导职务的，应当实行地域回避，法律另有规定的除外。"

系的。第四，与当事人有监护关系的。监护是指对未成年人和行为能力欠缺的成年人的人身、财产以及其他一切合法权益的监督和保护。第五，与当事人有公开敌意或者亲密友谊的。第六，其他应当回避的情形。

回避程序包括两类，即根据回避申请的主体划分为自行回避和申请回避。自行回避是行政机关工作人员认为自己与本案有法律规定的回避情形时，向本机关的负责人主动提出要求回避处理本案的请求，本机关负责人对行政机关工作人员的申请依法进行审查并作出是否准许的决定。申请回避是当事人认为处理案件的行政机关工作人员有法律规定的回避情形时，在行政程序结束之前依法向有权限的行政机关提出要求该行政机关工作人员回避处理本案的请求，有权限的行政机关依法对此申请进行审查后作出是否准许的决定。回避过程大致包括提出回避请求或者申请，行政机关审查是否存在应当回避的情形，最后作出决定。

3.告知和说明理由制度

告知和说明理由制度是行政程序法的重要制度，是行政公开原则的体现。告知是指行政主体在作出行政行为后，以适当的方式将行政决定的内容和行政相对人的权利予以告知。告知包括两种方式，一是书面告知，以书面的形式告知行政相对人；二是口头说明，当场作出行政决定时，以口头形式告知。其中书面告知和送达有对应关系，包括直接送达、留置送达、委托送达、邮寄送达、转交送达、公告送达等。需要向行政相对人告知包括行政决定的内容，行政相对人享有的权利，包括陈述权、申辩权和救济权（申请行政复议、提起行政诉讼等）。告知是确保行政相对人知情权和实体权利的第一步，接下来，还必须说明理由。说明理由是指行政主体在作出对行政相对人合法权益产生不利影响的行政行为时，除法律有特别规定外，必须向行政相对人说明该行政行为的事实依据、法律依据以及进行自由裁量时所考虑的政策、形势、公共利益、客观情形等因素。①

---

① 参见章剑生：《行政程序法基本制度》，载应松年主编：《当代中国行政法》，人民出版社2018年版，第2422页。

告知和说明理由有重要的程序功能，不仅可以促使行政机关在作出行政决定时，就事实问题和法律问题进行审慎考虑，慎重作出决定，也可以取得当事人对行政决定的接受性，加强沟通，避免不必要的纠纷和误解，都有重要作用。未经告知和说明理由的行政行为不对行政相对人发生法律效力，属于严重的程序违法。

告知和说明理由在我国重要行政法律法规中都有规定，不少政府部门和地方政府对这一制度还进一步细化出台相关办法。《行政处罚法》第三十一条规定："行政机关在作出行政处罚决定之前，应当告知当事人作出行政处罚决定的事实、理由及依据，并告知当事人依法享有的权利。"《行政许可法》第三十八条也规定："行政机关依法作出不予行政许可的书面决定的，应当说明理由，并告知申请人享有依法申请行政复议或者提起行政诉讼的权利。"

在某些情况下，行政机关不需要告知和说明理由，主要包括：第一，行政行为没有限制公民权利的；第二，行政行为所指定人或所涉及的人已经知道或者可以知道的；第三，大量作出的同种类行政行为或以自动机器做成的行政行为；第四，一般处分经公告或刊登政府公报或报纸的；第五，有关专门知识、技能或资格考试、检测或鉴定的程序；第六，根据法律规定不必说明理由的。①

4.职能分离制度

职能分离来源于英美法传统上的自然正义原则，自然正义的第一要义，即任何人不能作为自己案件的法官。这一原则在刑法中体现得最为典型。在行政法中，特别是要对行政相对人作出不利处分的行政决定，调查、追诉、决定和执行的职能不能由同一人来行使，即职能分离（separation of functions），相反的情况，称为职能合并（concentration of functions）。这里所说的职能分离主要是指行政机关内部若干职能，因此，也可称为"内部职能分离"。② 职能分离制度意义重大，特别是在行政机关

---

① 参见应松年主编：《行政程序法立法研究》，中国法制出版社 2001 年版，第 479—480 页。

② 参见王名扬：《美国行政法》，中国法制出版社 1995 年版，第 436—437 页。

要对行政相对人作出不利处分，影响行政相对人的合法权益时，如果某人既是行政决定的调查者，又是行政决定的决定者，即便他试图公平地作出决定，但是他仍然可能有意无意地会倚赖并没有在听证程序中介绍的证据，或者按照他此前调查时付出的努力所形成的预先印象来进行裁决，很难以中立超然客观的心理状态去居中裁决。特别是现代行政机关在诸多事项上履行管理社会和经济生活的重大职责，无论是吊销许可证，还是停止发放福利或者处以较大数额的罚款等，都属于对行政相对人产生不利影响的行政决定，在程序和制度设计上都应更多考虑对行政相对人权益的有效保护。

我国在职能分离制度方面已经有不少实践。《行政处罚法》首次规定了行政听证主持人不得由行政处罚调查人员担任。此后，一些行政机关在职能分离方面进行了改革和试验，这些做法称为"查处分离"，也就是负责调查的人员或者部门要与作出处罚决定的人员或者部门分离。比如2002年证监会确立了查审分离的行政处罚体制。行政处罚工作分为两个阶段，第一阶段为案件调查阶段，由稽查部门负责；第二阶段为案件审理、听证阶段，由证监会行政处罚委员会负责。行政处罚委员会由证监会各部门副主任以上负责人和各派出机构负责人组成，法律部作为证监会行政处罚委员会的工作机构，承担案件审理和听证工作。[1] 来自地方的实践也很多，先后实施行政处罚案件查处分离制度，或者行政处罚三权分离，把调查权、处罚权、执行权相互分开。

需要注意的是，特定情况下，若干职能存在分离的必要和可能，但是并不是所有的情况下，行政机关内部的不同职能都需要由不同的机构和个人来行使。例如，案情简单、违法情节轻微、处罚较轻的行政处罚，适用简易程序[2]，当场作出处罚，调查、追诉和作出处罚决定的执法人员集合于一人，没有必要分离开来。

---

[1] 《关于进一步完善中国证券监督管理委员会行政处罚体制的通知》（证监发〔2002〕31号）。

[2] 《行政处罚法》第三十三条规定，"违法事实确凿并有法定依据，对公民处以五十元以下、对法人或者其他组织处以一千元以下罚款或者警告的行政处罚的，可以当场作出行政处罚决定"，即简易程序。

5.政府信息公开制度

行政公开原则是行政程序乃至整个行政法治的重要原则，在具体制度上就体现为政府信息公开。瑞典 1776 年制定的《自由出版法》最早建立了文书公开制度，并设立了行政监察专员制度，是世界上第一部关于信息公开的法律。各个国家先后都制定了各自的信息公开法。[①]《广州市政府信息公开规定》是我国第一个关于信息公开制度的地方政府规章。2007 年 4 月 5 日，国务院颁布了《政府信息公开条例》（自 2008 年 5 月 1 日起施行），这是我国政府信息公开的首部行政法规，这一条例于 2019 年 4 月 3 日国务院令第711 号修订。

政府信息以公开为原则，不公开为例外。例外的情形由法律明确规定，一般包括个人隐私、商业秘密、国家秘密、金融政策等事项。我国《政府信息公开条例》将适用政府信息公开的机关规定为，行政机关和法律、法规授权的具有管理公共事务职能的组织，同时规定，教育、卫生健康、供水、供电、供气、供热、环境保护、公共交通等与人民群众利益密切相关的公共企事业单位在提供社会公共服务过程中制作、获取的信息的公开，参照执行。第十九条规定，行政机关对符合下列基本要求之一的政府信息应当主动公开：（1）涉及公众利益调整的；（2）需要公众广泛知晓的；（3）需要公众参与决策的政府信息。

我国《政府信息公开条例》规定了多样化的政府信息发布方式：一是，行政机关应当将主动公开的政府信息通过政府公报、政府网站、新闻发布会以及报刊、广播、电视等方式公开；二是，各级人民政府应当在国家档案馆、公共图书馆、政务服务场所设置政府信息查阅场所，配备相应的设施、设备；三是，行政机关可以根据需要设立公共查阅室、资料索取点、信息公告栏、电子信息屏等场所、设施，公开政府信息；四是，行政机关应当编制、公布政府信息公开指南和政府信息公开目录并及时更新。

政府信息公开的程序应当包括行政机关主动公开和依申请公开两种。我

---

① 参见周汉华主编：《外国政府信息公开制度比较》，中国法制出版社 2003 年版，第 10—12 页。

国《政府信息公开条例》针对后者，规定了申请、答复、公开信息的程序。特别是针对行政机关认为申请公开的政府信息涉及商业秘密、个人隐私，公开后可能损害第三方合法权益的情形，规定行政机关应当书面征求第三方的意见，第三方不同意公开的，不得公开。但是，行政机关认为不公开可能对公共利益造成重大影响的，应当予以公开，并将决定公开的政府信息内容和理由书面通知第三方。

本讲作者：

王　静　中共中央党校（国家行政学院）政治和法律教研部副教授

第
十
二
讲

应对突发事件的法治原则

法治是人类文明的重要成果，是人类驾驭国家和社会的治理方式。习近平总书记指出，"人类社会发展的事实证明，依法治理是最可靠、最稳定的治理。"[①] 党的十八大将法治确立为治国理政的基本方式，党的十九大更是强调全面依法治国是中国特色社会主义的本质要求和重要保障。依法治国涉及国家治理各个方面，应急不是法外之域，突发事件的应对须在法治的框架内开展。

一、掌握法治原则对应急处置的意义

各种发生或即将发生的突发事件，具有很大的不确定性和社会危害性。对它们的预防和处置，必须赋予行政机关紧急应对的权力，如防控传染病所采取的紧急封锁疫区，扑杀带有传染病或有传染风险的动物，为了抢险救灾而紧急征用财产，等等。但是法谚道，"行政权力退缩的空间有多大，民事权利伸展的空间就有多大"。权力与权利呈反比关系，行政权的集中、膨胀必然会压缩权利的空间。现代国家平衡行政紧急权行使和民事权利保护的

---

① 中共中央文献研究室编：《习近平关于全面依法治国论述摘编》，中央文献出版社 2015 年版，第 63 页。

基本途径就是将突发事件应对也纳入法治轨道，这是现代应急与传统应急的根本区别。正是因为这个原因，突发事件应对法治同样应当以规范约束公权力、保障私权利为使命，同样应当坚守宪法法律至上、权力制约、权利保障、程序正当等基本法治原则。

我国有些领导干部在常态治理中还不能完全做到自觉运用法治思维和法治方式，在突发事件应对中，依法防控的观念和能力更显不足，这在此次新冠肺炎的应对过程中表现得尤为明显。贯彻落实党的十九届四中全会提出的国家治理体系和治理能力现代化目标精神，实现传染病防控体系和能力现代化，亟待提升各级领导干部运用法治思维和法治方式的能力。学习掌握基本原则，是快速提高法治思维和法治方式的重要途径。领导干部掌握了法治的基本原则，就意味着理解了法治的灵魂，即使不懂具体规则，也不至于犯一些低级错误，进而酿成大错甚至引发舆论事件。

二、应对突发事件的法治原则

（一）宪法法律至上原则

宪法是国家的根本大法，是"治国安邦"的总章程，主要对国家基本制度、国家机关组织与活动原则以及公民政治权利等国家和社会生活的根本问题作出规定。梁启超曾言："宪法者何物也？立万世不易之宪典，而一国之人，无论是君主、为官吏、为人民，皆共守之者也，为国家一切法度之根源。此后无论出何令，更何法，百变而不许里开其宗者也。"①在中国特色社会主义法律体系中，宪法居于核心和统帅地位。

法律是指由最高民意代表机关通过的法律，在我国即指由全国人大及其常委会通过的法律。法治不仅是法律之治，更是良法之治，处于统治地位的法律一定是具有明确性、统一性和可遵循性等品格之法。明确性是法律制度

---

① 夏新华等编：《近代中国宪政历程：史料荟萃》，中国政法大学出版社 2004 年版，第 24 页。

的基本要求，也是富勒和菲尼斯法治八项原则之一，[①] 而英国法学家莱兹提出的法治的最根本原则就是法律必须是可预期的、公开的和明确的。[②] 2015年修正的《立法法》针对现行一些立法存在的简单概括抽象模糊等问题，在其第六条增加第二款规定"法律规范应当明确、具体，具有针对性和可执行性"。法律的统一性要求法律内部、之间以及法律法规之间不得矛盾冲突不一致。协调统一的法律体系，可给人们以明确指引、清晰预期，从而降低执法成本，减少执法偏差。法律的可遵循性是指法律要求人们做的必须是其能够做的，法律不能苛求人们做他们做不到的事。法治社会不仅要求有法可依，更强调法律可依，也就是说必须让人们对法律和规则先心"服"后行"从"。唯有可遵循，才能降低守法成本，增强守法意愿。法律过于宽松自然不好，但也不是越严越好。

捍卫宪法法律的至上地位，必须反对权大于法、以言代法、以权压法。《宪法》第五条第四、五款分别规定："一切国家机关和武装力量、各政党和各社会团体、各企业事业组织都必须遵守宪法和法律。一切违反宪法和法律的行为，必须予以追究。""任何组织或者个人都不得有超越宪法和法律的特权。"宪法具有最高的法律效力，各族人民、一切国家机关和武装力量、各政党和各社会团体、各企事业组织，都必须以宪法为根本的活动准则，并负有维护宪法尊严、保证宪法实施的职责。依法治国首先是依宪治国，依法执政关键是依宪执政。

强调法律至上，必须坚持法律保留原则。有关犯罪和刑罚、对公民政治权利的剥夺和限制人身自由的强制措施和处罚属于法律绝对保留事项；税种的设立、税率的确定和税收的征管，非国有财产的征收征用等也属于法律相对保留事项，在法律没有规定时，方可授权国务院制定行政法规予以规范。行政需要依法，必要的法制审核关一定过；立法也要依法，合法性审查不能

---

① 参见 [美] 富勒：《法律的道德性》，郑戈译，商务印书馆 2005 年版，第 55 页；[英] 约翰·菲尼斯：《自然法与自然权利》，董娇娇等译，中国政法大学出版社 2005 年版，第 216 页。

② 参见 Joseph Raz, *The Authority of Law*, pp. 214–218。转引自夏惠：《法治是什么——渊源、规诫与价值》，载《中国社会科学》1999 年第 4 期。

忘。应对突发事件，一方面，行政紧急权属于重要行政职权，按照职权法定原则，应当由法律赋权或由立法机关临时紧急授权，而不应由行政机关通过行政法规甚至规章进行自我授权。另一方面，应对突发事件的行政紧急权大多会影响到宪法所赋予公民的基本权利，比如人身自由、居住自由、通信秘密、财产自由、劳动权和休息权等，按照《立法法》，对这些权利的限制应当通过法律为之。

（二）权力制约原则

在社会主义法治国家，不存在法外之权，一切权力都是受到制约和应当受到制约。习近平总书记指出："权力不论大小，只要不受制约和监督，都可能被滥用。要强化制约，合理分解权力，科学配置权力，不同性质的权力由不同部门、单位、个人行使，形成科学的权力结构和运行机制。"[1]"要把权力关进制度的笼子里"[2]。

权力制约是一项重要的法治原则，它包括立法、执法、司法等公权力之间的制约，也包括不同层级的权力之间的制约。突发事件应对固然应当突出行政紧急权的优先地位，但这并不是说不要或实质性地削弱其他权力的制约。比较法上，很多国家和地区的应急立法都规定了议会和法院对政府紧急权的具体监督制约措施。比如，政府启动紧急状态程序之后，应当在非常短的时限内向议会报告，如果议会不认可，紧急状态的决定就要失效。

《突发事件应对法》规定政府作出应对突发事件的决定、命令后，向本级人民代表大会常务委员会备案，突发事件应急处置工作结束后，应向本级人民代表大会常务委员会作出专项工作报告。从"备案"属性和缺乏时限要求可以看出，人大对行政紧急权行使的监督还比较弱。另外，从突发事件应对法律规定看，司法监督行政权的规定也比较缺乏。未来突发事件应对法律

---

[1] 中共中央文献研究室编：《习近平关于全面依法治国论述摘编》，中央文献出版社2015年版，第59页。

[2] 中共中央文献研究室编：《习近平关于全面依法治国论述摘编》，中央文献出版社2015年版，第127—128页。

制度的完善，应更加重视权力制约内容的设计。

（三）权利保障原则

习近平总书记在党的十九大报告中强调，"全党同志一定要永远与人民同呼吸、共命运、心连心，永远把人民对美好生活的向往作为奋斗目标"。所以，我们的法治要以保障公民的基本权利和利益为重要使命。

与人治的权力至上、权力集中不同，法治以保障权利为己任，坚持以权利为本位。现代社会是权利社会，市场经济是权利经济，权利本位是其显著特点，而非权力本位或义务本位。当然，我们强调权利的优先性，并不意味着权利优先于公共利益和权利不可限制。但对于私有财产的限制本身也应当受到限制，即对私有财产的限制应当遵循目的的正当性——公益性、形式的正当性——法定性、程序的正当性——相互性、手段的正当性——比例性。

现代法治以尊重人的权利（包括人的最基本权利即人权）、保障人的权利为依归。英国达勒姆大学教授米尔恩在论述权利的意义时说："享有权利是任何形式的人类社会生活的一部分，所以，如果要有人类社会生活，就必须有权利。"[1] 美国当代著名法理学家罗纳德·德沃金认为："如果政府不认真地对待权利，那么它也不能够认真对待法律。"[2] 突发事件应对涉及公民自由权等基本人权的限制，这在第三部分的最低限度人权保障原则部分专门介绍，此处仅从公民、法人和其他组织财产权保障及公民人身权受到损害之后救济的角度进行讨论。

关于权利及其救济的意义，有"无财产即无人格""无恒产就无恒心""无救济就无权利"等诸多名言或格言。突发事件应对过程中，行政紧急措施往往具有紧急性、严厉性特点，不可避免地要影响到公民的人身权或公民、法人和其他组织的财产权。无论是人身权，还是财产权，只要受到损害且属

---

[1]　[英] A.J.M. 米尔恩：《人的权利与人的多样性——人权哲学》，夏勇、张志铭译，中国大百科全书出版社 1995 年版，第 143 页。

[2]　[美] 罗纳德·德沃金：《认真对待权利》，信春鹰、吴玉章译，中国大百科全书出版社 1998 年版，第 270 页。

"特别牺牲"，就应当及时给予救济。从现行突发事件应对制度来看，权利受损赔偿补偿及救济渠道的规定显然是短板，未来应当尽快补上。

（四）程序正当原则

公权力的取得和行使不仅应有程序，程序还应正当，否则走程序将沦为"走形式、走过场"。程序的正当性来源于程序的中立、理性、排他、平等参与、自治、及时终结和公开。"中立"要求程序参与各方不得因程序设计而受到不公正对待或享受特殊优待，"自己不得作自己的法官"和回避原则即是"中立"的体现。"理性"要求程序应具有合理性，以有效防止武断、恣意、专横或反复无常。国务院《重大行政决策程序暂行条例》之所以规定"讨论决策草案，会议组成人员应当充分发表意见，行政首长最后发表意见"，也是程序合理的要求。"排他"是指每一个程序独立、依法展开后，非经特定程序，不得更改，即排斥与其相同程序的再次重复与冲击。开弓没有回头箭，不能动不动"推倒重来"。"平等参与"要求接受程序法律后果的各方当事人在相同条件下，从程序主持者获得相关信息，并有相同的机会向程序主持者陈述自己的看法。诉讼和仲裁庭审中，之所以要赋予当事人最后陈述的权利，也是"平等参与"的要求。"自治"要求程序的参与基于自愿，不得强迫。例如不得强制投票、听证等。"及时终结"要求程序符合效率原则，应有时限，要有终点，不能没完没了。我们之所以规定涉法涉诉的上访不再走信访途径，就是贯彻程序"及时终结"的体现。"公开"要求程序除涉及国家秘密、商业秘密或者个人隐私外，应当向程序参与人和社会公开。对于现代法治来讲，公开透明的意义怎么强调也不为过。行政执法之所以特别要求说明执法根据和理由，允许行政相对方申辩甚至申请听证，也是正当程序的要求。

应对突发事件，程序可以适当简化，有时甚至可以"先斩后奏"，但不能忽视程序、完全不要程序、"斩"了也不奏。应急的正当程序原则要求行使隔离、征用等紧急权时，应尽可能遵循通知、说明理由、听取意见和申辩等基本流程。与其他国家和地区的相关立法相比，我国的突发事件应对法律法规在程序的规定方面比较缺乏。比如，行政征用只是原则规定了政府的征用权和使用完毕后的返还、补偿义务，没有规定征用的具体操作程序。且不说正当程序的规范约束行政紧急权价值和保障征收权直接影响到的私权价值，程序的规定对于市场主体来说，还有保护其他权益的意义。比如，如果没有隔离的书面决定和解除决定，就会使合同的履行产生不必要的纷争，也会影响诉讼、仲裁当事人诉讼、仲裁程序中的中止权利行使。

三、应对突发事件的工作原则

（一）行政效率性原则

突发事件的特点和应对的需要决定了应急应当突出效率原则。效率原则不仅要求建立科学预防、预警机制和快速反应机制，而且要求根据不同类型、不同级别突发事件采取不同应对措施，考虑投入与产出之比。目前的应急实践中，不符合这一原则的表现主要有：第一，轻事前预防、事前应急准备，导致突发事件发生或者突发事件发生后不能及时有效应对，酿成恶果、得不偿失。第二，对突发事件缺乏准确判断与分级，"盲目下药"，一些地方甚至出现了"应急不顾一切""应急不惜一切"，造成了人力、物力、财力的严重浪费和巨大的财政负担。例如，在应对禽流感等公共卫生事件中，一些地方擅自扩大动物捕杀范围，有些地方政府干脆收购了当地所有的家禽，并禁止饲养，以免"后患"。第三，对突发事件的处置不得力、不及时，导致事态升级，应急成本攀升。一些领导在应对突发事件中，层层上报请示，决策不果断，贻误了最佳处置机会。例如在瓮安事件中，李树芬尸体被其叔李秀忠等人打捞上岸后的 7 天里，关于李树芬死因的传言满天飞，但政府始终没有澄清；在打砸烧之前，始终未见负责人。

（二）最低限度人权保障原则

突发事件应对意味着行政权力的暂时膨胀和公民权利的相应萎缩。但这并不意味着行政机关可以随意限制或剥夺公民权利，尤其是基本权利。不同等级的突发事件，行政权力对公民权利的侵入程度不同，但即使在紧急状态下，也应当尊重公民的基本权利，坚守公民基本人权限制的底线。也就是说行政紧急权的行使应遵守最低限度人权保障原则，否则就意味着法治的荡然无存。

从各国应急立法来看，有的国家和地区明确列举可以限制的基本人权，有的则直接设置不得限制的底线标准，而且在可以限制或不可限制的具体权利类型方面，也有很大不同。比如住宅不受侵犯的权利在有些国家是可以限制的，有些国家则规定不可以限制。我国香港地区在传染病防治法律中，对检疫人员进入他人住宅和其他场所明确进行了区分，进入他人住所要遵守严格的条件和程序。联合国《公民权利和政治权利国际公约》规定的、在紧急状态下不得限制公民的基本权利主要包括生命权、人道待遇、不得使为奴隶或被强迫役使、不得仅仅由于无力履行约定义务而被监禁、不受有溯及力的法律约束、法律人格的权利、思想、良心和宗教的自由。①

我国突发事件应对法律还没有规定最低限度人权保障原则，更没有明确列举不得限制的基本权利。但在法治已经入宪的背景下，各级领导干部在应对突发事件过程中，应当坚守这一原则，公民的生命权、健康权、人格尊严不受侵犯、宗教信仰自由、平等对待权等不应受到限制，对于住宅这一敏感地方的进入也应遵守必要的程序。未来突发事件应对法律的完善，应当明确规定这一原则，并设置不得限制的基本人权底线标准。

（三）比例原则

比例原则是指行政主体实施行政行为应兼顾行政目标的实现和保护相对人的权益，实施行政权的手段与行政目的之间应存在一定的比例关系。如果行政目标的实现可能对相对人的权益造成不利影响，则这种不利影响应被限制在尽可能小的范围和限度之内。换言之，不能为了实现某一目的"不择

---

① 参见周佑勇：《紧急状态下的人权限制与保障》，载《法学杂志》2004年第4期。

手段"。

我国《突发事件应对法》第十一条第一款规定:"有关人民政府及其部门采取的应对突发事件的措施,应当与突发事件可能造成的社会危害的性质、程度和范围相适应;有多种措施可供选择的,应当选择有利于最大程度地保护公民、法人和其他组织权益的措施。"这是对比例原则的规定。

(四)信息公开原则

与日常公权力行使不同的是,突发事件的突发性、事件进展的不确定性、可能后果的严重性不仅需要政府紧急应对,相关的利害关系人也需要采取紧急措施予以应对。因此,及时准确地公开突发事件信息,就显得非常重要。

突发事件应对的信息公开,需要重点把握以下两点:(1)信息公开的范围。主要包括:有关人民政府及其部门作出的应对突发事件的决定、命令、指示(但事先公布不利于应急处置工作或者不宜公布的除外);行政机关应当主动公开本行政机关突发公共事件的应急预案和预警信息;履行统一领导职责或者组织处置突发事件的人民政府发布有关突发事件事态发展和应急处置工作的信息;设区的市级、县级人民政府及其部门主动公开社会救助等方面的信息。(2)信息公开的原则。信息公开的基本原则是及时和准确。《食品安全法》第一百一十八条明确规定"公布食品安全信息,应当做到准确、及时"。准确是信息公开的底线要求,任何单位不得编造、传播虚假信息。这里特别强调信息公开的及时原则。应对突发事件的一个重要方面就是权威真实信息与小道消息甚至谣言的赛跑,民众心态的平静程度与政府信息公开的程度成正比①,这在"非典"和新冠肺炎的防控中已经充分说明。比如2003年"非典"期间政府信息公开的分水岭是4月20日,中国人民大学舆论研究所的一项调查表明,4月20日之前,北京市民平均给政府打46分,

---

① 参见邱士起:《非典型肺炎疫情对珠海市民心理影响分析》,载《中国公共卫生》2003年第6期。

4月20日后上升到74分，60%的市民对政府的信赖度提高。① 此外，有关突发事件事态发展和应急处置工作的信息公开，不仅要求准确、及时，还要求统一。比如突发公共卫生事件应对中，传染病信息的发布主体是国务院卫生主管部门及其授权的省级卫生主管部门。《食品安全法》第一百一十八条也规定："国家建立统一的食品安全信息平台，实行食品安全信息统一公布制度。"信息的统一发布，也有助于突发事件应对中重大信息的准确、权威。

本讲作者：

刘　锐　中共中央党校（国家行政学院）政治和法律教研部教授

① 参见曹丽萍：《从"非典"谈突发公共卫生事件信息公开》，载《中国公共卫生》2003 年第 7 期。

法律适用和解释原则

一、法律适用原则

我国成文法渊源包括宪法、法律、行政法规、地方性法规、自治法规、行政规章、特别行政区法、国际条约等。这些法律法规组成有机整体，构成我国法律体系。在这个体系当中，各个法律之间都是有效力等级的差别的，在法理上叫作法的效力等级位阶。在具体执法和案件审理中，有可能出现多个法律法规可以适用，但它们之间可能发生抵触，这时就需要依据一定的原则作出选择，到底哪个法律法规应该适用。在我国，法律适用遵循的一般原则是：根本法优于普通法；上位法优于下位法；特别法优于一般法；新法优于旧法；法不溯及既往；我国加入的国际条约优于国内法。

（一）根本法优于普通法原则

根据法的效力等级、基本内容和制定程序等标准，可将成文法分为根本法和普通法。根本法是指在一国法律体系中具有最高法律效力和居核心地位的、规定国家根本制度和公民基本权利与义务的、制定与修改程序严格的宪法。作为同根本法相对称的普通法，是指宪法以外的其他法律，其内容一般只涉及社会生活的某一方面，法律地位和效力低于宪法。

我国宪法第五条规定："一切法律、行政法规和地方性法规都不得同宪法相抵触。"《立法法》第八十七条规定："宪法具有最高的法律效力，一切法律、行政法规、地方性法规、自治条例和单行条例、规章都不得同宪法相抵触。"这两条规定明确了宪法作为根本法，其地位高于其他普通法律。

（二）上位法优于下位法原则

按照法律制定机构的等级位置和渊源不同，法可分为上位法、下位法和同位法。在我国的法律体系中，上位法高于下位法，后者不得与前者相抵触。同位法之间则具备同等效力，在各自的权限范围内施行。上位法与下位法也是相对而言的，例如国务院制定的行政法规，相对于全国人民代表大会常务委员会制定的法律来说，是下位法；相对于地方权力机关制定的地方性法规来说，是上位法。

《立法法》确立划分法律位阶的标准或规则包括以下几个方面：

第一，中央立法优于地方立法。全国人大及其常委会制定的基本法律和法律以及国务院制定的行政法规高于地方立法机关制定的地方性法规和地方政府规章。当中央立法与地方立法发生冲突时，中央立法处于优位、上位，地方立法无效。在法律效力等级问题上，中央立法构成上位法，地方立法构成下位法。

第二，同级权力机关的立法高于同级行政机关的立法。当同级的权力机关与行政机关立法发生冲突时，权力机关的立法处于上位、优位，同级行政机关的立法无效。全国人大及其常委会制定的法律高于国务院制定的行政法规，法律属于上位法，行政法规则属于下位法。省、自治区、直辖市人民代表大会及其常委会制定的地方性法规效力等级高于省、自治区、直辖市人民政府制定的规章。同理，设区的市人大及其常委会制定的地方性法规的效力等级高于同级市人民政府制定的政府规章。

第三，同类型的立法根据其立法主体的地位确立法律位阶关系。在权力机关作为立法主体的立法类型中，全国人大及其常委会制定的法律效力等级高于省、自治区、直辖市人民代表大会及其常委会制定的地方性法规；省、自治区、直辖市人民代表大会及其常委会制定的地方性法规效力等级高于设区的市人大及其常委会制定的地方性法规。在行政机关作为立法主体的立法类型中，国务院制定的行政法规法律效力等级高于国务院部门以及省、自治区、直辖市人民政府制定的规章；省、自治区、直辖市人民政府制定的规章效力等级高于设区的市人民政府制定的规章。

第四，权力机关（人民代表大会）及其组成的常设机构（人大常委会）之间，人民代表大会制定的法规性文件效力等级高于其常设机构即人大常委会制定的法规性文件。即，全国人民代表大会制定的基本法律效力等级高于全国人大常委会制定的法律；省、自治区、直辖市人民代表大会制定的地方性法规效力等级高于省、自治区、直辖市人大常委会制定的地方性法规；设区的市人民代表大会制定的地方性法规效力等级高于同级市人大常委会制定的地方性法规。

《立法法》并未对所有的法律渊源都作出了法律位阶的规定。如地方性法规与自治条例、单行条例之间的法律位阶关系，部门规章与地方性法规之间的法律位阶关系均是立法法未明确规定位阶的特殊关系。虽然《立法法》规定了当以上类型的立法发生法律冲突时法律适用规则，但这种规定不属于法律位阶的规定。因此，并非所有的法律渊源均可以纳入法律位阶的序列。

2004 年，最高人民法院印发《关于审理行政案件适用法律规范问题的座谈会纪要》的通知，具体确定了行政审判中，认定下位法不符合上位法的情形，并执行"上位法优于下位法"的司法适用规则。从审判实践看，下位法不符合上位法的常见情形有：下位法缩小上位法规定的权利主体范围，或者违反上位法立法目的扩大上位法规定的权利主体范围；下位法限制或者剥夺上位法规定的权利，或者违反上位法立法目的扩大上位法规定的权利范围；下位法扩大行政主体或其职权范围；下位法延长上位法规定的履行法定职责期限；下位法以参照、准用等方式扩大或者限缩上位法规定的义务或者义务主体的范围、性质或者条件；下位法增设或者限缩违反上位法规定的适用条件；下位法扩大或者限缩上位法规定的给予行政处罚的行为、种类和幅度的范围；下位法改变上位法已规定的违法行为的性质；下位法超出上位法规定的强制措施的适用范围、种类和方式，以及增设或者限缩其适用条件；法规、规章或者其他规范文件设定不符合行政许可法规定的行政许可，或者增设违反上位法的行政许可条件；其他相抵触的情形。

在我国的立法实践中，还会出现这样的情形，上位法已作修改或废止，但作为实施性规定的下位法仍然存在，如何认定这样的实施性规定的法律效力以及适用问题，往往在执法中发生争议。《关于审理行政案件适用法律规范问题的座谈会纪要》中指出：法律、行政法规或者地方性法规修改后，其实施性规定未被明文废止的，人民法院在适用时应当区分下列情形：实施性规定与修改后的法律、行政法规或者地方性法规相抵触的，不予适用；因法律、行政法规或者地方性法规的修改，相应的实施性规定丧失依据而不能单独施行的，不予适用；实施性规定与修改后的法律、行政法规或者地方性法规不相抵触的，可以适用。

[经典案例]

2003 年，河南洛阳中院法官李慧娟审理了一宗"种子案"。该案中，甲公司委托乙公司培育种子，双方约定了数量、质量、价款、交货时间等。乙公司培养完种子后，没有依约将良种卖给甲公司，而是高价卖向市场，给甲公司造成了经济损失。甲公司依法将乙公司告到法院。李慧娟法官作为本案的审判长，在确定乙公司的赔偿基准时，遇到了法律难题，依据河南人大常委会制定的《河南省农作物种子管理条例》，乙公司应依国家指导价，赔偿甲公司经济损失 7 万元；依据全国人大常委会制定的《种子法》，乙公司依市场自由价，赔偿甲公司经济损失约 70 万元。最后，李法官以河南人大常委会制定的《河南省农作物种子管理条例》与全国人大常委会制定的《种子法》不一致，下位法自然无效为由，判决乙公司赔偿甲公司经济损失 70 万元。

该案曾引发法律界、学术界广泛讨论。最高人民法院 2004 年 3 月 30 日在关于此案请示的答复中称，《立法法》第八十八条规定："法律的效力高于行政法规、地方性法规、规章。行政法规的效力高于地方性法规、规章。"中华人民共和国合同法解释（一）的第四条规定："合同法实施以后，人民法院确认合同无效，应当以全国人大及其常委会制定的法律和国务院制定的行政法规为依据，不得以地方性法规、行政规章为依据。"根据上述规定，人民法院在审理案件过程中，认为地方性法规与法律、行政法规的规定不一致，应当适用法律、行政法规的相关规定。最高院的答复再一次确认了上位法优于下位法原则。

（三）特别法优于一般法原则

特别法与一般法是相对的概念。一般法是有立法权的机关就一般事项制定的法律、法规，适用于一般主体、一般事项、一般时间、一般空间范围，具有普遍约束力的法律规范总称。特别法则是有立法权的机关就某一领域中特定事项制定的有关法律、法规，调整特定的社会关系。对于同一层级法律效力的规范间发生特别法法律规范与一般法法律规范冲突时，人民法院一般优先适用特别法法律规范。同一机关制定的法律、行政法规、地方性法规、自治条例和单行条例、规章，特别规定与一般规定不一致时，适用特别规定。

《立法法》第九十条规定，自治条例和单行条例依法对法律、行政法规、地方性法规作变通规定的，在本自治地方适用自治条例和单行条例的规定。经济特区法规根据授权对法律、行政法规、地方性法规作变通规定的，在本经济特区适用经济特区法规的规定。《立法法》第九十二条规定，同一机关制定的法律、行政法规、地方性法规、自治条例和单行条例、规章，特别规定与一般规定不一致的，适用特别规定。

根据宪法与《立法法》的规定，一些法律法规在条文中明确规定了自治条例与单行条例的变通权，这也是特别法优于一般法的体现。

在实践中，区分特别法与一般法需要把握几个原则。首先，要明确三个前提：一是两个法律规范是不是同一机关制定的，如果不是，就不适用特别法优于一般法原则；二是要确定两个法律规范是否是针对同一事项发生的冲突，若不是，则识别特别法就失去现实意义；三是要确定法律规范的性质是否相同，性质不同则没有直接的可比性。比如一个是程序规定，另一个是实体规定，两者就不具有可比性。其次，确定所争议事项性质之后，一般可以通过语义分析来判定，以确定哪个更特殊一些。通常情况下，特别法与一般法所调整的对象具有种属关系或总分关系。最后，进行系统分析。有时通过语义分析还是不能确定哪个是特别规定，因为有些事项往往可以由多个法律规范调整，这就要根据与特定事项的关联密切程度确定更恰当的法。

[经典案例]

江苏省江阴市人民法院 2018 年审理了一起案件。赵某于 2016 年 10 月至 2017 年 6 月，以非法占有为目的，通过 1200 元至 1400 元每张的价格购买伪造的承兑汇票，后使用上述伪造的承兑汇票假意支付货款找零或者贴现等方式进行诈骗，诈骗金额 16.8 万余元。法院审理认为，赵某以非法占有为目的，使用伪造的银行承兑汇票骗取他人钱财，数额较大，其行为确已构成票据诈骗罪。据此，依照《刑法》第一百九十四条判决赵某犯票据诈骗罪，判处有期徒刑一年三个月，缓刑一年六个月，并处罚金人民币二万元。

刑法有诈骗罪，第二百六十六条规定，诈骗公私财物，数额较大的，处三年以下有期徒刑、拘役或者管制，并处或者单处罚金；数额巨大或者有其他严重情节的，处三年以上十年以下有期徒刑，并处罚金；数额特别巨大或者有其他特别严重情节的，处十年以上有期徒刑或者无期徒刑，并处罚金或者没收财产。

刑法还有金融诈骗罪，包括集资诈骗罪、贷款诈骗罪、票据诈骗罪、金融凭证诈骗罪、信用证诈骗罪、信用卡诈骗罪、有价证券诈骗罪、保险诈骗罪、单位犯金融诈骗罪等多种罪名。其中第一百九十四条票据诈骗罪规定，明知是伪造、变造的汇票、本票、支票而使用的，数额较大的，处五年以下有期徒刑或者拘役，并处二万元以上二十万元以下罚金；数额巨大或者有其他严重情节的，处五年以上十年以下有期徒刑，并处五万元以上五十万元以下罚金；数额特别巨大或者有其他特别严重情节的，处十年以上有期徒刑或者无期徒刑，并处五万元以上五十万元以下罚金或者没收财产。

可以看出，诈骗罪条款与金融诈骗罪条款之间，就是一般法与特别法的关系。两者都是同一机关制定的实体法条款，都是针对诈骗事项的法律规范。但两者管辖的范围不一样，诈骗罪条款是针对诈骗犯罪行为普遍领域的一般性规定，金融诈骗罪条款则是专门针对金融这一特定领域的诈骗行为的特殊规定。法院在本案审理中采用金融诈骗罪条款而不是诈骗罪条款，就是特别法优于一般法原则的具体体现。

（四）新法优于旧法原则

新法优于旧法，也称后法优于先法原则，其含义为新法、旧法对同一事项有不同规定时，新法的效力优于旧法。其作用在于避免因法律修订造成新法、旧法对同一事项有不同的规定，而给法律适用带来疑问，为法律的更新与完善提供法律适用上的保障。该原则的适用，以新法生效实施为标志，新法生效实施以后准用新法，新法实施以前包括新法公布以后尚未实施这段时间，仍沿用旧法，新法不发生效力。

新法优于旧法的适用情形，新法与旧法必须是同一机关制定的（同位阶的）法规范文件；新法与旧法必须同是有效的（至少旧法尚未明文废止）；新旧法的规定不能存在于同一件部门法中。这些因素就是"新法优于旧法"的适用条件。

《立法法》第九十二条规定，同一机关制定的法律、行政法规、地方性法规、自治条例和单行条例、规章，新的规定与旧的规定不一致的，适用新的规定。该项规则适用的范围：（1）必须是同位法，才能适用这一规则。所谓同位法是指同等位阶的立法主体制定的。不同位阶即构成上下位阶等级的法规范不适用此项规则。（2）必须是同一机关制定的法律规范，才能适用该项规则。同一机关制定的法律、行政法规、地方性法规、部门规章、地方政府规章、自治条例和单行条例中有关于同一事项的法律规范时才能适用该规则。

在司法实践中，出现下列情形之一者，司法机关可以自行选择适用规则：第一种情形：新的一般规定允许旧的特别规定继续适用的，适用旧的特别规定。第二种情形：新的规定废止了旧的特别规定，适用新的一般规定。

当司法机关不能确定选择适用的规则时，应按照《立法法》第九十四条、九十五条的规定，逐级上报到最高人民法院或最高人民检察院，由最高人民法院或最高人民检察院送请有关机关裁决：（1）同一机关制定的新的一般规定与旧的特别规定不一致时，由制定机关裁决。（2）地方性法规与部门规章之间对同一事项的规定不一致，不能确定如何适用时，由国务院提出意见，国务院认为应当适用地方性法规的，应当决定在该地方适用地方性法规的规定；认为应当适用部门规章的，应当提请全国人民代表大会常务委员会裁决。（3）部门规章之间、部门规章与地方政府规章之间对同一事项的规定不一致时，由国务院裁决。（4）根据授权制定的法规与法律规定不一致，不能确定如何适用时，由全国人民代表大会常务委员会裁决。

新旧法的区分是以新法的生效时间为标志。一般来讲，新法作出了对同一事项的规范之后，关于该事项的规范应适用新法。但在新法生效的初始阶段，对新法的适用可能会导致社会秩序的不稳定或不利于新旧法律的衔接，为此有的法律中明确规定了旧法的清理及在新法实行后的过渡适用问题。比如在新法生效之后，它并没有及时否认旧法的效力，允许旧法继续适用一段时间，但是过渡期结束之后，与新法不一致的旧规定若未能及时修订，就自然失去效力。

[经典案例]

申请人杨某系被监护人何某的外祖父。被监护人何某系未成年人，其生母因病去世，生父下落不明。因被监护人何某处于无人监护的状态，杨某以为何某健康成长提供有利条件为由，向法院提出申请，请求指定杨某担任何某的监护人。被申请人何某甲系杨某前妻，系何某生母的母亲，即何某外祖母。被申请人何某甲因与申请人杨某就担任何某监护人问题无法达成一致，故诉至法院。

本案涉及《民法总则》（新法）与《民法通则》（旧法）的适用问题。1987 年生效的《民法通则》规定了民法的基本制度和一般性规则，而 2017 年通过的《民法总则》基本上吸收了《民法通则》的民事基本制度和一般性规定，同时做了补充、完善和发展。在效力方面，《民法总则》通过后，并没有废止《民法通则》的效力。全国人民代表大会常务委员会副委员长李建国在关于《中华人民共和国民法总则（草案）》的说明中说："民法总则草案通过后暂不废止民法通则。民法总则与民法通则的规定不一致的，根据新法优于旧法的原则，适用民法总则的规定。"

对监护人确定有争议的，《民法通则》和《民法总则》的规定存在明显不同。《民法通则》规定，需要未成年人父或母所在单位或者未成年人住所地的居委会、村委会指定监护是前置程序，若没有经过该项程序是不可以直接向法院申请指定监护人。而《民法总则》规定，发生争议时，相关当事人既可以向未成年人所在地村委会、居委会申请指定，也可以直接向未成年人所在地基层人民法院申请确定监护人。《民法典》延续了《民法总则》的规定。

本案中，杨某没有向何某所在地村委会、居委会申请指定，而是直接向何某所在地基层人民法院申请确定监护人。当地法院依据新法优于旧法原则，没有经询何某所在地居委会，而是直接审理判定：根据《民法总则》第二十七条规定，何某生母已经死亡，生父及祖父母不详，何某也一直随杨某生活，申请人杨某每月有固定退休工资，也有固定居所，现阶段何某随杨某生活有利于其健康成长，故申请人杨某请求其作为何某的监护人，法院予以支持。

（五）不溯及既往原则

1. 概念

法不溯及既往是一项基本的法治原则。即国家不能用当前制定的法律去指导人们过去的行为，更不能由于人们过去从事了某种当时是合法但是现在看来是违法的行为而依照当前的法律处罚他们。"老的按老规矩办、新的按新规矩办"，不能搞"秋后算账"。在我国，法无溯及力同样适用于民法、刑法、行政法等方面。《立法法》第九十三条规定，法律、行政法规、地方性法规、自治条例和单行条例、规章不溯及既往，但为了更好地保护公民、法人和其他组织的权利和利益而作的特别规定除外。

2. 特殊情况

第一，法不溯及既往原则与有利追溯原则。作为法不溯及既往原则的补充，在司法实践中还存在法律规范的效力可以有条件地适用于既往行为，即所谓的有利追溯原则。在我国民法当中，有利追溯的原则体现为，如果先前的某种行为或者关系在行为时并不符合当时法律的规定，但依照现行法律是合法的，并且于相关各方都有利，就应当依照新法律承认其合法性并且予以保护。在我国刑法中，有利追溯表现为从旧兼从轻原则，即新法在原则上不溯及既往，但是新法不认为是犯罪的或处罚较轻的，适用新法。

第二，法不溯及既往原则与实体从旧、程序从新原则。法不溯及既往一般指的是实体法，而在程序法实践中，一般采取从新原则。法学一般认为是因为"不溯及既往原则源于信赖利益保护原则，而信赖利益一般是基于实体法形成的。实体法创造、确定和规范权利和义务，而程序法不创造新的权利和义务，只是提供法律救济和实现权利的方法和途径。"程序从新规则，通常是指程序法一旦生效，在其生效后进行的案件裁处均要按其规定的程序办理，而不论案件是发生在其生效前还是生效之后。因而，就有程序法有溯及既往效力之通说。换句话说，就是在传统的法律方法论中，程序从新规则被作为行为时法规则的例外情形加以阐释的。例如有论著称："诉讼法由于只涉及程序问题而不关系到实体问题，一般来说也是允许溯及既往的"；最高法院印发的《关于审理行政案件适用法律规范问题的座谈会纪要》第三条提出，"根据行政审判中的普遍认识和做法，行政相对人的行为发生在新法施行以前，具体行政行为作出在新法施行以后，人民法院审查具体行政行为的合法性时，实体问题适用旧法规定，程序问题适用新法规定"。有鉴于此，实体法溯及既往会影响人们对于旧法的信赖利益，而程序法溯及既往反而可能有助于新法迅速妥适地适用。

[经典案例]

2006 年 10 月，浙江村民吴某在本村建一五层楼房。2015 年 3 月 30 日某市城管局根据 2008 年实施的《城乡规划法》认定吴某房屋为违章建筑。

吴某向某市政府申请复议，某市政府维持原行为。吴某诉请法院撤销城管局处罚决定。

　　法院审理认为：据2002年《国务院关于进一步推进相关集中行政处罚权的决定》，某市城管局行使违法建设行政处罚权，主体合法。某市政府维持了城管局的行政处罚决定，故政府及城管局为共同被告。吴某房屋为2006年建造，应适用1990年起实施的《城市规划法》第四十条规定，对于违法建筑，由城市规划主管部门处罚。而《城乡规划法》自2008年1月1日实施，其对先前行为无溯及力。故城管局处罚决定，适用法律错误，应予撤销。

　　该案件涉及的两部法律，《城市规划法》自1990年4月1日起施行，是我国在城市规划、城市建设和城市管理方面的第一部法律。《城乡规划法》自2008年1月1日施行，《城市规划法》同时废止。2008年1月1日前的违章建筑，由《城市规划法》调整；2008年1月1日后实施的《城乡规划法》对先前行为无溯及力。

（六）我国参加的国际法优于国内法原则

　　当今世界已经成为你中有我、我中有你的地球村。各国相互依存空前紧密、利益共生不断深化，一国法律体系与国际法律体系日益交融，国内法与国际法关系密切而复杂。我国政府参加的国际立法越来越多，国内法与国际法矛盾也日益凸显。在面临国内法与我国参与的国际法发生冲突时，一般是通过制定新法律或者修改已有法律把国际法转换为国内法的一部分。还可以在有关法律中明确规定当国内法与我国已参加或已认可的国际法、国际条约或国际惯例出现冲突时，国内法服从国际法。比如，我国《个人所得税法》第四条规定，中国政府参加的国际公约、签订的协议中规定免税的所得，免征个人所得税。《商标法》第二十一条规定，商标国际注册遵循中华人民共和国缔结或者参加的有关国际条约确立的制度，具体办法由国务院规定。

二、法律解释原则

(一)合法性原则

合法性原则是指法律解释要在权限、程序、内容等方面符合宪法、法律的规定。它包括四个方面的要求:(1)对低位阶法律的解释不能抵触高位阶的法律。法律解释原则上必须符合被解释法律的基本精神,对低位阶法律的解释须符合高位阶法律的规定,所有法律解释都必须符合宪法规范、宪法原则和宪法精神。(2)对法律概念和规则的解释必须与法律原则相符合。法是由法律规则、法律概念、法律技术性规定等构成的,对其解释应符合法律的原则,这是法律解释与立法的区别之一。(3)按照日常含义解释法律词语。应该按照法律概念的技术含义来解释,应该遵守语法规则和逻辑规则。(4)例外规则、特权规则。剥夺权利规则和承担义务规则应当从严解释,如刑法和税法,从严解释避免扩张特权,避免剥夺权利和令人民负担义务的现象产生。

(二)合理性原则

合理是指合乎法理、情理、公理、道理。坚持合理性原则,首先以党的政策为指导。其次要符合社会现实和社会公理,这样才会具有针对性和说服力。再次要尊重公序良俗,公序良俗构成了民间秩序的基本内容,这关系着法律的实效和民族传统的延续问题。最后,要合乎自然规律、科学原理、比例原则。

(三)法制统一原则

法制统一是指法律解释应该在法治轨道上有序进行。对法律概念、术语、条款、规范的解释,必须符合法律体系的指导思想和原则,在技术上和方法上保持统一。

（四）历史与现实统一原则

法律解释不能脱离法律规范产生时的政治社会、经济发展大背景以及当时的立法动机和立法程序。与此同时，还要考虑服务现实情况和未来发展趋势的需要。只有将历史与现实结合起来考虑，才能做到实事求是。

此外，法律解释必须对需要解释的法律规范作出准确明晰的解释，不要语义含糊，导致解释不清。法律解释还需遵循及时原则，由于法律解释一般都是具体案例实践的需要，所以为了尽快满足实践需要，所作解释应该注意时效性，尽量及时作出。国家机关所作的规范性法律解释，具有普遍的法律效力，必须特别慎重，应尽量避免和减少因法律解释内容失误而产生的不良影响。

本讲作者：
闫丽彬　北京市易和律师事务所主任
李文艳　北京市易和律师事务所高级合伙人

第三部分

法治热点焦点

加强法治思维

一、领导干部为什么要加强法治思维

党的十九大在肯定法治建设成就的同时，指出我们全面依法治国的任务依然繁重。其实，法治任务的繁重不仅表现在执法、司法层面，立法、守法的问题更不能忽视。一些执法、司法问题的背后，就是立法问题；全民守法也不是一个简单的守法问题，也关系到科学立法、严格执法、公正司法。全面推进法治建设，必然要求领导干部加强法治思维。

（一）这是一个法治的时代

这是一个法治获得普遍认同的时代，也是一个法治得以在部分国家实现并在世界范围内大力推进的时代。

法治从古罗马萌芽，英国等发达资本主义国家率先实现，如今已进入世界的法治化阶段。包括中国在内的现代各国已经充分认识到法治是当今时代最好的或最不坏的治理方式。正如习近平总书记所言："人类社会发展的事实证明，依法治理是最可靠、最稳定的治理。"①"法治兴则国家兴，法治衰则国家乱。"②高度

---

① 《习近平谈治国理政》第二卷，外文出版社 2017 年版，第 424 页。

② 中共中央文献研究室编：《习近平关于全面依法治国论述摘编》，中央文献出版社 2015
年版，第 8 页。

认同法治，这可以说是我国改革开放四十多年来法治建设的一项重要成就。

我们一定要相信制度的力量、法治的力量，要相信坏制度的杀伤力和好制度的引领推动力，与良法相伴的法治之力一定是积极向上的。要知道罗马三次征服世界当中，唯有法律的征服是最为持久的征服，英美法系也深受罗马法影响，我国《民法典》编纂也不得不向罗马法学习。当今大国间的较量主要是制度的较量，是话语权的较量。

中国的法治建设历史严格讲只有几十年的时间，但现已进入全面推进依法治国阶段，"科学立法、严格执法、公正司法、全民守法"的新法治十六字方针已经提出，中国特色社会主义法治道路已经确立。在这样的法治时代，与之相应的思维方式必然是法治思维。

（二）领导干部是依法治国的"关键少数"

商鞅说："法之不行，自上犯之。"邓小平同志说："在中国来说，谁有资格犯大错误？就是中国共产党。"① 习近平总书记指出："在党内，谁有资格犯大错误？我看还是高级干部。高级干部一旦犯错误，造成的危害大，对党的形象和威信损害大。"② 领导干部是全面依法治国的"关键少数"。事实证明，领导干部对法治建设既可以起到关键推动作用，也可能起到致命破坏作用。

在这样的背景下，通过提高领导干部法治思维能力，进而提高其依法执政、依法行政、依法办案的能力，显然是一个不错的突破口。"有什么样的思维，就会产生什么样的结局"③。奥地利哲学家维特根斯坦曾讲，"一旦新的思维方式得以确立，旧的问题就会消失；实际上人们很难再意识到这些旧问题"。记得一位司长曾分享他雇保姆的经历和感受。孩子小的时候他接连换了四个保姆，总感觉保姆不行，对此他也很是烦恼。有一天，他终于想明白了，原来不是保姆不行，而是他的思维方式出了问题，以父母的标准严格要

① 《邓小平文选》第一卷，人民出版社1994年版，第270页。
② 中共中央纪律检查委员会、中共中央文献研究室编：《习近平关于严明党的纪律和规矩论述摘编》，中央文献出版社、中国方正出版社2016年版，第96页。
③ 姜明安：《政府官员应具备法治思维》，载《理论学习》2012年第5期。

求保姆，保姆无法做到。不反思自己的标准，而是一味指责甚至辞退保姆。思维方式转变之后，他不太费力地找到了理想的保姆。其实，将自己的高标准强加于他人或许是我们人类的天然倾向，但若依法治思维，怎能要求保姆像父母一样对待孩子呢？这个小故事说明了转变思维方式的重要性，思维方式转变了，问题可能就消失了。实践中类似这样的小故事很多很多，也正是在这个意义上，"退一步海阔天空"这句话是有道理的。① 对于各级领导干部来说，要求掌握太多的法律知识不仅不现实，也没那个必要。只要思维方式转变了，有些问题可能就消失了；只要思维方式转变了，就必然会想到运用法治方式解决问题或推动问题的有效解决。比如，依笔者在地方挂职时观察，有些领导干部之所以对处理历史遗留问题很是纠结，很多历史遗留问题事实上也没有处理好，其中的一个重要原因就是没有运用法治思维、法治方式行事。一会儿是法治思维，一会儿又是道德思维、经济思维，不同的思维方式交织下，很难有清晰的解决问题的思路。更何况很多历史遗留问题虽然已经存在一二十年甚至更长时间，但始终没有弄清楚事实、搞清楚法律关系及各方的权利义务。虽然我也不认为只要坚持法治思维、法治方式就能解决所有历史遗留问题，但问题的真正解决必须在法治的框架之内谋求妥协。

二、领导干部应当具备什么样的法治思维

领导干部是公权力的执掌者，与之相应的法治思维应当包括规则思维、合法思维、程序思维、权义思维、契约思维、权责思维。

（一）规则思维

法治是法律之治、规则之治。领导干部首先应当树立规则思维。规则思

---

① 当然，我们并不主张无原则的妥协退让，那是不符合法治思维的，也是非常不利于建设法治国家的。

维的基本要义可以概括为先立规矩后办事、立好规矩再办事。

先立规矩后办事的基本要求是处理好立规矩和行为的关系，即在二者的关系上，须先立规矩后办事，表现在立法和改革的关系上就是先立法后改革、重大改革于法有据，表现在生活中就是"丑话说在前面"。党的十八大之前，我国实践中长期奉行"先实践探索后立法"的发展模式，这种"摸着石头过河"式的发展模式创造了中国高速发展的奇迹，但也积累了不少问题。实践证明，这一模式不可持续，因而被"先立法后改革"的新发展模式所取代。需要说明的是，法律是治国之重器，是治国理政最大最重要的规矩。依法治国，必须重视法律的作用和法律的立改废释。改革开放四十多年来，我国立法的成就必须肯定，但法律数量欠账不少的现实也必须承认。由全国人大及其常委会通过的现行有效法律只有270多部，而韩国、日本相应级别的法律分别是2700多部、2200多部，何况我国法律在条文数和每条的字数方面都逊色不少。1804年《法国民法典》共2281条，2014年修订后的《法国民法典》共2534条①，1900年《德国民法典》2385条，《意大利民法典》2969条，而我国刚刚颁布的《民法典》总共1260条。另外，我国《民法典》不到11万字，而翻译成中文的《德国民法典》和《意大利民法典》分别为40万字、60万字左右。要知道我国在计划投资、规划发展等宏观调控领域、个人信息保护领域、行政组织和程序领域等还存在比较突出的法律缺位问题。与全面依法治国的要求相比，目前的法律数量还有不小的距离，无"法律"可依的问题依然不可忽视。记得在一次领导干部的培训班上，一位领导干部直言"法治要求我们依法行政，可有很多时候没法律可依啊？"。虽然我们常说"公权力法无授权不可为"，可在当下的中国，完全坚持这一原则是不现实的。坦率地讲，我国的制度建设存在比较突出的结构性问题，法律规范过少是法律责任配置不到位、制度刚性不足、约束力不够的主要原因，同时也造成了文件过多、制度稳定性不够。因此，制度的转型升级和供给侧改革不仅必要，而且紧迫。

立好规矩再办事强调的重点是规矩的质量。习近平总书记在2013年

---

① 参见段秋关：《中国现代法治及其历史根基》，商务印书馆2018年版，第224页。

2 月 23 日十八届中央政治局第四次集体学习时的讲话中指出："人民群众对立法的期盼，已经不是有没有，而是好不好、管用不管用、能不能解决实际问题；不是什么法都能治国，不是什么法都能治好国；越是强调法治，越是要提高立法质量。"① 马克思认为："法律是肯定的、明确的、普遍的规范，在这些规范中自由获得了一种与个人无关的、理论的、不取决于个别人的任性的存在。法典就是人民自由的圣经。"② 俗话说无规矩不成方圆，其实，有规矩也不一定成方圆。治国理政，光有规矩，仅停留在有法可依的层面是远远不够的。良法是善治之前提，良法可以为司法减负，③ 良法能够提高行政效率和降低行政成本。④ 规则思维不仅要求有法可依、先立规矩，更强调法律可依、规则可遵循。而要达此目的，必须科学立法、民主立法、依法立法，使得法律制度具备公开、明确、稳定、公平正义、无内在矛盾、可遵循、完善、不溯及既往等好法的品质。⑤ 用好法的标准衡量我国现行立法，突出的问题是：有些法律不够明确，有时无法为市场参与者提供可靠预期；有些法律程度不同地存在法律稳定与制度不稳定现象；有些法律内在矛盾突出，实践中"依法打架""各依各法"现象严重，且长期得不到纠正；有些法律反映客观规律和人民意愿不够，不够公平、可遵循性不够高。

习近平总书记指出："推进科学立法，关键是完善立法体制，深入推进科学立法、民主立法，抓住提高立法质量这个关键。要优化立法职权配置，发挥人大及其常委会在立法工作中的主导作用，健全立法起草、论证、协调、审议机制，完善法律草案表决程序，增强法律法规的及时性、系统性、针对性、有效性，提高法律法规的可执行性、可操作性。要明确立法权力边

---

① 中共中央文献研究室编：《习近平关于全面依法治国论述摘编》，中央文献出版社 2015 年版，第 43 页。
② 《马克思恩格斯全集》第 1 卷，人民出版社 1995 年版，第 176 页。
③ 参见彦·戈登：《德国立法程序——联邦司法和消费者保护部的视角》，曾韬译，载谢立斌主编：《中德立法比较研究》，中国政法大学出版社 2017 年版，第 2 页。
④ 参见彦·戈登：《德国立法程序——联邦司法和消费者保护部的视角》，曾韬译，载谢立斌主编：《中德立法比较研究》，中国政法大学出版社 2017 年版，第 2 页。
⑤ 尚需指出的是，这里的好法标准也是制定政策文件应当遵循的基本标准。

界，从体制机制和工作程序上有效防止部门利益和地方保护主义法律化。"①

"家有家规，国有国法"。可是有些人既不太重视家规，也没有从小经受很好的法治教育，立规矩尤其是立好规矩的能力非常欠缺。既不了解好规矩的标准，更不知晓好规矩如何订立。我们很多人总是认为现有的规矩都是好的，制定规矩并不难。其实，事实并非如此。提高立法质量，迫切需要提高领导干部的规则制定能力。

（二）合法思维

法治意味着宪法法律至上，一切组织和个人都必须接受、服从法律的统治。对于公权力而言，法定职责必须为，否则构成不作为；法无授权不可为，否则构成乱作为。因此，领导干部应当具备合法思维，凡事都应当事先问一下"这合法吗"或者"这有法律依据吗"。与之截然不同的是，对于老百姓来说，法无禁止即自由，因此，老百姓似乎只需问"这违法吗"。

首先，合法思维要求要合乎法律文本的具体规定。法律的制定要遵守《立法法》等规定的权限和程序。同时，不同的法律，效力等级不同，当法律文本规定不一致时，应根据根本法优于普通法、上位法优于下位法、特别法优于一般法、新法优于旧法的原则确定应当依据或适用的法律，也就是说都要找准、用对法律依据。需要特别指出的是，由于我国的法律层级比较多，法律法规不一致、不明确问题比较突出，一些地方尤其是欠发达地方法律服务人员少且素养不够，要找准找对法律也不是件容易的事。

其次，合法思维要求领导干部在没有法律规定或者法律规定不明时，根据立法目的、法律原则填补法律漏洞、解释适用法律。既不能为所欲为，也不能恣意解释、适用法律，"打擦边球""搞变通"等应当尽力避免。正如著名刑法学家张明楷教授所指出的，我国的司法实践中之所以经常将行政违法行为（有时连行政违法都不是）认定为犯罪予以追究，根本原因是刑法的自由保障理念没有树立，刑法的补充原则没有坚守，将刑法当成了地方保护、

---

① 习近平：《加快建设社会主义法治国家》，载《求是》2015 年第 1 期。

追逐利益的工具，将本应承担补充角色的刑法动不动挺在了行政处罚、民事责任的前面，造成了很多问题。2018 年引起社会高度关注的"鸿茅药酒案"，陈兴良、梁根林、阮齐林、车浩等刑法学者认为，"所谓跨省抓捕并不是问题实质，本案的关键是抓捕是否有法律依据，被抓捕人行为是否构成犯罪"。他们认为，涉案文章并未捏造事实，警方以损害商誉罪对当事人谭秦东采取刑事强制措施，违背了罪刑法定原则；对谭秦东采取取保候审已经足够，检方却批准逮捕，违反了比例原则。[1] 近年来，比例原则、信赖保护原则等越来越多地出现在最高人民法院和地方各级法院的判决中，这对于监督行政有很好的作用。我们的依法行政，不仅要坚守合法行政的底线，更要逐步走上合理行政、程序正当、诚实守信、高效便民、权责统一的更高阶段。为了达到目的（目的本身可能就不当）不择手段要不得，为了执法效率不遵守正当程序、不尊重相对人的基本权利也要不得。

（三）程序思维

法谚道，"正义不仅要实现，而且要以人们看得见的方式实现。"这里"看得见的方式"就是程序。公权力的行使之所以需要程序，一方面是因为公权力存在的唯一目的就是公共利益，另一方面是因为对于法治而言，程序的价值重于实体。这是因为，相对于实体规定而言，程序规定更加具体可操作，更有利于规范约束"自由裁量权"。

领导干部一定要有程序思维，要摒弃只要结果不要过程或只看结果不看过程的人治思维。要不断建立、完善程序，要认真遵守程序，相信程序的力量，学会用程序规范权力、治理社会。立法需要程序、司法需要程序，行政同样需要程序。目前，我国的行政程序制度还不完善，这对于规范约束行政权力是非常不利的。

公权力的取得和行使不仅应有程序，程序还应正当，否则走程序将沦为"走形式、走过场"。

---

[1]　参见《刑法学者评鸿茅药酒案：违反罪刑法定和比例原则》，财新网，2018 年 4 月 28 日。

从我国的法治实践来看，程序设计的正当化任务还很重，执法过程中程序不正当的问题似乎更为突出。在于艳茹诉北京大学违法撤销博士学位一案中，北京市第一中级人民法院（2017）京01行终277号行政判决书指出，正当程序原则是裁决争端的基本原则及最低的公正标准，作为最基本的公正程序规则，只要成文法没有排除或另有特殊情形，行政机关都要遵守。正当程序原则保障的是相对人的程序参与权，通过相对人的陈述与申辩，使行政机关能够更加全面把握案件事实、准确适用法律，防止偏听偏信，确保程序与结果的公正。而相对人只有在充分了解案件事实、法律规定以及可能面临的不利后果之情形下，才能够有针对性地进行陈述与申辩，发表有价值的意见，从而保证其真正地参与执法程序，而不是流于形式。法院之所以判决北京大学败诉，一个主要的原因就是北京大学在作出决定之前并没有与原告充分沟通，给予其充分的信息从而保障原告的申辩权利。2018年11月2日，一封学生家长"给哈尔滨继红小学领导的公开信"在网络广为传播，公开信表达了对一位班主任体罚、变相体罚等不当行为的严重不满，要求对该班主任予以更换或对学生进行调班。而就在当天，一则"哈尔滨继红小学教师体罚学生，南岗区：教师辞退，主任免职"的新闻出现在了互联网。的确，回应社会热点事件需要速度，但问题是，如此神速地解决问题，能否保证被处理人的参与权、申辩权？不可否认，现在的领导干部压力不小，尤其是在处理舆论事件时。但法律是平衡的艺术，处理各种问题需要充分考虑各方的利益，不能顾此失彼，尤其是不能无原则地迁就舆论。领导干部应该充分认识程序的价值，正确认识按程序办事可能的利弊——可能的个案不公正和普遍公正。

（四）权义思维

法律是权利义务的规范系统，权利和义务是法律的最小构成单位。对于法律现象，若从权利义务的角度去衡量、判断就会清晰得多、轻松得多。

权义思维首先要求认真对待权利。市场经济是权利经济，"以人民为中心"首先应体现为维护好、保障好、实现好人民的权利，因为人民的核心利益就在权利之中。作为公权力的行使者，权义思维首先要求领导干部认真对待权利，既要认真对待政府的权利，更要重视市场主体的权利。政府等公权力机构不总是以公权力的行使者身份出现，在市场经济舞台上，诚信的政府是诚信社会的基础。作为权力执掌者的领导干部，不仅要知晓自己手中的公权力，更要明白市场主体享有的私权利，只有如此，方可"知己知彼、百战不殆"。实践中很多社会矛盾的产生、激化，都与对老百姓、企业的权利重视和尊重不够有关。领导干部一定要认识到，相对于公权力，私权利更具有本源性；无财产即无人格，无恒产就无恒心，无救济就无权利；一个不重视权利保护的国家是没有前途的。正如美国哲学家罗纳德·德沃金所言，如果政府不认真地对待权利，那么它也不能够认真对待法律。当然，尊重权利并不意味着权利不可限制。但必须注意的是，对权利的限制是有条件的，即限制本身也是有限度的，比如征收就应当以公共利益为原则，程序正当、公正补偿。

　　权义思维还要求从权利、义务两个维度分析、认识、调整社会关系，解决社会矛盾。法律通过权利和义务调整社会关系。制定法律需要从权利义务的角度平衡好各方的利益关系；法律是解决矛盾的公器，不管是历史遗留问题，还是当下的社会矛盾，都需要弄清事实，明确包括政府在内的各方当事人的权利、义务和责任，进而公平、合理、妥善处理。领导干部既要避免该为的不为、为的不到位，同时也要防止大包大揽、乱作为。"花钱买平安""不闹不解决，小闹小解决，大闹大解决"等所体现的显然不是权义思维。贯彻落实好中央关于农村承包地、宅基地"三权分置"改革意见，需要平衡好国家、集体、农户及受让人等之间的权利义务，理顺不同主体之间的产权关系。解决土地确权中的历史欠账，应当坚持权利思维，追土地权利之本源，问土地权利之流变，从"剪不断、理还乱"的陈年老账中梳理出权利流向图、义务履行图，真正搞清楚土地权利的来龙去脉。越是面对"糊涂账"，越需要思路清晰。实践表明，对待历史遗留问题，依法办事有时的确有困难，但不依法办事只能使问题更复杂，"乱上添乱"，制造更多的问题，进而"不可收拾"。

（五）契约思维

要尊重契约。契约是当事人为自己立的法。企业是各种生产要素所有者之间以及他们和顾客之间的一系列契约的集合。市场是契约的总和，任何形式的交换，必须借助于契约这一形式方可实现。契约连接了企业，构成了市场，影响了社会，培育了平等、自由、独立、诚信的品格和环境，我们没有理由不尊重契约。尊重契约，就要相信市场主体的理性，相信市场的力量，相信社会的自治能力。毕竟，当事人自己是自己利益的最佳判断者，一些地方的改革之所以推进迅速、效果良好，很大程度上还是尊重了老百姓的意志。尊重契约，就要信守契约，不能随意"新官不理旧账"，不能成为不履行合同也不执行法院判决的"老赖"。当然，信守契约也不意味着对所有的合同都要不折不扣地执行，违反法律、行政法规的强制性规定等的无效合同自然不需要执行，严重违反公平正义的合同也应依法解决。

要善用契约。契约不仅是市场交换的工具，也是社会治理、政府治理的有效手段。契约不仅存在于私法领域，也存在于公法领域。善用契约，首先要重视合同的谈判和签订。要用明确具体的合同清晰界定双方的权责，要用相当的违约责任设计让合同对手不敢违约、打消他违约的念头。正如一名跨国公司总法律顾问所言："我们签订的合同你想都不用想违约，除非你要破产。"政府一定要切忌合同签订不重视，出了问题再干预。在我国的法治实践中，比较重视契约的外资企业的合同动辄百八十页以上，而有些地方政府的合同往往就那么几页，且前后规定不一致。善用契约，还要善用契约的方法，要用平等协商的契约精神深化改革、推进创新。加强法治建设、提升治理能力的现代化，需要重视契约这一平等协商的有效工具，凡是能用契约或契约方法解决的，不用强制手段；能用契约安排清楚的，尽量事先明确约定。2019年8月26日修正的《土地管理法》在征收补偿问题上即贯彻了"商量着办"的契约精神。

（六）权责思维

有权必有责。权力是应当履行的职责，与权利具有可选择、可放弃、可转让相反，权力必须行使、不可放弃、不可转让，不作为或乱作为均需承担责任。有权必有责不仅体现在行政执法、司法判案方面，也体现在立法权的行使方面。2016 年中办、国办对甘肃省祁连山环保问责的通报中指出，甘肃省在地方立法中为破坏生态行为"放水"，并进而对在立法过程中把关不严的省政府法制办等予以问责，充分说明了立法权的行使也必须有责任相伴。当然需要指出的是，与古代的结果问责、株连九族不同，现代法律责任主要是个人责任、过错责任，连带责任只有在法律明确规定时方可存在，不能通过法规、规章、规范性文件设定连带责任。同时，责任的本质在于过错，让一个人对他有过错的行为负责是有道德正当性的。法律责任的典型形态是过错责任，即人们只对他可控的有过错的行为负责，而不是对已经出现的不好的结果负责，因此，不良的后果可能影响问责，但不能以纯粹的"结果不好"简单问责。

权责应相当。法律责任不到位固然不好，但法律责任不是越重越好，我们不仅要认识到责任救济权利、约束权力的价值，也应清醒地认识到责任限制自由的负面效果。要知道，促使近代资本主义发达的"三驾马车"分别是所有权绝对、契约自由和过错责任。权责相当不仅指责任追究方面的相当，也指责任配置方面的相当。这不仅要求应合理统筹配置刑事责任、民事责任和行政责任，也要充分考虑中国的实际，力求权责相当。从近年来的立法来看，出现了比较明显的严格化趋势，这对于解决立法责任配置不到位的问题有重要意义，但也应关注责任过严的问题，以及不同法律法规责任配置的不平衡问题。实践中已经出现了有些行政处罚因立法规定的罚款门槛价过高而无法执行的问题。我们必须铭记贝卡利亚的名言："对于犯罪最强有力的约束力量不是刑罚的严酷性，而是刑罚的必定性……，因为，即便是最小的恶果，一旦成了确定的，就总令人心悸。"另外，就执法而言，过去的"宽、松、软"问题的确需要解决，但在解决这一问题的过程中，也要防止出现"一刀切""过分严"的问题，责任泛化、简单化需要避免。

法国思想家罗曼·罗兰有一句名言，"世界因有规则而美丽"。我们的奋斗目标是到本世纪中叶，把我国建成富强民主文明和谐美丽的社会主义现代化强国，美丽的中国需要美丽的规则。对于法治建设的"关键少数"而言，领导干部不仅要认识到中国需要法治，更要认识到"法治需要我们"，需要"我们"在立法、执法、司法等本职工作中运用好法治思维，科学立法、严格执法、公正司法、带头守法，多做有利于法治之事，因为法治作为一种"公共产品"，不是少数人的事情，而是我们共同的事业。只有全国上下共同推动法治建设，才能期待法治的最终实现！

本讲作者：

刘 锐 中共中央党校（国家行政学院）政治和法律教研部教授

第十五讲

从证据法的角度防范冤假错案

如何有效防范冤假错案一直是个难题，古今中外概莫能外。冤假错案危害很大，因此要高度重视。以下我们主要从刑事证据法的角度来探讨。

一、历史视野

《史记》里的韩信案，是出名的冤假错案。韩信要是想造反早就造反了，却一直不反，到最后没兵也没将时却要谋反，可见是被人所害。司马迁用的春秋笔法，比较委婉隐讳，他评论韩信说：这个人太不像话了，居功自傲，天下大定的时候还想谋反。反过来想就是天下大定的时候还谋什么反。

《贞观政要》也有关于防范冤假错案的论述，怎么防范？通过三复奏五复奏。什么是三复奏，这是李世民采纳的一个大臣的建议。李世民特别注重反思，有大臣因罪被杀，过后觉得这个人罪不当死，他想怎么没有人劝我。别人说你龙颜大怒谁敢劝，然后他就定下不能奏一回就杀掉，奏三回，三回批准才能杀。过了一段时间提这个建议的人出事了，奏了三回李世民把这个人杀掉了，就是提出三复奏建议的人被杀了。过了一段时间李世民又反思也可以不杀，三复奏都没有管用，发现一天连奏三回，在气头上越奏越急，后来说这不行，得隔日奏，不能当天连着奏。最后京城里改成五复奏，京外三复奏，主要是考虑京外五复奏太费劲了，离得远骑马奏五回成本太大。

小说这种文学体裁也在一定程度上反映了当时的社会生活，包括司法活动及冤假错案。《红楼梦》中仅王熙凤制造的冤假错案就很多。还有《福尔摩斯探案全集》和《包公案》。福尔摩斯确实用一些科技手段，如物理学、化学、医学等手段破了很多疑难案件。而《包公案》特别适合中国的国情，除了破案、起诉、审判和执行，能够把法律、社会、政治几个效果综合考虑，还纠正了多起冤假错案。

关于行为证据或运用逻辑推理侦破案件，《包公案》里有很多，最典型的是《白塔巷》。该案主角是一位土工，有一天他回到家里唉声叹气，他媳妇特别贤惠而且还漂亮，赶快把酒菜端上。一看土工还是闷闷不乐，就轻声问他怎么了？他叹了口气才说道，包公喜欢微服私访，今天带我们走过一个小巷子，突然巷子深处传来哭声，我们听着很正常，但是他说不正常，说这个女的哭的声音很大但是不痛，这里必有隐情。一问家里的男人死了，就让我开棺验尸，我没有看出什么异常来，感觉就是暴病而亡，可包公说三天找不到死因就要严惩我。媳妇说我以为多大点事，明天你去看看死者的鼻孔。第二天土工一看，鼻孔里面露出一个钉子尖，再打开头发一摸，正头顶一颗大钉子。死因查明就好办了，包公也挺高兴，请他喝茶。并说不考核不干活，限期破案真破了，问是如何想到的。土工说主要是媳妇找的好。包公让土工把媳妇请过来领赏。包公赏罢问那女人与土工是否青梅竹马两小无猜。答美中不足是二婚，当年丈夫暴病而亡，后来才嫁给了土工。包公一听，说别喝了，走，到她前夫的坟上打开一看，头顶上也钉着个大钉子。包公运用逻辑推理，不但侦破了眼前的案子，还把陈年旧案也破了。

二、现实关注

冤假错案的成因，大家普遍认为主要有两点：一是刑讯逼供，一是个案协调。不过近年翻出来的旧账多是当年协调的，现在个案协调已经很少了。导致冤假错案的主要原因是刑讯逼供，近年披露的冤假错案十之八九有刑讯逼供。

年轻的检察官可能没有体会，但在检察院工作时间长了的检察官，可能就疲了就麻木了，麻木之后对案子就不太敏感，易忽略案件背后当事人的重要权利甚至宝贵生命。我们抱着卷在楼道里跑来跑去，看卷签字，却不太关注案卷背后的东西。对检察官来说工作处理的就是个案子，就是个工作指标，但对当事人来说却是他们的人生。把握不好，检察院就会成为一个文书中转站。之所以会出现冤假错案，有时候就是因为我们麻痹大意，就是因为出发的太久，以至于忘记了为什么出发。因此，防范冤假错案，也要时刻牢记初心和使命。

关注冤假错案，还有一个原因就是心理恐慌。民众会推断这个案子错了，那么相似的错误还有没有。聂树斌、呼格、念斌、杜培武等，之后还会是谁。杜培武这个案子确实扑朔迷离，杜培武的"运气"也不太好，三只警犬味觉辨认，其中有一只警犬沉默，两只认为杜培武到过现场。正好杜培武衣袖上还有打枪之后的弹药残留物，他警校毕业又是戒毒所的警察，那段时间不排除打靶的可能性。还有，现场的地上的土正好在杜培武车的离合器上也发现了，杜培武也没有通过测谎，最后幸亏真凶抓住了。警察都不能幸免于难，普通百姓能不害怕冤假错案吗？

再一个是纠错难。河北聂树斌案纠错用了近二十年。还有呼格案，呼格的母亲经常去公安机关反映情况，尤其真凶抓获之后更是经常去公安机关反映情况，可公安机关管这种类似检察院控申上访的副局长却正好是当年办案组的组长，这种制度设计怎么纠错。抓获真凶之后又拖了好几年才把案子平反。此外，能否防止悲剧重演就更难说了。

三、侦查取证

按照我国《刑事诉讼法》的规定，检察机关有监督侦查活动的职能。但打铁需要自身硬。要想监督别人，自己必须强大。检察官要监督侦查活动，除了要精通法律这门艺术之外，还要娴熟地掌握侦查这门技术。在社会分工日益专业化的今天，尤属不易。法律监督不易，侦查监督更难。

　　如果细心研读《包公案》，就会发现包公的怀疑精神和逻辑推理能力尤为突出，而不仅仅只是处理案件时情理法相结合的能力。实际上，包公首先是侦查高手。试想如果他不懂侦查，很多案子破都破不了，何谈为民申冤？何谈纠正冤假错案？同理，在现代社会中，检察官要想对侦查进行监督，首先自己要懂侦查。现代社会的一大特点就是分工的日益细化，包括公检法办案，分工负责，各有侧重，各有所长。公安人员对检察官常说的一句话就是："你们不懂侦查。"整体上看，法官和检察官的工作更接近些，而侦查有许多独特之处。要大胆怀疑，但也要小心求证。

　　专业化、职业化、精英化固然好，但是随着从业时间的不断增长，有的人思维或思想就会变得越来越麻木、固化，甚至僵化。对有的检察官而言，面前摆着的一本本卷宗，仅仅是工作材料而已。至于卷宗里面鲜活的生命和重要的自由、财产等权利，则渐渐变得模糊了，看不见了，不关心了，就会形成司法冷漠，甚至司法专横。司法专横一旦普遍形成，检察院就可能异化为"文书中转站"，即把侦查终结的案卷，随手转给法院审判完事，成为形式上的"二传手"，最终导致侦诉审"分工负责，相互配合，相互制约"的制度失灵。

　　侦查工作重在怀疑，重在主动收集证据，重在发现线索和破案。侦查工作和检察工作、审判工作思路不同，刑事侦查的理念和原则在许多方面是与刑事审判不相同的。在侦查中，一定要提高警惕，敢于怀疑，善于怀疑，当然之后还要认真收集证据来证明或证伪这些怀疑。同时，在侦查过程中，还要依法保障犯罪嫌疑人和被侦查人员的各项合法权利。

　　在司法审判阶段一定要坚持无罪推定原则。即在法院作出有罪判决之前，应推定犯罪嫌疑人、被告人无罪。无罪推定是一种法律待遇，也是保障人权、保障司法权威的需要。

　　日本学者平野龙一说过："按刑事诉讼程序，检察官在侦查中有'司法警察官'职能，在起诉裁量时有'审判官'的职能，莅庭实施公诉时有'公益辩护人'的职能，刑罚执行时有'罪犯矫正师'的职能。"我觉得有道理。具体到我们国家的司法实践，由于我国检察职能的复杂性，检察官如果想履行好法律监督职责，必须学会换位思考，必须具备三种意识和三种能力，即侦查的意识和能力，辩护的意识和能力，审判的意识和能力。只有这样才能"让人民群众在每一个司法案件中感受到公平正义"。也只有这样才能有效防范冤假错案的发生。

四、辨认笔录

冤假错案防范很难，首先要总结经验教训然后再去防范，准确说主要是吸取经验教训。辨认笔录现在也出现了很多问题，佘祥林案的教训很深刻。他和夫人张在玉关系不好，张在玉失踪后恰巧在池塘里发现了一具无名女尸。先让她哥哥去看，哥哥认为就是他妹妹，后来又让她母亲带着张在玉的同学同事去辨认，大家都说是张在玉。当时的情况是尸体在池塘泡了几天，头部被砸烂看不清模样了，再者人死和活着模样有变化。辨认之后仍有疑问：一是死者身上穿的衣服从来没有见张在玉穿过，有人解释说佘祥林太狡猾故意换了。二是张在玉身上有生孩子的剖腹产疤痕，死者没有，又解释说可能在水里泡没了。当时就这样认定死者是张在玉。把佘祥林关到监狱里折腾了好几个来回，判十五年。后来"亡者归来"，张在玉从山东回来了。

这个案子主要问题出在哪里。2012年刑诉法修改之后，最高法院的司法解释里要专加一款，即关于杀人案件要求被害人尸体已经查清。也就是说，在杀人案件中事实清楚，证据确实充分，还要有这一条：被害人身份已经查明。就是专门防止再发生佘祥林案这类冤假错案的。回头再看辨认的问题究竟出在哪里：违背了辨认原则，一群人一起辨认，而且还不先说特征。对尸体的辨认也应该是单独分别进行，而且先说特征，包括衣着模样等。群体心理学的研究表明，一群人决策的时候往往是盲目的。实际上是一种旁观者效应，比如说有一个人病了，我们一大堆人都觉得自己责任轻，可能就不去管他，但是如果就你一个人可能就会管。

佘祥林这个案子如果当时把众人分开，先说特征，然后再单独分别辨认，可能每个人都会好好考虑一下死者究竟是谁。一群人一块看，而且哥哥已经传话说是，当妈的都开始哭了，其他人可能要么哭，要么劝。再者死人谁都不愿意多看，当妈的都说是，还用细看吗。这是典型的由于不当辨认导致冤假错案的例子。

五、科学证据

科学证据运用不好也容易出现冤假错案。现在存在的普遍问题是：不懂行，用得少，不规范，过度相信。比如说心理测试，杜培武案就是一个典型，杜培武这个案子为什么会搞错，有很多原因。法律之外的原因是当年要开世博会，破案压力大，出了杀人案而且枪还丢了。法律方面的原因是杜培武没有通过心理测试，再加上其他证据就简单粗暴下结论，认定杜培武是凶手。心理测试现在发展很快，准确率已经非常高，当前主要手段还是通过呼吸、脉搏和皮肤导电性来测量。对于皮肤导电性测量的工作原理是，说谎的时候就会出汗，出汗越多导电系数曲线相应上升越高。

利用心理学来测谎日常生活中也很多。英国前首相曾讲过他当年上学的时候几个同学去玩，回来耽误了考试，他们骗老师说轮胎爆了修车才迟到。老师说这好办，我给你们补考，题很简单，四个同学一人一个教室的角站好，哪个胎爆了分别写到纸上。

实践中心理测试不规范的问题时有发生，杜培武案是一个，还有河北的王玉雷案。当测到王玉雷时，后面还有几个人没有测，测试员一拍桌子说不用测了就是他。这个案子的问题主要是没有进行双测双评。规范的做法不应该同一个人即测又评。比如说一个人来测形成一个结论，然后把这些指标给另一人分析。这样就像算数一样，两个人都算错的概率很低。心理测试不能一个人测，应双测或者单测双评，还应当是盲评。

杜培武案如果这样测的话可能也不会出错，王玉雷案如果当时多一点耐心，测完之后再盲评一下也很可能不会出错。越有能力的人，办案经验越丰富的人往往越自信甚至自负，乃至走向司法专横。

法医鉴定这方面更要加强学习。现在从事刑事检察工作的女检察官较多，问她们法医鉴定看了没有？她们说不敢看。这不行，一定要认真研究，才能发现问题。比如最高人民法院的一位大法官在讲课的时候，告诫说不能太迷信科学证据。他当时管死刑复核，死刑复核案件送到最高法院，如果核准就执行死刑。有一天晚上加班看卷，二审高院报上来的案卷中，被告人指纹和现场提取的指纹是同一认定。但他怎么看怎么不一样，他高度近视，那时候 50 多岁了，又是晚上。就让年轻人过来看两枚指纹是否一样，年轻人一看，一个簸箕一个斗，这怎么能一样。后来这个案子打回去就再也没有上来，意味着死缓甚至无罪。如果不仔细看的话，这个案子绝对是错案。现场的指纹和被告人的指纹不一样，为什么大家都不细看，因为大家都觉得不懂科学证据，实际上也是一种对科学证据的迷信。

DNA 证据也是这样。据专家介绍，现在 DNA 技术又有新突破。白银连环杀人案已经突破了：从个人一对一的 DNA 比对认定到男系家族。白银这个案子不是把凶手抓住比对出来的，而是他的堂兄犯罪被抓后取样比对，发现他家族某男性是白银案的凶手，锁定他的男性家族就好办了，岁数小的和岁数特别大的排除，剩不了几个人就容易锁定凶手。抓这个凶手的时候，夫妻两人开了个小店正过着隐居生活。

还有就是在证据的量和抗污染能力上取得突破。比对或检测所需的样本量比原来可以少很多，大概是原先量的几分之一。抗污染能力也提高了，大家知道原先晒的时间长点，水洗或者发霉的证据就不行了，现在不是说绝对行，但很可能行。有一个案子，抓住一个抢劫和强制猥亵的人，他又供认一个多月前还抢劫过一个女的，把那个女的捅了，一说都能对上。这个人是在拉面馆打工，跑回去之后发现裤子上有许多血，就把裤子烧掉了，上衣没舍得扔就洗了洗收起来了。

这个男的有 30 多岁，出过车祸，脑子不太清醒，这种状态一般不会洗得特别干净，也没有太多反侦查的经验，所以不会多洗几回或者用开水烫，可能稍微洗一下就算了。后来公安机关把上衣找到了，刀子没有找到，砖头也没有找到，现场对上了，但是感觉证据不够。公安机关左右为难，他们认为洗过 DNA 鉴定就做不出来了，我建议他们去试一下，因为 DNA 技术发展这么快还是有可能的。据说公安部物证鉴定中心做这个水平很高，上海做的也很好。后来公安机关采纳了建议，检测出在袖子上有血迹而且是被害人的，这下证据就扎实了。

法医精神病鉴定要坚持无病推定。不能轻易启动也不能轻易认定，这是有科学依据的。严格说人没有能力判断别人有精神病，因为角度不一样，感受不一样，处理问题的方法不一样，很难判断别人精神上有问题。

视频作为证据在案件中用得越来越多，不注意审查也容易出现错案。曾经遇到这么一个案子：一帮人在饭店里吃饭时打起来了，追着楼上楼下跑，店里的工作人员维护秩序拦他们，有一个很壮的客人和一个人对骂，突然镜头一闪，特别壮的人一头栽倒，那个人看看扭头走了。那个人体态中等，是饭店老板的亲戚，在云南当兵休年假来这里顺便帮忙看店。这个视频有 20 分钟，一开始倒地的人胸部起伏还有呼吸，后来就没有了，十来分钟后 120 来了，穿着白大褂的医务人员抢救了一会儿就走了，最后公安机关来现场勘查。视频可以确定最终那个倒地的人死了，但看不清怎么样倒地的。有办案人员说，这是由于自己喝醉了酒一头栽倒撞死的，法医鉴定为颅骨损伤出血死亡。这个案子是在批捕环节拿过来请示的。如果是他情绪激动又喝醉了酒一头栽倒，就不构成犯罪。如果是那个人把他推倒的，故意伤害致人死亡就能定罪。大家围着视频反复看就是看不清怎么倒地的，当时就是快速一闪。

我隐隐看着像是摔跤柔道的动作，就问那个人是干什么的？说在云南当兵，我就建议去查到底当的是什么兵，因为感觉他是侦察兵或者特种兵之类的。再者进行视频影像处理，建议找影视公司或者婚纱摄影店用专业软件把视频放慢，放慢之后就是一帧一帧跟照片一样画面。后来一查那个人在云南当特种兵，还获过武术比赛前几名。后来把视频放慢一看就是一个过顶摔的动作。为什么感觉镜头闪，就是他出手太快了，身子一晃直接把人摔死了。喝酒后特别容易出现伤亡，心脑血管容易膨胀。由此可见，大家一定要注意认真审查视频，如果看不清就算了的话，很可能案子就办错了。

六、隐蔽证据

由于隐蔽证据具有补强口供的作用和定罪倾向，办案人员在司法实践中往往非常留意甚至过分依赖隐蔽证据。隐蔽证据规则在我国立法上尚属空白，在司法解释中仅有两个内容相似的规定。为解决隐蔽证据规则运用中的种种问题，除了要完善立法之外，还要在案件办理过程中注意区别相对隐蔽证据和绝对隐蔽证据，区别重罪案件、轻罪案件和某些特殊类型的案件。

聂树斌案是近年来一个非常典型的冤假错案，引起社会各界的广泛关注。在聂树斌案中发现的花衬衣和钥匙串应属于相对隐蔽证据，而不是绝对隐蔽证据，证明力不高。我们先来看看聂树斌案的基本案情：康某某于1994年被杀死在玉米地里，后来出现了一案"两凶"。一个"凶手"是聂树斌，已于1995年被执行死刑。对他定罪的重要依据之一是他供出了一个隐蔽证据，即尸体脖子上系着的一件花衬衣。花衬衣上面还盖着玉米秸和杂草，很隐蔽。另一个"凶手"是王书金，王书金没有供出脖子上的花衬衣，却供出了案发中心现场附近的一串钥匙。聂树斌没有供出这串钥匙。聂树斌在被执行死刑20多年后，该案于2016年年底被最高法院认定为错案。王书金虽然供认自己是杀害康某某的凶手，却没有被法院认定，至今还被关押着。

这个案子涉及很多证据问题，其中特别重要的就是关于隐蔽证据规则的理解与适用问题。下面主要从三个方面来研究：法律依据、作用与导向、问题与对策。

首先来看隐蔽证据的法律依据。在一些案件中，侦查人员根据犯罪嫌疑人的供述，可以获得此前在侦查工作中未能收集到的证据，尤其是重要的物证。这种基于犯罪嫌疑人供述而发现的证据通常被称为隐蔽证据。隐蔽证据还可以概括为：不易为案外人觉察而通常只有作案人知晓的案件信息或者是案情信息。例如，根据犯罪嫌疑人指认在河沟中打捞出来的作案工具刀子；根据犯罪嫌疑人交代在他家中地下挖出的被害人尸体等。这些隐蔽证据能够建立犯罪嫌疑人与犯罪证据之间的关联，具有较强的证明力，并可印证犯罪嫌疑人供述的真实性。隐蔽证据往往具有以下特点：间接性、细节性、独特性、独立性等。这些特点归结为一点，就是隐蔽性，即不易被发现或猜到。

我国《刑事诉讼法》没有关于隐蔽证据的规定，但在两个司法解释中有相关规定，分别是《关于办理死刑案件审查判断证据若干问题的规定》（以下简称《死刑案件证据规定》）第三十四条和《最高人民法院关于适用〈刑事诉讼法〉的解释》(以下简称《解释》)第一百零六条,二者内容基本一致。《死刑案件证据规定》第三十四条规定:"根据被告人的供述、指认提取到了隐蔽性很强的物证、书证,且与其他证明犯罪事实发生的证据互相印证,并排除串供、逼供、诱供等可能性的,可以认定有罪。"《解释》第一百零六条规定:"根据被告人的供述、指认提取到了隐蔽性很强的物证、书证,且被告人的供述与其他证明犯罪事实发生的证据相互印证,并排除串供、逼供、诱供等可能性的,可以认定被告人有罪。"可见,按照上述司法解释的规定,我国隐蔽证据的范围仅限于物证和书证,不包括言辞证据。

其次来看隐蔽证据的作用和导向。隐蔽证据的作用是补强口供。口供往往具有不可信性、易变性的特点,如何认定或印证口供的真实性呢?方法之一就是凭借隐蔽证据规则。作为重要的证据种类之一,口供素有"证据之王"之称,真实的口供对案件事实具有极强的证明作用。而我国历史上就有倚重口供的传统,司法实践中的刑讯逼供等行为极有可能导致口供的虚假性,现行司法体制又难以有效保障口供的自愿性和真实性。因此,我国《刑事诉讼法》确立了口供补强规则。隐蔽证据规则就是对口供补强规则的具体细化和完善。

隐蔽证据的倾向是定罪。虽然司法解释规定的是"可以"认定被告人有罪,但这里的"可以"明显具有定罪倾向,或者说有很强的定罪倾向。因为从条文内容来看,在"可以"前面列举了那么多限制条件,比如隐蔽性很强,又有其他的证据相互印证,而且还排除了串供、逼供、诱供等可能性,这种情况下规定"可以"认定被告人有罪,这里的"可以"应该理解为接近于"应当"。当然法律或司法解释不能明确规定为"应当",那样就太教条了。因为司法实践千差万别,要给司法官一定的自由裁量权。另外,如果规定为"应当"的话,就等于又退回到法定主义证据模式了。因此,虽然规定的是"可以",其实是倾向定罪的。

最后来看隐蔽证据规则的运用。在司法实践中,隐蔽证据规则的运用主要存在以下问题:

一是过度渴望。由于办案的时间紧、压力大,也由于案件本身的重大、疑难、复杂,办案人员往往非常渴望能发现隐蔽证据。

二是过分相信。有的办案人员之所以认为所办案件虽然复杂却非常容易认定，就是因为发现了隐蔽证据。因为隐蔽证据很难为案外人所知，人们往往相信，得到隐蔽证据补强的供述具有高度可信性。其思维逻辑是：如果你没有罪，怎么会交代出那么多细节。正是基于对隐蔽证据的高度信任，侦查人员和司法人员在办案时很留意此类证据。在司法实践中正是由于对隐蔽证据的过分信任，常常会影响办案人员对其他证据的评价，甚至会排斥与之矛盾的其他证据。可以说人们对隐蔽证据的态度是非常复杂的，既渴望，又相信，甚至过分依赖。

三是程度难以把握。什么是隐蔽证据？何种程度算隐蔽性很强？由于人的主观认识差异较大，导致司法实践中对隐蔽证据的准确界定也非常困难。

四是口供污染。在司法实践中，根据犯罪嫌疑人供述的来源，可将案件大致分为两类：嫌疑人先供述，侦查机关后掌握犯罪事实的案件；侦查机关先掌握犯罪事实，后得到嫌疑人供述的案件。前一种可以说是自愿供述，能够排除非法取证的可能，因而可信，可不必要求强制补强其他证据，只根据嫌疑人的供述和其他一些可印证的证据即可定案。后一种是侦查机关掌握一定的间接证据（这些间接证据不足以认定嫌疑人系作案人）后再获得的嫌疑人供述，极易引发非法取证行为，供述的真实性极有可能存在瑕疵。这种情况下有些证据看起来隐蔽性很强，但如果犯罪嫌疑人的口供是通过诱供、逼供等方式取得的，实际上口供已经受到了污染，这时候所谓的"隐蔽证据"实际上并不隐蔽了。

解决上述问题的对策如下：

第一，区分绝对隐蔽证据和相对隐蔽证据。

绝对隐蔽证据就是除了作案人知道以外，包括办案人或者到过现场的人都不可能知道的证据。该类证据的隐蔽性非常强，是真正意义上的隐蔽证据或者说是绝对的隐蔽证据。

相对隐蔽证据，比如说作案人知道，但是办案人也知道的隐蔽证据。这种情况下，办案人为破案和立功，可能会诱导犯罪嫌疑人，导致实际上不是真正凶手的犯罪嫌疑人，说出了某个隐蔽性信息，这实际上是受到了污染的隐蔽证据。还有一种情况，就是作案人知道，办案人可能知道也可能不知道，但是案发现场没有得到很好的保护，有过路或者围观的群众看到了"隐蔽"证据，证据的隐蔽性实际上已遭到了某种程度甚至是完全的破坏，只能算是相对的隐蔽证据。

在聂树斌案中，是不是有人到过现场？是不是有人看到了死者脖子上被遮盖的花衬衣？即使花衬衣上面盖着玉米秸和杂草，但是有没有这种情况：杂草或者玉米秸滑落了，有人到现场看到了花衬衣。甚至不排除案发时死者脖子上本来什么也没有盖，后来有过路群众帮着盖上了玉米秸和杂草。这时隐蔽信息实际上早已遭到了破坏，这些"隐蔽"证据实际上是受到了污染的证据。因此要区分绝对隐蔽证据和相对隐蔽证据，对相对隐蔽证据的运用尤其要慎重，必须结合全案证据综合判断。

第二，区分重罪案件和轻罪案件。

从学理上分析，在轻罪案件中，对隐蔽证据的运用标准，可以把握得稍微宽一点。比如有这样一个案例：村民乙回到家中，见村民甲在屋内，乙连忙查看，发现藏在柜子内的2万元现金不翼而飞。甲辩解说刚进门没见什么现金，并主动翻衣让乙查看。乙遂报警。警察经耐心盘问，甲答："乙可能忘了把钱藏哪儿了，没准藏到里间屋的米缸里了。"按甲的说法寻找，果然2万元现金深埋在米缸内。对于此类轻罪案件，依据隐蔽证据并结合其他证据就可以认定甲盗窃罪成立。

但是对于重罪，尤其是命案，可能适用死刑、无期徒刑的，即使能够认定存在绝对隐蔽证据的情况下，也要慎重，也必须结合全案所有证据来综合判断。因为从错案的发生机制分析，虚假补强的发生率与案件的严重程度成正比。首先，案件越重大，口供真实性的保证越重要。该类案件一旦定罪，刑罚很重，甚至可能判处死刑，没有被告人口供法官通常不敢判决，这会促使控方努力取得口供。其次案件越重大，违法取证的可能性越大。刑罚的严重程度会影响供述的意愿，案件越重大，嫌疑人自愿供述的可能性往往越低。而案件越重大，破案的压力就越大，违法取证的可能性也越大，虚假补强的可能性随之增加。最后，案件越重大，无辜者被释放的可能性越低。因为案件越重大，有人应对此负责的社会心理就越强。若无替代者出现，无辜者摆脱诉讼的难度就越大。

第三，注意某些特殊类型的犯罪案件。

既要注意涉及未成年人的、有精神疾病的、限制刑事责任能力的案件，还要特别注意某些特殊人群的犯罪案件。例如，父子几人涉嫌共同杀害某人，如果有一个人招认了，这种情况下即使有隐蔽性很强的证据，也要保持警惕。因为有可能出现一个儿子主动愿意承担责任，其他人承担赡养老人的义务。这种情况下，因为是共同犯罪，很可能隐蔽证据大家都知道，办理此类案件一定要慎重。还有交通肇事案件，例如夫妻二人共同开车，一个有公职一个没有工作。为保住公职，没有工作的可能会说是他（她）开车发生的交通肇事，这时候的隐蔽证据往往也能对上，因为事发时两人都在车上，或顶包时一人会把细节告诉另一人。处理这类案件就要格外慎重，否则，就会由于对隐蔽证据的错误认定而导致冤假错案。

综上所述，在康某某被杀案中，无论是聂树斌供述的花衬衣，还是王书金供述的钥匙串，都只能是相对的隐蔽证据，证明力都不大甚至可能等于零。并且，由于是命案，对该案的认定就不能过多依赖于所发现的这一两个隐蔽证据，而是要在理性分析全案证据基础上综合判断。不要让聂树斌式冤假错案的悲剧再度发生。

七、其他证据

大家还要注意刑事案件事实的多时空存在问题。案件在普通民众中、在当事人中是一种状态存在，时间、空间、主体不同；到侦查环节又不同；到检察环节又是一种存在；到法院又是另一种。这要求我们必须换位思考，才能办好案子，不出错案。简单说就是要有三种意识三种能力：要有侦查意识和侦查能力，要有辩护的意识和能力，还要有审判的意识和能力。这样就会形成倒逼机制，逼迫我们审查证据少出错不出错，从而在检察环节有效防范冤假错案的发生。

到案过程大家也要注意，聂树斌也好，呼格也好，这些冤假错案的到案过程都是跳跃式到案。到案时什么证据都没有，到案之后才开始找这个口供，找那个工具。防范冤假错案，大家要注意审查到案过程，到案之后的证据先不要看，先看到案之前有什么证据。如果到案之前什么证据都没有，后来通过口供找到凶器很有可能会搞错。聂树斌案、呼格案都是这样。个别不负责的侦查人员有一个习惯：丈夫死了怀疑妻子，妻子死了怀疑丈夫，丈夫妻子如果都怀疑不了，谁报案就怀疑谁。当然这也是人之常情，也是他们的经验，但是我们审查案件时要注意，到案之前和到案之后要尤其注意证据问题，到案过程要避免跳跃式到案。

讯问笔录大家也要注意。如有的为图省事随意粘贴，实践中出现了行贿和受贿的笔录连标点符号都一样的极端情况。粘贴复制乱套了也会导致错案。三个人抢劫杀害一个出租车司机，致命伤是刀捅的，副驾驶这个人用刀捅，后面两个人用绳子勒。粘贴复制乱了，当时公安没有看出来，检察院也没有看出来，到法院法官和律师看出来了。讯问笔录是这么写的：我捅他的时候他挣扎，我就使劲用绳勒，勒的时候他挣扎我就使劲捅，三个人的行为说不清了。法官说要不就撤案，要不就判事实不清无罪。当然不能接受被判无罪，检察院赶快找公安机关沟通，公安机关认为检察机关没有及时监督。然后再提审被告人，问到底谁捅的，谁勒的，这些人也不傻，回答说时间长记不清了，以原先说的为准吧。怎能记不清，以前说不清又怎么以此为准。最后沟通后，本来是杀人偿命的案件，结果都保住了性命，这实际上也是一种错案。

本讲作者：

郭云忠　国家检察官学院教务部主任、教授

深入学习贯彻民法典

　　《民法典》已于 2021 年 1 月 1 日起施行。实施好民法典，需要各级领导干部把握以下五个要点：深刻领会为什么要学习《民法典》、学深悟透《民法典》的基本原则、准确理解《民法典》的基本框架和基本制度、全面把握《民法典》对领导干部提出的新要求。

一、深刻领会为什么要学习《民法典》

　　德国法学家耶林曾言："不是公法而是私法才是各民族政治教育的真正学校。"我国有学者认为，法治的历史也充分说明，没有民法和民法传统的社会，要实行法治是极其困难的，甚至是不可能的。有学者甚至说："宪法是万法之父，民法是万法之母。欲明宪法，先知民法。"

　　德国法学家耶林还讲，罗马帝国曾经三次征服世界，第一次靠武力，第二次靠宗教，第三次靠法律，唯有法律的征服是最为持久的征服。要知道，罗马法的核心是罗马私法，东罗马皇帝查士丁尼主持编纂的《国法大全》也叫《民法大全》，征服世界的罗马法是罗马私法，即民法。而在中国的古代文献中，"法"与"刑"通用。中国几千年的法制史中，民法始终不发达。推进全面依法治国，我们缺乏的是民法传统、民法文化，这一课必须补上，而且应当从作为"关键少数"的领导干部开始。

笔者在地方政府挂职之前，和很多领导干部一样总认为依法行政主要是依公法，尤其是依行政法行政，可到地方工作后发现，地方政府的很多法律事务直接或间接与民法相关，如政府采购、国企改制、土地确权出让征收、劳动人事争议处理等。实践中，大量地方政府债务的形成与不理性举债、违法违规担保不无关系。有的领导干部惯于长官意志，动辄改变规则、"运动式"执法、"一刀切"执法，不能最大程度尊重市场主体的理性，不能平等对待各类市场主体，不能充分尊重市场主体的权利，不善于运用合同安排事务。凡此种种，深层次的原因还是平等、自愿、公平、诚信的民法精神没有入脑入心，平等思维、权利思维、契约思维等民法思维还没有养成。

领导干部贯彻实施《民法典》，首先应充分认识到实施好《民法典》的重大意义，这是推动《民法典》实施的前提。经过最近一段时间的密集宣传培训，各级领导干部对实施好《民法典》的必要性、重要性的认识有了一定程度的提高，但依然需要深化。

（一）充分认识实施好《民法典》对保障人民权益实现和发展的重大意义

以人民为中心，首先应保障人民权利的实现和发展。以人民为中心，要求实现好、维护好、发展好人民的根本利益，而人民的根本利益主要体现在人民的民事权利中。民法是权利法，《民法典》是由人格权、身份权、物权、债权、知识产权、继承权、股权及其他投资性权利等构筑起来的权利大厦，在每一大类权利之中，又包含名称不同、内容各异的众多具体权利，甚至次级权利类型，如物权可再细分为所有权、用益物权和担保物权三类，其中的用益物权又包括国有建设用地使用权、集体建设用地使用权、宅基地使用权、土地承包经营权、土地经营权、居住权和地役权等诸多具体权利。老百姓的根本利益就是通过一个个具体权利得以固定、呈现。不了解权利，就无法精准把握老百姓的根本利益所在，实现好、维护好、发展好人民的根本利益就可能成为一句空话；不了解权利，就很难做到尊重权利、不侵犯权利，也就很难指望严格依法行政、依法办事。《民法典》不仅吸收了既有民事法律中的民事权利，而且根据时代发展需要增加规定了隐私权、居住权、土地经营权等新型权利，进一步丰富了民事权利种类。以人民为中心，就要切实保障权利的实现和发展。

以人民为中心，还应保障尚未成长为权利的利益的实现和发展。权利自然体现的是人民的根本利益，但人民的根本利益并不以权利为限。《民法典》在其第一条第一句就规定"为了保护民事主体的合法权益"，又在第三条规定"民事主体的人身权利、财产权利以及其他合法权益受法律保护，任何组织或者个人不得侵犯"，足以表明《民法典》不仅保护权利，还保护不是权利的重大利益。比如，《民法典》在总则编第五章列举具体人格权之前，在第一百零九条规定"自然人的人身自由、人格尊严受法律保护"，就是强调《民法典》对人格权的保护不以列举的生命权、身体权等具体人格权为限，没有以具体人格权形式保护的人格利益，也在《民法典》的保障范围之内。事实上，有些民事权利也经历了从纳入法律保护利益进而逐渐成长为权利的过程。《民法典》并未确定个人信息权，但却用不少条文对个人信息保护作出了明确规定，这说明个人信息已经被纳入民法保护的重大利益范围。以人民为中心，权利的保障和实现固然重要，利益的保障和实现同样不可忽视。

（二）充分认识实施好《民法典》对发展社会主义市场经济、巩固社会主义基本经济制度的重大意义

民法典为健全社会主义市场经济体制奠定了坚实的制度基础。市场经济是交换经济，交换需要适格的交换主体、清晰的可交换权利、有效的交换工具和妥当的责任机制，而这些都是由民法建构起来的，民法典是市场经济的基本法。民法源自古罗马法，罗马民法之所以发达，是因为罗马的商品经济比较发达，可以说罗马的商品经济成就了罗马民法，而罗马用平等、自由、公平的民法文化征服了世界。民法表达的是商品生产与交换的一般条件，包括社会分工与所有权、身份平等、契约自由。民法的历史表明，民法的发达程度与市场经济的繁荣程度呈正相关。民法以平等、自愿、公平、诚信、公序良俗为基本价值指引，以"慈母般的眼神"鼓励意思自治、自由创造和全

面发展，又不忘秩序、安全维护和弱者保护，通过主体制度、权利制度、行为制度和责任制度的构建为市场经济运行提供基本遵循。《民法典》在以往民事规范的基础上，进一步优化了民事主体分类、丰富了民事权利种类、完善了民事交易规则、平衡了民事责任和行为自由，为社会主义市场经济体制的健全提供了良法支撑。

《民法典》以法典的形式固化了社会主义基本经济制度的新表述。法典的基本特征是体系性、稳定性、权威性，作为市场经济基本法的《民法典》，就是要将市场经济的根本制度固定下来，从而达到稳预期、利长远的目的。《民法典》吸收党的十九届四中全会决定关于社会主义基本经济制度的新表述，将《物权法》"国家在社会主义初级阶段，坚持公有制为主体、多种所有制经济共同发展的基本经济制度"的表述，修改为"国家坚持和完善公有制为主体、多种所有制经济共同发展，按劳分配为主体、多种分配方式并存，社会主义市场经济体制等社会主义基本经济制度"①，一方面删除了"在社会主义初级阶段"这一时间限定，另一方面丰富了基本经济制度的内容，将"社会主义市场经济体制"等在民法典中固定下来，意义深远。

（三）充分认识实施好《民法典》对提高我们党治国理政水平的重大意义

治国理政，法治是基本方式。法治的基本要义是规范约束公权力、保障私权利。《民法典》为我们开出了需要保障的民事"权利清单"和"利益清单"，实现好、维护好、发展好这些民事权利和利益，是对我们党和政府提出的实实在在的要求，唯有不断提高治理能力，方能满足人民的权益需求、法治需求。

实施好《民法典》，需要处理好政府和市场的关系。从计划经济的权力经济走向市场经济的权利经济，一个核心命题就是如何处理好政府和市场的关系，这在当下突出地表现为如何让市场在资源配置中起决定性作用及更好

① 《民法典》第二百零六条第一款。

发挥政府作用。在资源配置改革中，一方面，"行政权力退出的空间有多大，民事权利伸展的空间就有多大"，要最大限度地减少政府直接配置资源，让市场起决定性作用；另一方面，要更好发挥政府在资源确权、国有资源产权运行机制改革、资源市场体系建设和产权保护中的重要作用。《民法典》全面总结规定了宪法、物权法及各单行自然资源法关于自然资源的权属规定，原则规定了国有和集体所有自然资源的代表行使主体，明确规定了集体经济组织等特别法人类型，这对于进一步推动自然资源产权制度改革及确权登记制度的完善等具有重要意义。

实施好《民法典》，需要妥当处理权力与权利的关系。权力和权利的关系，既复杂又敏感。权利需要权力维护、保障，但权力行使不当又会伤及权利，而且与民事主体之间的侵权相比，公权力对私权利的伤害风险更大、影响更坏。规范约束公权力，不仅是公法的使命，民法对权利的明确和丰富也会对权力的规范行使发挥重要作用。《民法典》对权利的规定，不仅在为老百姓之间划清行为自由的界限，也是为公权力的行使者指示行权履责的边界。认真对待权利，不仅是依法行政的要求，也是对依法立法、依法决策和依法办案的要求。当然，认真对待权利并不意味着权利绝对不可限制。公权力有边界，私权利也非绝对。在实行死刑的国家，生命权可以剥夺，何况其他人身或财产权利的限制。因此，真正的问题不是权利可不可以限制，而是权利如何限制，尤其是对限制权利的权力的限制。也就是说，问题的关键在于对权利的限制也是有限度的。这里的限度主要体现在以下几个方面：一是目的的正当性——公共利益。公共利益是公权力限制私权利的正当理由，也是唯一理由。二是形式的正当性——法定性。对生命权的剥夺、人身自由的限制只能通过法律为之，税种的设立、税率的确定和税收的征管以及对非国有财产的征收征用一般也应通过法律规定，规范性文件"不得违法减损公民、法人和其他组织的合法权益或者增加其义务，侵犯公民人身权、财产权、人格权等基本权利"。三是程序的正当性——纠纷的可诉性。相互性原则包括公众参与决策、被限制者参与法律适用程序及可争议性（特别是可诉性），这一原则并非要求限制必须取得被限制者的同意，但不能排除立法和适用法律中被限制者的意见的影响。比如，法律适用中限制权利，应当说明理由和依据，给当事人充分的信息及申辩的机会。权利人对权利的限制不服的，应当允许其通过诉讼等途径得到救济。四是征收征用情形补偿的正当性——公正补偿。征收征用是对个别人财产权的限制，为了公共利益需要的征收征用不能以牺牲少数人利益为代价。领导干部一定要把握这些公权力限制私权利的基本要求，在诸如传染病防控、"合村并居"等活动中涉及限制民事权利时，多问问是否符合公共利益、是否有法律依据、是否履行了正当程序、是否给予了公正补偿，就会平衡好公权力行使和私权利保障的关系，从而少犯一些"低级错误"，减少社会矛盾，降低舆情风险。

二、学深悟透《民法典》的基本原则

基本原则是整部《民法典》的灵魂，是贯穿《民法典》的价值主线。掌握民法基本原则，既有利于学好民法、树立民法精神，也有利于科学立法、严格规范公正文明执法和公正司法。民法基本原则前文已介绍，此处再适当补充说明。

平等是民法最基本的原则，也是市场经济最根本的一项原则，其要义是起点平等，即市场主体参与市场活动的法律地位平等，而非现实的平等、结果平等。平等包括主体平等、权利平等、机会平等。平等贯穿于《民法典》始终，具体体现在：民法调整平等主体的自然人、法人和非法人组织之间的人身关系和财产关系；民事主体法律地位一律平等，自然人的民事权利能力一律平等；民事主体的财产权利受法律平等保护，国家、集体、私人的物权和其他权利人的物权受法律平等保护；婚姻男女平等，家庭成员应当维护平等、和睦、文明的婚姻家庭关系，夫妻在婚姻家庭中地位平等，夫妻双方平等享有对未成年子女抚养、教育和保护的权利，夫妻对共同财产有平等的处理权；继承权男女平等。当然，民法强调平等，但也重视对未成年人、老年人、妇女、消费者等弱者的保护。

自愿是指民事主体得自主地进行民事活动的基本准则，其基础是当事人是自己利益的最佳判断者，基本理念是保障和鼓励人们依照自己的意志进行民事活动、参与市场交易，也就是意思自治。民法意义上的自愿是没有受到欺诈、胁迫，也没有被乘人之危的真正的自愿，也即《民法典》第一百四十三条所规定的"意思表示真实"。意思表示真实是合同、遗嘱等民事法律行为有效的基本要件，恶意串通、受欺诈、被胁迫或乘人之危而导致意思表示不真实是合同或遗嘱等无效或可撤销的主要原因。民法强调的自愿是真正的自愿，因此，当自愿交易的基础不存在时，民法就要强制缔约，如供用电、水、气、热力领域供应方有强制缔约义务。另外，为了实现特定公共利益，法律也可能规定双方都负有强制缔约义务，如机动车强制责任保险。

公平是正义的道德观在法律上的体现，指民事主体应依据社会公认的公平观念从事民事活动，以维持当事人之间的利益均衡。平等强调起点的平等，公平强调权利义务设定的公平。因此，一方面，民法反对"霸王条款"的存在，对可能导致权利义务失衡的格式条款予以规制，避免不合理的结果出现；对因情势变更等特定情形导致结果显失公平的给予变更或撤销的机会。当然，值得注意的是，公平是一个主观性很强的概念，民法强调公平，但对民事交易结果的调整权力予以严格限制，以免对既有交易秩序造成过大冲击，影响当事人预期。典型的例子就是《民法典》侵权责任编对《民法通则》侵权公平责任条款的修正。《民法通则》第一百三十二条规定："当事人对造成损害都没有过错的，可以根据实际情况，由当事人分担民事责任。"这一条规定中的"可以根据实际情况"赋予了法官过大自由裁量权，司法实践中存在不同程度的滥用。《民法典》第一千一百八十六条在删除"可以根据实际情况"的同时，对双方分担损失增加"依照法律的规定"的限制性条件，从而将侵权公平责任的适用限定在必要的范围内。

诚信即诚实信用的简称，是指从事民事活动的民事主体在行使权利和履行义务时必须意图诚实、善意，行使权利不侵害他人与社会的利益，履行义务，信守承诺和法律规定。民事主体缔结合同，即使考虑再周全，约定再详细，也不可能做到尽善尽美、滴水不漏。无论合同约定不明条款的解释，还是合同的履行，甚至合同终止后相关义务的履行，都可能需要诚信原则的指导。比如《民法典》第五百五十八条规定："债权债务终止后，当事人应当遵循诚信等原则，根据交易习惯履行通知、协助、保密、旧物回收等义务。"

公序良俗是公共秩序和善良风俗的合称，在现代市场经济社会，它有维护国家社会一般利益及一般道德观念的重要功能。按照《民法典》，违背公序良俗的合同、遗嘱等民事法律行为无效，姓名权的设定、使用等不得违背公序良俗。从司法实践来看，最高人民法院 2019 年发布的《全国法院民商事审判工作会议纪要》明确规定："违反规章一般情况下不影响合同效力，但该规章的内容涉及金融安全、市场秩序、国家宏观政策等公序良俗的，应当认定合同无效。"这里讲的公序良俗显然是指公共秩序意义上的公序良俗。

绿色是我国《民法典》独有的原则，意在回应生态文明对民事立法的要求。《民法典》关于绿色原则的法律表达是"节约资源、保护生态环境"，具体体现在建设用地使用权的设定、合同的履行，尤其是环境和生态侵权责任方面。

《民法典》总则编规定的基本原则不仅对《民法典》各分编具体规则的设定有重要统领价值，对未来《民法典》配套民事法规的制定、司法解释的出台及具体民事案件的裁判都具有重要指导意义。我们常说万变不离其"宗"，民法基本原则就是民法的"宗"。领导干部一定要准确理解把握民法基本原则的精神要义，掌握了基本原则，即使不懂得民法的具体规定，也不至于犯原则性、方向性错误。

三、准确理解《民法典》的基本框架和基本制度

民法源远流长、博大精深。《民法典》7 编 1 附则 84 章 1260 条，是新中国历史上第一部以"法典"命名的法律，第一部超过 1000 条的法律，也是第一部超过 10 万字的法律。对于这样一部承载了 5000 多年中华优秀文化、2000 多年民法文化的厚重的法典，即使是民法专业人员，也不可能做到如数家珍。我国社会欠缺民法传统，民法文化的底子不厚，各级领导干部中了解民法的也不是很多，专门学习民法的时间又十分有限。考虑到这些现实，领导干部学习民法应以掌握《民法典》的基本原则和基本制度为重点，切忌

只见树木不见森林、只知民法规定不明民法精神、只知其然不知其所以然。当然，对《民法典》基本原则和基本制度的掌握应建立在对《民法典》基本框架的了解基础之上。

（一）《民法典》的基本框架

《民法典》的主体是 7 编，分别是总则、物权、合同、人格权、婚姻家庭、继承和侵权责任。各编之间的关系是：总则编主要规定民法的基本原则和各分编共同适用的一般规定，因而统领各分编，除非分编有特殊规定，否则总则的规定适用于分编。物权编和合同编调整财产关系，这两编内容最多，条文数占整部《民法典》的 62％。人格权编、婚姻家庭编和继承编主要调整人身关系或与人身关系更为紧密的财产关系。侵权责任编主要规定权利受损后的救济。

《民法典》的结构也可以从民事主体制度、民事权利制度、民事行为制度和民事责任制度四个方面去把握。民事主体制度主要规定在总则编，即《民法典》总则编第二、三、四章分别规定的自然人、法人和非法人组织。民事权利制度几乎各编都有涉及，总则编设置了民事权利的一般规定，物权编、人格权编更是以"权"为名，合同编的编名中虽未冠以"权"字，但主体内容是合同债权及不当得利、无因管理债权，婚姻家庭编、继承编的主要内容为身份权和财产权，侵权责任编规定的是侵权损害赔偿债权。民事行为制度主要体现在总则编和合同编，其他各编也有涉及，如婚姻家庭编规定的婚姻、收养协议，继承编规定的遗嘱和遗赠抚养协议。民事责任制度主要规定在总则编、合同编中的违约责任和侵权责任编。

当然，把握《民法典》的结构，不能忽略《民法典》编纂过程中争论最大的三个涉及体系结构的问题。一是人格权编是否应当独立的问题。人格权独立成编被认为是《民法典》的最大亮点，但也是《民法典》编纂过程中争论最大的问题。反对的主要理由是人格权和物权、债权等权利不同，是消极性权利，不可流转、不能放弃，法律不明确宣示也应当保护，因此，可以通过侵权责任进行保护，个人信息保护等可以规定在总则编；而主张独立的主要理由是在信息社会，个人信息等应当突出保护，在总则部分规定过多人格权的内容会造成总则编不同权利之间的不平衡，独立成编更有利于彰显国家对于人格权、人格尊严的重视。二是是否应当设置知识产权编。一些知识产权法领域学者极力主张设置知识产权编，理由是知识产权是重要的民事权利类型，《民法总则》已经在民事权利中对知识产权作了规定，在国家重视创新、强调知识产权保护的知识经济时代，在《民法典》中设置知识产权编有重要意义。但反对者认为，知识产品日新月异、知识产权法常变常新，且知识产权法的管理法色彩浓厚，因此，不宜在《民法典》中独立成编，否则既影响《民法典》的稳定性，也不利于知识产权制度的创新。三是各分编的顺序问题。主张人格权独立成编的有些学者认为应当将人格权排在分编之首，以示对人格权的重视，凸显人权保障的时代特色，从而与其他国家重视财产权的民法典结构区别开来。反对观点认为，人格权编、婚姻家庭编均主要调整人身关系，如果人格权编居分编之首，婚姻家庭编及与此有密切关系的继承编也应随之提前，其结果是占据民法典整体内容将近 2/3 篇幅的物权编和合同编被置后，从整体结构看，显然有失平衡。

（二）《民法典》的基本制度

《民法典》的基本制度包括主体制度、权利制度、行为制度和责任制度。这已在前文介绍。以下仅对个别内容予以强调。

营利法人与非营利法人的根本区别并不在于是否能够营利，非营利法人也有可以营利的，而在于取得利润之后以及在法人终止时能不能向其设立人、出资人、会员等分配利润。我国实践中的民办学校似乎既有营利性的，也有非营利性的，这是值得关注的。至于承认农村集体经济组织法人等为特别法人，其主要意义在于明确农村集体经济组织等的法人地位，从而有利于农民等特殊主体的权利保护。

非法人组织与法人的主要区别即在于法人以其财产独立承担责任，因此其投资人以其出资为限承担有限责任；而非法人组织并不能独立承担责任，因此其设立人要承担无限责任。不过，在合伙企业中，又有有限合伙企业这一特殊类型，即其合伙人由普通合伙人和有限合伙人组成，普通合伙人承担无限（连带）责任，有限合伙人承担有限责任。

此外，领导干部还应掌握一些基础知识。比如我们很多人不知道民法中的"以上""以下""以内""届满"包括本数，而"不满""超过""以外"则不包括本数，以至于很容易说"八周岁以下的未成年人为无行为能力人"，而应该说"不满八周岁的未成年人为无民事行为能力人"。

四、全面把握《民法典》对领导干部提出的新要求

《民法典》的颁布实施，对党政工作提出了新要求。《民法典》的教育培训，应突出强调这些新要求，以提高培训的针对性。

第一，《民法典》的颁行，开启了轰轰烈烈的权利教育、法治教育序幕，这将进一步提高人们的权利需求、法治需求，从而推高对党政工作的标准。改革开放四十多年来，我们党的依法执政能力、政府的依法行政能力、司法机关的依法办案能力等均取得了重大进展。但与老百姓日益增长的法治需求相比，我们的法治供给能力还明显不足，无法与需求的增长保持同步。而与《民法典（草案）》审议及《民法典》颁布实施相伴随的法治需求快速增长相应的，应该是党政领导法治供给能力的快速提高。

第二，《民法典》本身对政府工作提出了不少具体要求。如针对突发事件应对中可能出现的监护人缺位问题，第三十四条第四款规定："因发生突发事件等紧急情况，监护人暂时无法履行监护职责，被监护人的生活处于无人照料状态的，被监护人住所地的居民委员会、村民委员会或者民政部门应当为被监护人安排必要的临时生活照料措施。"针对业主大会成立难问题，第二百七十七条第二款规定："地方人民政府有关部门、居民委员会应当对设立业主大会和选举业主委员会给予指导和协助。"针对性骚扰，第一千零一十条第二款规定："机关、企业、学校等单位应当采取合理的预防、受理投诉、调查处置等措施，防止和制止利用职权、从属关系等实施性骚扰。"针对个人信息保护，第一千零三十九条规定："国家机关、承担行政职能的

法定机构及其工作人员对于履行职责过程中知悉的自然人的隐私和个人信息，应当予以保密，不得泄露或者向他人非法提供。"针对不明抛掷物、坠落物致害责任认定难问题，第一千二百五十四条明确规定"公安等机关应当依法及时调查，查清责任人。"

第三，《民法典》的颁布，并不意味着民事立法大功告成，未来一段时期，民事法律的立、改、废、释任务依然繁重。2020 年 5 月 29 日中共中央政治局第二十次集体学习中，习近平总书记特别强调，有关国家机关要适应改革开放和社会主义现代化建设要求，加强同民法典相关联、相配套的法律法规制度建设，不断总结实践经验，修改完善相关法律法规和司法解释。对同民法典规定和原则不一致的国家有关规定，要抓紧清理，该修改的修改，该废止的废止。要发挥法律解释的作用，及时明确法律规定含义和适用法律依据，保持民法典稳定性和适应性相统一。随着经济社会不断发展、经济社会生活中各种利益关系不断变化，民法典在实施过程中必然会遇到一些新情况新问题。要坚持问题导向，适应技术发展进步新需要，在新的实践基础上推动民法典不断完善和发展。

本讲作者：

刘　锐　中共中央党校（国家行政学院）政治和法律教研部教授

重视网络安全和个人数据保护

一、网络安全和数据保护问题的由来

（一）网络安全问题

随着网络时代的到来，网络安全成为国家安全的重要组成部分，"没有网络安全就没有国家安全"已经成为战略共识。斯诺登事件、乌克兰电网遭攻击、"想哭"蠕虫病毒全球扩散等，足以表明网络安全问题已成为全球共同面临的问题。随着世界多极化、经济全球化、文化多样化、社会信息化深入发展，国家间竞争日益激烈，网络空间已成为各国竞争与博弈的新领域，各国普遍将网络安全提升至国家战略层面，纷纷制定规则保障发展，加强监管。如美国于 2003 年发布了《网络空间安全国家战略》，2011 年又先后发布《网络空间可信身份国家战略》《网络空间国际战略》《网络空间行动战略》。由此，"网络空间安全"的概念开始出现，而陆、海、空、天、网五大空间概念也开始成为非传统安全领域的重要理念。

我国同样面临着复杂的网络安全威胁。境外敌对势力把我国作为网络意识形态渗透与攻击的重点，网络空间主导权争夺激烈，而数据跨境流动监管缺失直接威胁我国网络主权和国家司法权力架构。多领域"跨际"和"供应链渗透"威胁着工控、能源、交通、金融、电力等关键信息基础设施的安全。境内大规模个人信息泄露事件不断发生，网络诈骗、非法入侵、系统攻击等更加频繁,严重威胁社会公共安全和公民合法权益,网络安全问题日益凸显。2013 年党的十八届三中全会通过的《中共中央关于全面深化改革若干重大问题的决定》强调:"加大依法管理网络力度,加快完善互联网管理领导体制,确保国家网络和信息安全"。2014 年 2 月,中央网络安全和信息化领导小组成立,习近平总书记在主持召开该领导小组第一次会议时着重强调,努力把我国建设成为网络强国。2014 年 4 月,习近平总书记在主持召开中央国家安全委员会第一次会议时,提出坚持"总体国家安全观",走出一条中国特色国家安全道路,并首次提出"11 种安全",①11 种安全中包括信息安全,尚未明确提及网络安全。2015 年《国家安全法》提出了"网络与信息安全"概念②,2015 年《反恐怖主义法》规定"落实网络安全、信息内容监督制度和安全技术防范措施"。2016 年《网络安全法》使用了"网络安全""网络信息安全"与"网络数据安全"三个概念,界定网络安全为"通过采取必要措施,防范对网络的攻击、侵入、干扰、破坏和非法使用以及意外事故,使网络处于稳定可靠运行的状态,以及保障网络数据的完整性、保密性、可用性的能力"。从内涵上,《网络安全法》确立了网络安全主要包括网络运行安全、网络信息安全、网络数据安全三个维度。

(二)数据保护问题

如果说石油是工业时代最重要的大宗商品,那么数据将是后工业时代即数字经济时代数一数二的大宗商品。作为数字经济的核心资源,采集、提炼、流转、分析以致消费数据,将贯穿整个数字经济产业链。可以说,谁掌

---

① 即构建集政治安全、国土安全、军事安全、经济安全、文化安全、社会安全、科技安全、信息安全、生态安全、资源安全、核安全等于一体的国家安全体系。

② 《国家安全法》指出"国家建设网络与信息安全保障体系,提升网络与信息安全保护能力",并规定"实现网络和信息核心技术、关键基础设施和重要领域信息系统及数据的安全可控;加强网络管理,防范、制止和依法惩治网络攻击、网络入侵、网络窃密、散布违法有害信息等网络违法犯罪行为,维护国家网络空间主权、安全和发展利益"。

据了数据产业链的关键环节，谁就将成为数字经济的核心参与者。数字经济时代，数据既是企业的核心资产，也是国家的基础性战略资源。同时，用户数据还涉及用户权益的保护，尤其是用户隐私保护问题，因此数据合规问题涉及国家利益与社会公共利益、商业秩序维护和用户权益保护等多重维度。纵观国内外立法态势，政府对数据的监管有显著加强的趋势，数据本地化和数据跨境安全评估趋势愈加明显，数据留存、数据内容管理等方面的要求愈发强化。同时，数据流通中还涉及传统的反垄断、反不正当竞争、商业秘密与知识产权保护等法律领域。

2020 年 7 月，全国人大常委会法工委发布《中华人民共和国数据安全法（草案）》并广泛征求意见。该草案就数据的定义、数据的监管机构及框架、数据的分类分级保护及重要数据管理、数据的国家安全审查机制、数据交易及在线处理的管理机制等进行了规定，但是该草案原则性规定较多，对于一些重要问题，比如数据的分类分级，重要数据的定义等没有进行界定，且留给各地区、各部门根据本地区和本部门的情况制定"重要数据"保护目录。

二、我国《网络安全法》的主要内容

《网络安全法》是我国第一部全面规范网络空间安全管理的基础性法律，共七章七十九条，主要规定了立法目的与方针、网络主权与国家安全、适用范围、监管体系和法律责任，以及网络安全支持促进及安全保障制度及义务要求。

（一）网络主权与网络安全

网络主权是国家主权在网络空间的体现和延伸，网络主权原则是我国维护国家安全和利益、参与网络国际治理和合作所坚持的重要原则。为此，《网络安全法》将维护网络空间主权和国家安全作为立法宗旨。同时，按照安全与发展并重的原则，设专章对国家网络安全战略和重要领域网络安全规划、促进网络安全的支持措施作了规定。《网络安全法》还对国家战略及国际合作作出规定。我国参与网络空间国际合作的重点领域为：网络空间治理、网络技术研发、网络技术标准制定和打击网络违法犯罪。

（二）适用范围、适用主体、监管机构及法律责任

《网络安全法》在第一章总则部分规定了适用范围、适用主体及监督管理机制，并在第六章法律责任部分规定了义务主体违反《网络安全法》规定所面临的法律责任。需要注意的是，在适用地域方面，鉴于跨境网络活动的特殊性，《网络安全法》的效力不仅限于境内，还有一定的域外效力。第五条规定，国家采取措施，监测、防御、处置来源于中华人民共和国境内外的网络安全风险和威胁；第五十条规定，国家网信部门和有关部门发现来源于中华人民共和国境外的我国法律、行政法规禁止发布或者传输的信息的，应当通知有关机构采取技术措施和其他必要措施阻断传播；第七十五条规定，境外的机构、组织、个人从事攻击、侵入、干扰、破坏等危害中华人民共和国的关键信息基础设施的活动，造成严重后果的，依法追究法律责任；国务院公安部门和有关部门可以决定对该机构、组织、个人采取冻结财产或者其他必要的制裁措施。另外，其他法律规定的涉外网络活动应当适用我国法律的，也要遵循我国法律相关要求。

《网络安全法》确立了网信部门统筹协调、多部门协同的监管机制。《网络安全法》第八条规定："国家网信部门负责统筹协调网络安全工作和相关监督管理工作。国务院电信主管部门、公安部门和其他有关机关依照本法和有关法律、行政法规的规定，在各自职责范围内负责网络安全保护和监督管理工作。"工信部和地方通信管理局主要负责监管电信业务和互联网服务提供者，网信办经国务院授权主要负责管理互联网上的信息内容，公安部和地方公安部门主要负责信息犯罪和其他相关事务。其他的监管部门在法律赋予的职权范围内对互联网信息进行监管。

（三）网络安全支持促进措施

《网络安全法》立法的指导思想之一即是坚持安全与发展并重。体现在具体内容上，《网络安全法》既规定了安全保障义务，也规定了支持促进措施。第二章"网络安全支持与促进"专章规定了对网络安全的促进措施，在网络安全标准体系、网络安全技术与产业发展、社会化服务体系、数据资源开发利用、网络安全宣传教育、网络安全人才培养等方面规定了促进措施，对相关政府部门提出要求。与此同时，在对网络安全制度作出规范的同时，注意保护各类网络主体的合法权利，保障网络信息依法有序自由流动，促进网络技术创新和信息化持续健康发展。

（四）网络安全保障制度及义务要求

《网络安全法》第三到五章规定了网络安全保障措施及相关主体的义务。《网络安全法》第十条提出了保障网络安全的总体要求，"建设、运营网络或者通过网络提供服务，应当依照法律、行政法规的规定和国家标准的强制性要求，采取技术措施和其他必要措施，保障网络安全、稳定运行，有效应对网络安全事件，防范网络违法犯罪活动，维护网络数据的完整性、保密性和可用性。"具体制度及要求方面，可分为保障网络产品与服务安全、保障网络运行安全、保障网络数据安全、保障网络信息安全、监测预警与应急处置等几个方面。

（五）网络运营者的主要义务

《网络安全法》规定了几类义务主体，如针对"网络运营者""关键信息基础设施运营者""网络产品和服务提供者"以及"任何组织和个人"等均提出了相应的要求。网络运营者，特别是电信运营商、大型互联网企业等拥有海量用户的主体，是网络社会最重要的节点，也是实施网络治理的关键主体。《网络安全法》的立法说明指出，保障网络运行安全，必须落实网络运营者"第一责任人"的责任。我国在网络政策上主张"谁接入,谁负责""谁运营,谁负责",一直强调网络运营者的"主体责任",要求网络运营者对其运营的网站和提供的网络产品和服务承担安全义务。《网络安全法》则在法律层面将网络运营者的网络信息安全义务和责任法定化。《网络安全法》对网络运营者的具体义务要求可分为以下几个方面。

第一,保障网络产品和服务安全。维护网络安全,首先要保障网络产品和服务安全。《网络安全法》主要做了如下规定:一是明确网络产品和服务提供者的安全义务,包括不得设置恶意程序,及时向用户告知安全缺陷、漏洞等风险,提供持续安全维护服务等。二是网络关键设备和网络安全专用产品的认证检测义务,网络关键设备和网络安全专用产品应按照相关国家标准的强制性要求,由具备资格的机构安全认证合格或者安全监测符合要求后,方可销售提供。三是关键信息基础设施运营者采购网络产品、服务的安全审查义务。《网络安全法》第三十五条规定,关键信息基础设施的运营者采购网络产品和服务,可能影响国家安全的,应当通过国家网信部门会同国务院有关部门组织的国家安全审查。2020年4月27日,国家互联网信息办公室会同国家发展和改革委员会等12部局联合发布《网络安全审查办法》,并于2020年6月1日正式实施,取代了国家网信办2017年发布的《网络产品和服务安全审查办法(试行)》。新的审查办法强调关键信息基础设施运营供应链安全的立法目标,将网络安全审查改"被动确定"为"主动申报",减轻网络安全审查工作机构的负担,也有利于更加精确、灵活认定网络安全审查对象。

第二,保障网络运行安全。网络运行安全是网络安全的核心,主要体现在维护一般网络及关键信息基础设施的稳定运行安全两个方面。一是落实网络安全等级保护义务。《网络安全法》将现有的网络安全等级保护制度上升为法律,要求网络运营者应当按照网络安全等级保护制度的要求,履行相应的安全保护义务,如制定内部安全管理制度和操作规程,确定网络安全负责人、落实网络安全保护责任、采取技术措施、留存相关日志、数据分类、重要数据备份和加密等措施,保障网络免受干扰、破坏或者未经授权的访问,防止网络数据泄露或者被窃取、篡改。二是关键信息基础设施安全保障义务。《网络安全法》确立了关键信息基础设施保护制度，对于"关键信息基础设施运营者"这一重要主体的义务作出了细致的规范。关键信息基础设施运营者除遵守网络运营者的一般义务外，还应履行增强性义务，例如设置专门机构及负责人、关键岗位人员背景审查、重要系统和数据库容灾备份、制定应急预案及定期演练等安全保护义务、采购网络产品和服务的安全审查、与供应商签署安全保密协议、境内运营中收集的数据进行境内存储和跨境安全评估、至少每年开展监测评估等。

　　第三，保障网络数据安全。《网络安全法》的亮点是强化了数据安全保护的义务，主要体现为以下几个方面。一是网络运营者的一般性数据安全维护义务，如要求网络运营者采取数据分类、重要数据备份和加密等措施，防止网络数据泄露或者被窃取、篡改。二是保护用户个人信息的义务，网络安全法强化了个人信息保护的义务要求，规范个人信息的收集、使用、处理和对外提供等环节的义务，增设了个人对其信息的删除权、更正权和数据泄露告知通报义务，要求网络运营者建立健全用户信息保护制度，防止公民个人信息数据被非法获取、泄露或者非法使用。三是关键信息基础设施运营者的数据跨境安全评估义务。《网络安全法》规定，关键信息基础设施的运营者在中华人民共和国境内运营中收集和产生的个人信息和重要数据应当在境内存储。因业务需要，确需向境外提供的，应当按照国家网信部门会同国务院有关部门制定的办法进行安全评估；法律、行政法规另有规定的，依照其规定。

　　第四，保障网络信息安全。《网络安全法》在此前相关法律规范的基础上，进一步强化和完善了网络运营者在维护网络信息安全时的义务。一是网络实名制要求，确立网络身份管理制度即网络实名制，以保障网络信息的可溯性。二是网络运营者处置违法信息的义务，网络运营者应当加强对其用户发布的信息的管理，发现法律、行政法规禁止发布或者传输的信息的，应当立即停止传输该信息，采取消除等处置措施，防止信息扩散，保存有关记录，并向有关主管部门报告。三是不得设置恶意程序，网络运营者发送的电子信息、提供的应用软件，不得设置恶意程序，不得含有法律、行政法规禁止发布或者传输的信息。

第五，安全事件应急响应与配合执法等义务。《网络安全法》强化了网络运营者的安全事件应急响应的义务，同时重申了网络运营者配合监管机构履行职能的义务。一是网络安全事件应急处置义务。《网络安全法》规定网络运营者应制定网络安全事件应急预案，及时处置系统漏洞、计算机病毒、网络攻击、网络侵入等安全风险。同时网络运营者应建立网络信息安全投诉举报制度，公布投诉举报方式等信息并及时处置。二是对执法监管机构的配合义务。网络运营者对网信部门和有关部门依法实施的监督检查，应当予以配合；与此同时，网络运营者应当为公安机关、国家安全机关依法维护国家安全和侦查犯罪的活动提供技术支持和协助。

（六）网络运营者的责任

如果网络运营者违反上述《网络安全法》的义务规定，可能面临相应的行政责任、民事责任、刑事责任等法律后果。

1.行政责任

《网络安全法》规定的行政责任主要有以下几种类型：一是警告、责令改正。网络运营者违反相关义务，相关主管机构可先行进行警告、责令改正等处罚。二是罚款。《网络安全法》规定，违反相关要求的，针对单位（或个人），有违法所得的，没收违法所得并乘以相应倍数进行罚款；没有违法所得的，罚款额度为一万至一百万元不等；同时，《网络安全法》也规定了直接针对责任人的处罚，针对直接负责的主管人员和其他直接责任人员的罚款额度为五千至十万元不等。三是吊销执照、停业整顿等。网络运营者违反相关规定，可面临暂停相关业务、停业整顿、关闭网站、吊销相关业务许可证或者吊销营业执照等处罚。四是拘留。情节严重，且不构成犯罪的，可处五日以下或五日至十五日拘留。五是上级机关的责令改正及处分。对于国家机关政务网络的运营者，由上级机关或有关机构责令改正，对直接负责的主管人员和其他责任人员依法给予处分。六是其他处罚手段。如治安管理处罚、约谈、记入信用档案等。

《网络安全法》还规定了从业禁止的处罚，第六十三条规定，违反网络安全法第二十七条规定，从事危害网络安全的活动，或者提供帮助，受到治安管理处罚的人员，五年内不得从事网络安全管理和网络运营关键岗位的工作；受到刑事处罚的人员，终身不得从事网络安全管理和网络运营关键岗位。

2017 年 8 月，广东省网信办对腾讯公司微信公众号平台存在用户传播暴力恐怖、虚假信息、淫秽色情等危害国家安全、公共安全、社会秩序的信息问题依法展开立案调查。经查，腾讯公司对其微信公众号平台用户发布的有关法律法规禁止发布的信息未尽到管理义务，其行为违反《网络安全法》第四十七条之规定。根据《网络安全法》第六十八条规定，广东省网信办对腾讯公司作出最高罚款的处罚决定。

2017 年 8 月 12 日，蚌埠怀远县教师进修学校网站因网络安全等级保护制度落实不到位，遭黑客攻击入侵。蚌埠市公安局网安支队调查案件时发现，该网站自上线运行以来，始终未进行网络安全等级保护的定级备案、等级测评等工作，未落实网络安全等级保护制度，未履行网络安全保护义务。根据《网络安全法》第五十六条之规定，省公安厅网络安全保卫总队约谈怀远县教师进修学校法定代表人、怀远县人民政府分管副县长。蚌埠市局网安支队依法对网络运营单位怀远县教师进修学校处以一万五千元罚款，对负有直接责任的副校长处以五千元罚款。

2. 民事责任

违反《网络安全法》规定，给他人造成损害的，依法承担民事责任。网络运营者如因违反《网络安全法》的行为给他人造成损失的，具有民事上的可诉性，网络运营者将承担相应的民事责任。

3. 刑事责任

网络运营者违反《网络安全法》规定，如符合《刑法》的相关规定，还将面临刑事处罚。网络运营者有可能会触犯的刑法罪名有：拒不履行信息网络安全管理义务罪（《刑法》第二百八十六条）、侵犯公民个人信息罪（《刑法》

第二百五十三条）、非法侵入计算机信息系统罪（《刑法》第二百八十五条）、非法利用信息网络罪（《刑法》第二百八十七条）、帮助信息网络犯罪活动罪（《刑法》第二百八十七条）、盗窃罪（《刑法》第二百六十四条）、诈骗罪（《刑法》第二百六十六条）、编造、故意传播虚假信息罪（《刑法》第二百九十一条）等。

三、个人数据保护

（一）个人数据的范围

全球立法对个人数据（与个人数据称谓相同的主要有个人资料、个人信息、个人隐私等，笔者对其不作刻意区分，主要采用个人数据这一称谓）的定义逐渐呈现趋同性的趋势，个人数据的可识别性是判断数据是否属于个人数据的核心元素，个人数据的"识别性"构成了国际公认的一般特征。我国目前主要的两种定义个人数据的模式：一种为定义加列举式，如工信部出台的《电信和互联网用户个人信息保护规定》《电信和互联网服务用户个人信息保护定义和分类》。另一种则为单纯定义模式，如《个人信息保护法（草案）》的定义。

总的而言，目前各国比较认同的个人数据主要包括：（1）身份信息，如姓名、年龄、居住地、ID 号码、国籍、种族、民族、政治面貌等；（2）偏好信息，如生活习惯、饮食习惯、业余爱好、行为模式、个人好恶、消费习惯；（3）网络信息，如网络账户（昵称）和密码、位置、IP 地址、Cookie 数据和 RFID 标签等；（4）社交信息，如家庭、朋友、社会关系、成长经历、社团组织、通讯记录等；（5）生物识别，如人脸、指纹、虹膜、声音、遗传信息等；（6）职业信息，如职务、工作单位、收入、工作经验、社会保险、公积金等；（7）健康信息，如医疗、保健、运动数据等；（8）经济信息，如储蓄、投资、理财、资产、负债、房产、租金等；（9）其他信息，如性取向、宗教信仰、犯罪记录等。我国 2020 年版的《个人信息安全规范》将用户画像等加工后信息也纳入个人信息和个人敏感信息予以保护。

[典型案例]

原某宽带公司的技术经理王某，通过原公司朋友获得公司宽带服务器后台账号，通过账号其筛选出大量超过 3 个月以上未使用的宽带账号，经过后台账号修改后将宽带账号密码予以低价售卖，获利 1 万余元。当时法院的争议焦点就是：用于上网的宽带账号密码是否属于"公民个人信息"。对此有两派意见：一种观点认为，根据 2017 年 5 月 8 日两高发布的《关于办理侵犯公民个人信息刑事案件适用法律若干问题的解释》（以下简称《解释》），第一条明确指出"公民个人信息"包括账号密码。另一种观点认为，单纯的宽带上网账号和密码仅仅是简单的数字和字母的组合，不具有人身性、身份性，不能认定为"公民个人信息"。

最终法院认定，对公民个人信息的理解不能仅关注形式上的列举，更要牢牢把握公民个人信息的本质特征，即单独或与其他信息相结合，能达到识别公民个人的目的。实务中，大量的行为人通过不法手段获取其他公民在网络上所注册使用的账号密码，如 QQ 号、邮箱账户密码、支付宝账号等，这些账号的共同特点是：除账户本身的数字符号外，账户内往往还记载或者能反映出注册人（或者被注册人）的手机号、身份证号等个人信息，换言之，这些账号最终都能指向具体的个人。尤其是 2016 年 7 月 1 日《非银行支付机构网络支付业务管理办法》实施之后，凡是具有支付功能的账号都将要求实名认证后才可以使用（如支付宝账号）。这些经过实名认证的账号具有极强的身份属性，可以理解为《解释》中的"账号密码"。但本案中行为人获取的宽带账号和密码系由随机的数字和字母组成，行为人获取账号密码后，只是获得了宽带的使用权，并无法获知该账号所有人的其他信息，更无法将这些账号与特定公民个人进行对应。因此，对这些账号的非法获取可能涉嫌其他侵犯财产类、破坏计算机信息管理类犯罪，但不属于侵犯公民个人信息罪。

（二）个人数据保护立法

美国的个人数据保护主要是以隐私保护的形式出现，隐私保护的法律主要体现为不同行业和领域的专门法律规范。例如在金融领域的《金融服务现代化法案》，在儿童隐私保护领域的《儿童线上隐私保护法》以及在电子通信领域的《电子通信隐私法》。欧盟2018年5月生效的《通用数据保护条例》（General Data Protection Regulation，GDPR）在国际社会产生了深远影响及示范效应。GDPR适用范围极为广泛，任何收集、传输、保留或处理涉及欧盟所有成员国内的个人信息的机构组织均受该条例的约束。2017年1月发布的《隐私与电子通信条例》作为GDPR的特别法，将适用范围拓展到通信领域的所有电子通信服务提供商，包括即时通信软件等OTT服务商等，并对电子通信领域的隐私保护进行了专门的规定。

我国目前初步形成了以宪法为统领，民事法律、刑事法律及行政法规提供全面保护，并由个人信息保护法特别法提供专门保护的一套完整的个人数据保护体系。

我国《宪法》关于保障人权、人格尊严、通信和住宅隐私的有关规定，是个人信息权利的宪法来源。2014年最高人民法院发布的《关于审理利用信息网络侵害人身权益民事纠纷案件适用法律若干问题的规定》第十二条确定了个人信息的保护范围。2017年《民法总则》正式将个人信息纳入民法典的保护之中。

《刑法修正案（七）》第七条针对个人信息犯罪作了规定。2017年最高人民法院发布了《最高人民法院、最高人民检察院关于办理侵犯公民个人信息刑事案件适用法律若干问题的解释》。

2013年国家工业和信息化部出台《电信和互联网个人信息保护规定》完善了电信和互联网行业的个人信息保护制度。同年，《信息安全技术公共及商用服务信息系统个人信息保护指南》正式实施，这是我国首个个人信息保护国家标准。该指南同样对个人信息进行定义并将个人信息区别为一般信息和敏感信息，并规定在获得敏感信息前要得到个人信息主体的明示同意。

该标准还提出了处理个人信息时应当遵循的八项基本原则①。

2018 年 5 月，全国信息安全标准化技术委员会发布《信息安全技术个人信息安全规范》（GB/T 35273-2017），在参考欧盟 GDPR 和其他国家个人信息保护规范的基础上，对个人信息及其相关术语进行定义，更新并完善了个人信息基本原则，涵盖个人信息的收集、保存、使用、委托处理、共享、转让、公开披露等多个环节，对安全事件处置和组织管理提出要求。2020 年版的《信息安全技术个人信息安全规范》（GB/T 35273-2020）已于 2020 年 10 月 1 日正式实施。

《民法典》真正在我国系统地确立个人信息保护制度并明确自然人个人信息权益。《民法典》不仅在总则编的"民事权利"章对个人信息保护作出了规定，更重要的是在独立成编的"人格权编"中专章就个人信息保护作出了具体而又详细的规定。该制度最主要的创新与发展集中在五个方面：明确了自然人的个人信息权益的性质，将之界定为人格权益；区分私密信息与其他个人信息，明确私密信息的保护中隐私权保护规则与个人信息保护规则的适用关系；统一使用"处理"涵盖个人信息的相关行为，实现对个人信息收集、处理、加工、使用、提供和公开等行为的全面规范；明确了个人信息权益的具体内容，有利于充分实现对自然人人格尊严和人格自由的保护；明确侵害个人信息的免责事由，有助于很好地实现权益保护与自由维护的协调。②

2020 年 10 月 21 日，《个人信息保护法（草案）》向社会公开征求意见。《个人信息保护法（草案）》吸收了上述法律文件对个人信息保护的相关规定，并结合实践经验，在借鉴 GDPR 等国际经验的基础上，形成了一部相对完善的立法草案。该草案的亮点在于：明确了法律的域外适用效力，明确个人信息主体权利，增加了个人信息处理的合法性基础，增强个人信息处理者责任，首次在法律层面构建了以分级分类为管理思想的相对宽松的个人信息跨境流动制度，建立了由国家网信部门负责统筹协调，国务院有关部门在各自

---

① 目的明确原则、最少够用原则、公开告知原则、个人同意原则、质量保证原则、安全保障原则、诚信履行原则、责任明确原则。

② 参见程啸：《我国〈民法典〉个人信息保护制度的创新与发展》，载《财经法学》2020 年第 4 期。

职责范围内负责个人信息保护和监督管理工作的全面监管架构。

（三）个人数据保护的基本原则

1980 年，经济合作与发展组织（OECD）在《关于保护隐私和个人信息跨国流通指导原则》中提出了个人信息保护八项原则，即收集限制原则、数据质量原则、目的明确原则、使用限制原则、安全保障原则、公开性原则、个人参与原则、问责制原则。这些指导原则对全球各国的立法产生了巨大的影响，已经成为制定个人信息保护文件的国际标准，各国立法在此八项原则基础上，也不断完善各国关于个人数据保护的基本原则，总体如下：

1. 收集限制

数据的采集应具备特定的目的，且该目的具有合法性或正当性。同时，数据使用时也仅限采集时授权或约定的特定目的，非经授权不得为目的外使用。

2. 合法采集

数据的来源应当合法，不得采集法律法规禁止采集的数据；不通过非法手段采集、获取数据，如数据非法买卖、黑客攻击等。数据的使用手段不得违反法律法规的禁止性要求，不得将数据用于从事非法行为。

3. 手段正当

数据采集应当通过正当的手段，禁止通过窃取、欺诈、胁迫等不正当手段或侵犯隐私的手段采集数据。

4. 最小必要

数据的采集仅限于实现特定目的所必要的最小范围。企业对数据的利用不得超出实现采集目的所需要的必要限度，在目的达成后，应及时删除或做去识别化处理。

5.透明度

数据的采集行为及采集目的、方式、范围及后续利用等对被采集者透明，需要向被采集者履行告知义务并确保其充分知悉。

6.授权同意

数据的采集要经过利益相关方的授权，并且在授权范围内采集和利用。根据《网络安全法》，数据对外提供主要有两种合法授权的事由：一为用户同意，其同意必须建立在充分知情的基础之上。二为匿名化处理。此项规定对大数据后续的分析利用和价值的开发具有重要意义，但是何以构成有效的匿名成为大数据业务中面临的一道棘手难题。根据《网络安全法》，个人信息的去识别化是指"经过处理无法识别特定个人且不能复原"的状态。何以构成"不能复原"，实务中并无统一定论。同个人信息的定义一样，匿名信息是否有效地界定也是主观、动态的，取决于具体场景中如何使用，是一个价值判断而非单纯的技术性考量，需要在具体场景中评估匿名化信息再识别的可能性，有效防范在后续利用中的隐私泄露风险。

7.用户参与

数据开发利用的过程中应确保作为利益相关方的用户的充分参与，确保其能够行使查询、获取、更正、删除、异议等权利；数据共享应经过数据采集方及提供方充分授权，如用户同意或经过去识别化处理等；《网络安全法》规定，网络运营者不得泄露、篡改、毁损其收集的个人信息；未经被收集者同意，不得向他人提供个人信息。但是，经过处理无法识别特定个人且不能复原的除外。

8.合理性

数据的采集要具备与场景及特定目的相应的合理性，遵循用户的合理期待。数据的使用目的应具备合理性，数据的处理及结果的使用应遵循公平性及非歧视性原则，数据的使用不应给利益相关方带来不合理的风险。

9. 权益维护

数据的采集、开发利用行为或结果不得侵犯他人的合法权益，如商业秘密、知识产权、隐私权、名誉权等。

10. 风险控制

企业对数据的使用行为及影响后果应进行风险评估，将其风险控制在合理水平。数据处理、持有方应在组织内部建立组织管理和技术措施，防止数据泄露、篡改、未经授权的访问、利用的机制。在组织内部建立数据管理机制，是做好数据安全管理的基本保障，也是落实责任原则、承担组织责任的必然要求。组织内部缺乏有效的数据安全管理机制是造成黑客攻击、内部盗窃、个人信息泄露的根源。

（四）个人的数据权利

个人的数据权利（personal data rights）主要指个体对自我数据（能识别相关主体的数据）进行管理和控制，并排除他人侵犯的权利，社会群体中每个人都应享有同等的属于自己的数据权利。我国《网络安全法》及其他相关规定设定的"个人信息权"大致有八类：知情权、同意权、访问权、可携权、撤回权、更正权、删除权、注销权。

1. 知情权

知情权是指数据主体享有知悉、获取依法可供查询的数据的自由与权利。

2. 同意权

同意权是指个人或者企业组织在收集处理个人数据前必须先通知个人数据主体，并且征得其同意后，才可以采集个人数据，同时也包括后续对个人数据的处理过程中如果涉及数据主体的利益，收集者和处理者都负有告知义务，需要经过数据主体的授权。

3. 访问权

我国《个人信息安全规范》设置了"个人信息访问"权，要求个人信息控制者应向个人信息主体提供访问三类信息的方法：一是其所持有的关于该主体的个人信息或类型；二是上述个人信息的来源、所用于的目的；三是已经获得上述个人信息的第三方身份或类型。如果个人信息主体提出访问非其主动提供的个人信息时，个人信息控制者可在综合考虑不响应请求可能对个人信息主体合法权益带来的风险和损害，以及技术可行性、实现请求的成本等因素后，作出是否响应的决定，并给出解释说明。

4. 可携权

数据可携权是赋予数据主体数据移植的权利，以降低"锁定效应"（lock-in effect），减少对平台或服务商的依赖性。我国虽未在法律规范中规定个人对数据的携带权，但在部分领域也高度重视数据的可移植性。例如，2014 年出台的国家标准《云计算服务安全指南》高度关注"容易产生对云服务商的过度依赖"的风险。《指南》第 6.7.7 款规定了党政机关上云数据的可移植与互操作性。移植是指将信息和业务从一个云服务商迁移到另一个云服务商的云计算平台，或迁移回客户的数据中心。

5. 撤回权

个人信息主体有权撤回其先前的同意，个人信息控制者应向个人信息主体提供方法，撤回收集、使用其个人信息的同意授权。撤回同意后，个人信息控制者后续不得再处理相应的个人信息。

6. 更正权

确保数据的质量是数据控制者的义务之一。错误的个人数据将会对个人权益造成严重损害，对个人数据的更正权同样是国际通用的原则。数据更正权是指个人数据主体对其拥有的个人数据享有修改的权利，数据主体也可以授权别人来行使这项权利。也就是说没有经过数据主体的授权，任何人都不能对个人数据随便修改。

7. 删除权

删除权是指当用户不再希望个人数据被处理并且数据控制者已经没有合法理由保存该数据，用户有权要求删除数据。

8. 注销权

注销权是指个人信息主体有注销其账户的权利。

四、中国数据跨境流动的做法

2013 年《信息安全技术公共及商用服务信息系统个人信息保护指南》首次涉及跨境数据传输问题。该《指南》5.4.5 条规定："未经个人信息主体的明示同意，或法律法规明确规定，或未经主管部门同意，个人信息管理者不得将个人信息转移给境外个人信息获得者，包括位于境外的个人或境外注册的组织和机构。"该条规定仅限于个人信息，规范对象较为狭窄，立法层级偏低，对于跨境数据传输的规制也较为粗陋。

在《网络安全法》颁布后，国家互联网信息办公室 2017 年 4 月发布《个人信息和重要数据出境安全评估办法(征求意见稿)》，但是该办法几易其稿，仍未获得多方利益相关方的认可。2019 年 6 月 13 日，国家互联网信息办公室发布《个人信息出境安全评估办法（征求意见稿）》，此举表示国家意识到个人信息跨境传输的监管主要关乎于个人信息主体的权利行使，而重要数据的保护则以国家安全和公共利益为主要考量，二者的价值取向不同，立法重点也应当不同。因此，个人信息和重要数据分开监管是一个恰当的思路，且制定个人信息跨境保护机制中，以设定恰当的民事权利义务和便利的个人信息主体行权渠道为主要思路。而对于重要数据的跨境监管，应当以行政监管为主要手段。2020 年 10 月公布《个人信息保护法（草案）》，其第三章对个人信息跨境提供的规则再次进行了完善。

除此之外，其他法律法规规章中更多关注个人信息保护问题，间接涉及跨境数据传输。例如，《国家安全法》和《保守国家秘密法》分别从档案、国家秘密的角度对跨境传输问题进行规制。而《征信业管理条例》《寄递服务用户个人信息安全管理规定》《网络预约出租汽车经营服务管理暂行办法》等行政法规和部门规章从相关部门、行业的角度对跨境数据传输问题进行了原则性规定，实际的规范性价值并不充分。

（一）关键信息基础设施的范围

《网络安全法》第三十一条对关键信息基础设施的界定结合了一次审议稿和二次审议稿的不同规定，采用了概括＋列举的定义方式。一方面列举了公共通信等重要领域，另一方面又将关键信息基础设施界定为若遭遇风险可能导致严重后果的信息基础设施，概括界定的内涵解释显然可以扩展具体的关键信息基础设施的范畴。另外，该条授权国务院制定关键信息基础设施的具体范围和安全保护办法，也意味着其规制对象仍有很大的扩展空间。2017年7月，国家网信办会同相关部门起草了《关键信息基础设施安全保护条例（征求意见稿）》，其中明确了应当纳入关键信息基础设施保护范围的相关单位运行管理的网络设施和信息系统，具体包括政府机关和能源等多个行业领域，并设置了兜底条款。同时，该征求意见稿还提出将由国家网信部门会同电信部门、公安部门制定识别指南。可见，征求意见稿对于关键信息基础设施的界定依然是不完全列举，并试图通过识别制度的建立保持开放性，下一步的工作重点将转向识别指南的制定，关键问题仍在于如何认定相关行业和部门的网络信息系统涉及的数据是否可能对国家安全、国计民生和公共利益产生较大影响。

（二）跨境数据传输的安全评估

对于关键信息基础设施涉及的跨境数据传输，《网络安全法》要求运营者进行安全评估，这一规定主要是为了监督并保证对这些数据的保护符合我国的安全要求和标准，基于某些国际执法合作的需要，法律、行政法规对安全评估可以作出特别规定。2017 年 4 月，国家网信办发布的《个人信息和重要数据出境安全评估办法（征求意见稿）》就数据出境规定了自评估和监管机构评估的两层架构。涉及数据出境的网络运营者，均要自行组织对数据出境进行安全评估，出境数据达到法定标准的，网络运营者应报请行业主管或监管部门组织安全评估。而 2019 年《个人信息出境安全评估办法（征求意见稿）》在将个人信息和重要数据区别开后，其第三条删除了对个人信息出境进行自评估的环节。同时，相比《个人信息和重要数据出境安全评估办法（征求意见稿）》要求个人信息出境前，应向个人信息主体说明数据出境的事项并经其同意，而《个人信息出境安全评估办法（征求意见稿）》则仅要求网络运营者告知个人信息主体数据出境的情况。《数据安全法（草案）》第二十三条规定：国家对与履行国际义务和维护国家安全相关的属于管制物项的数据依法实施出口管制。该草案把属于管制物项的数据纳入了出口管制对象，明确了出口管制在数据活动中的作用。《个人信息保护法（草案）》第三十八条对个人信息跨境流动规定了四种合法场景：国家网信部门组织的安全评估、经专业机构进行个人信息保护认证、与境外接收方订立合同及法律、行政法规或者国家网信部门规定的其他条件。较之《个人信息出境安全评估办法（征求意见稿）》，《个人信息保护法（草案）》丰富了个人信息跨境提供的合法场景，便利企业的合规遵循。

本讲作者：

王　谨　北京电子控股有限责任公司总法律顾问

第十八讲

保护生态环境必须依靠法治

　　"生态兴则文明兴，生态衰则文明衰。"中国特色社会主义进入新时代，我国的社会主要矛盾已经转化为人民日益增长的美好生活需要和不平衡不充分的发展之间的矛盾。在此背景下，提供更多优质生态产品以满足人民日益增长的优美生态环境需要，不仅是关系民生的重大社会问题，也是关系党的使命宗旨的重大政治问题。生态文明建设作为统筹推进"五位一体"总体布局和协调推进"四个全面"战略布局的重要内容，已先后写入党章和宪法，正式成为党的执政理念和国家意志的组成部分，这也正彰显出党的领导、人民当家作主和依法治国在生态环境保护领域的高度有机统一。

　　2018 年 5 月，习近平总书记在全国生态环境保护大会上强调，地方各级党委和政府主要领导是本行政区域生态环境保护第一责任人。近年来，地方党政领导因生态环境问题被追责的例子并不鲜见，典型如 2018 年 6 月中央纪委通报曝光了六起生态环境损害责任追究典型问题，涉及天津、河北、江苏、安徽、重庆和甘肃六省市，被通报人数达 40 多人。① 与此同时，随着生态环境保护工作日益受到重视，出现了一个令人欣喜的现象，越来越多生态环保部门的干部因为政绩突出调任地方，甚至被委以重任，主政一方。

　　2018 年 5 月，习近平总书记在全国生态环境保护大会上指出，保护生

---

① 中央纪委通报曝光六起生态环境损害责任追究典型问题，http://www.ccdi.gov.cn/toutiao/201805/t20180523_172449.html，2020 年 5 月 10 日访问。

态环境必须依靠制度、依靠法治。由此可见,领导干部对于当前生态环境法治领域的若干热点问题应有所认识和把握,就践行依法执政、依法行政而言,很有必要,也十分紧迫。

一、环境保护监管执法体制与责任制度体系

习近平总书记曾指出,各级领导班子主要负责同志要做到对重要工作亲自部署、重大问题亲自过问、重要环节亲自协调、重要案件亲自督办。压实各级责任,层层抓落实。可见,理解我国环境保护监管执法的体制特点与发展方向,并对相应的环保责任制度体系有一个概要性的把握,是很有针对性和现实意义的。

(一)强化环境保护监管执法的体制安排

1."统分结合"的环境保护监管体制

党的十八届三中全会《中共中央关于全面深化改革若干重大问题的决定》首次将环境保护明确为政府的一项基本职能。政府如何履职?《环境保护法》第十条原则性地确立了"统分结合"的环境监管体制。其中,环境统管部门指的是生态环境部与地方各级政府的生态环境主管部门。2018年的党和国家机构改革整合分散的生态环境保护职责,统筹生态保护与污染防治,组建了生态环境部,统一行使生态和城乡各类污染排放监管与行政执法职责。根据2020年3月中共中央办公厅、国务院办公厅印发的《中央和国家机关有关部门生态环境保护责任清单》(以下简称《责任清单》),生态环境部的具体职责涵盖建立健全生态环境基本制度、组织实施中央生态环境保护督察、重大生态环境问题的统筹协调和监督管理、统一负责生态环境监督执法等15项。

值得注意的是,为强化跨区域和流域环境监管,生态环境部还成立了6大区域督察局,并在长江、黄河、淮河、海河等7大流域组建了生态环境监

督管理局，作为派出机构。未来，在推动京津冀协同发展、长江经济带发展、长三角区域一体化发展、粤港澳大湾区建设、黄河流域生态保护和高质量发展的战略背景下，如何进一步构建生态环保的区域、流域监管体制，特别是理顺与地方生态环境主管部门"属地监管"之间的关系，仍是一个待破解的难题。

"管发展必须管环保，管行业必须管环保，管生产必须管环保"。按照"一岗双责"的相关要求，环境分管部门的范围是相当广泛的，通过《责任清单》的进一步梳理和明确，涉及发展改革、工业和信息化、自然资源、林业草原、水利、住房城乡建设、交通运输、农业农村、商务、卫生健康、海关等行业管理部门以及科技、财政、税务、金融等支撑保障部门，共计 37 个。例如，作为统一行使全民所有自然资源资产所有者职责与统一行使国土空间用途管制和生态保护修复职责的重要部门，重组后的自然资源部承担了全民所有自然资源资产核算、建立并监督实施国土空间规划体系、海洋开发利用和保护监管等方面的 8 项职责。

应当认识到，当前，统管部门和分管部门都代表国家履行生态环境监管职能，法律地位平等，并不存在领导与被领导、监督与被监督的关系。以构建"大环保"工作格局为目标，建立健全部门间协同共享机制，促进各部门的"守土有责、守土尽责，分工协作、共同发力"，应是接下来需关注的一项重点工作。

2. 生态环境保护综合执法体制改革

尽管组建生态环境部、发布《责任清单》等一系列举措有利于厘清各环境监管部门间的职责界限，但相关职责交叉重叠的现象仍然存在，实践中多头、多层、重复执法的问题并不鲜见。如何进一步优化提升环境监管执法效能？综合执法是一条可供探索的路径。2018 年，中共中央办公厅、国务院办公厅印发《关于深化生态环境保护综合行政执法改革的指导意见》，对在生态环境保护领域开展综合执法进行了整体性部署。2020 年 3 月，经国务院同意，生态环境部印发《生态环境保护综合行政执法事项指导目录》，标志着这项工作又进入了全面铺开的实质性阶段。

在落实国务院机构改革关于职责归并要求的基础上，当前生态环境保护综合执法体制改革的核心任务，在于进一步整合有关部门的污染防治和生态保护执法职责，并组建专门的生态环境保护综合执法队伍。在职责整合方面，坚持"有统有分"和"有主有次"的原则。"有统有分"是指生态保护执法向来薄弱，且执法主体过于分散，考虑到执法能力，应以有限整合为宜。污染防治执法事项则较为明确且集中，为发挥其他部门作用，应能放则放。"有主有次"是指抓住相对集中行政处罚权这个关键环节，往前整合行政检查权，向后整合行政强制权。据此，自然资源、农业农村、水利、林业草原等部门的相关职权被整合划入生态环境监管部门。

在队伍组建方面，按照"编随事走、人随编走"的原则，在横向上整合上述相关部门的相关执法队伍，组建生态环境保护综合执法队伍。该执法队伍以本级生态环境监管部门的名义，依法统一行使污染防治、生态保护、核与辐射安全的行政检查权及相关行政处罚权、行政强制权。从纵向上看，省级综合执法队伍负责本省执法事项和重大违法案件查处，并对市县执法队伍进行业务指导、组织协调和稽查考核。设区的市级执法队伍承担属地现场执法事项，以及本市执法业务指导、组织协调和考核评价。囿于行政编制上的限制，县级执法队伍一般不采用像地方公安机关那样的"局内设队"模式，而是与县级生态环境监管部门（性质上属于市级生态环境监管部门的派出分局）实行"局队合一"，负责属地现场执法。此外，根据省以下生态环境机构监测监察执法垂直管理制度改革（一般被称为"环保垂改"）的要求，县级环境监测机构的主要职能应调整为执法监测，随县级生态环保分局一并上收到市级，并接受其工作领导，便于形成环境监测与生态环境综合执法有效联动、快速响应的局面。

生态环境保护综合执法队伍应当强化与市场监管、文化市场、交通运输、农业、城市管理等综合执法队伍的执法协同，并完善与公安机关、检察机关、审判机关在信息共享、线索和案件移送、联合调查、案情通报等方面的衔接机制。

（二）压实环境保护责任的关键制度设计

有关法律法规中确立的环境保护责任制度主要用来规范和约束行政机关及其工作人员，这是符合权责一致的法治原理的。但一个不争的事实是，党委领导干部对于地方经济社会发展战略和大政方针有着根本性、决定性的作用，同时也掌握着使用各类干部的主要权力，这都会对当地生态文明建设和环境保护工作产生重大深远影响。基于这个考虑，一些党内法规① 依据"党政同责"的理念进行了创新性的制度设计，将党政领导干部一同作为环境保护责任的主体与责任追究的对象。

1.约束行政机关的环境保护责任制度

一是环境保护目标责任制和考核评价制度。根据《环境保护法》第六条，地方各级人民政府应当对本行政区域的环境质量负责。更具体点说，省级政府负责贯彻执行中央层面的各项决策部署，组织落实目标任务、政策措施，加大资金投入；市县政府承担具体责任，统筹做好监管执法、市场规范、资金安排等工作。这里落实政府责任的关键抓手就在于环境保护目标责任制和考核评价制度（《环境保护法》第二十六条）。在目标设定方面，需要由全国人大批准的五年期国民经济和社会发展规划确立对应阶段的发展目标，提出相应的量化指标（一般分为预期性指标和约束性指标），通过制定环境保护规划等途径对环境保护指标予以进一步明确和细化，进而在地方政府之间逐级依次分解并要求遵照执行。在考核评价方面，各级政府应当将环境保护目标完成情况作为对同级生态环境监管部门及其负责人和下级政府及其负责人进行考核评价的重要依据，并权衡作出相应的奖惩任免决定。当前，综合性的生态文明建设目标评价考核体系正在逐步完善。

---

① 《中国共产党党内法规制定条例》（2013）第二条明确，党内法规是党的中央组织以及中央纪律检查委员会、中央各部门和省、自治区、直辖市党委制定的规范党组织的工作、活动和党员行为的党内规章制度的总称。依据党的十八届四中全会通过的《关于全面推进依法治国若干重大问题的决定》，党内法规制度体系已成为中国特色社会主义法治体系的有机组成部分。

二是环境保护约谈制度。环境保护约谈是近年来开始进入大众视野的一种新型环境监督制度，其典型特征在于监督机关往往一改"高高在上"的姿态，而与被监督机关的一把手进行"面对面"交流，从而有助于问题的更好解决。综合《大气污染防治法》《水污染防治法》《土壤污染防治法》《环境保护部约谈暂行办法》的有关规定来看，生态环境部和省级政府生态环境主管部门可以对未履行环境保护职责或者履职不到位的地方政府及其相关部门主要负责人，依法进行告诫谈话、指出相关问题、听取情况说明、开展提醒谈话、提出整改意见并督促整改到位，约谈整改情况应当向社会公开。

三是环境行政责任制度。环境行政机关违反环境保护法律规定的义务，或者怠于、疏于履行环境保护职责的，根据不同法定情形，会承担赔礼道歉、恢复原状、履行职务、撤销违法行政行为、纠正不当行政行为、行政赔偿等不同类型的行政责任。① 需要注意的是，根据《环境保护法》第六十八条，如果环境行政机关的行政违法行为或者行政不作为符合特定情形的，对直接负责的主管人员和其他直接责任人员会给予记过、记大过或者降级处分；造成严重后果的，应给予撤职或者开除处分，其主要负责人应当引咎辞职。

四是环境刑事责任制度。《刑法》分则第六章第六节专节规定了"破坏环境资源保护罪"，此外也有一些与环境保护相关的犯罪分布在第三章第二节"走私罪"、第九章"渎职罪"等章节。可见，环境行政机关及其工作人员如果实施了有违刑法的犯罪行为，就应当承担环境刑事责任。典型情形如违反国家规定，排放、倾倒或者处置有放射性的废物、含传染病病原体的废物、有毒物质或者其他有害物质，严重污染环境的，触犯了污染环境罪（第三百三十八条）；负有环境保护监督管理职责的国家机关工作人员严重不负责任，导致发生重大环境污染事故，致使公私财产遭受重大损失或者造成人身伤亡的严重后果的，则触犯了环境监管失职罪（第四百零八条）。

2.落实"党政同责"的环境保护责任制度

一是党政领导干部生态环境损害责任终身追究制度。根据《党政领导干

---

① 参见张璐主编：《环境与资源保护法学》，北京出版社 2018 年版，第 165 页。

部生态环境损害责任追究办法（试行）》（2015），地方各级党委和政府对本地区生态环境和资源保护负总责，党委和政府主要领导成员承担主要责任，其他有关领导成员在职责范围内承担相应责任。同时，中央和国家机关有关工作部门、地方各级党委和政府的有关工作部门及其有关机构领导人员也应当按照职责分别承担相应责任。对违背科学发展要求、造成生态环境和资源严重破坏的行为，责任人不论是否已调离、提拔或者退休，都必须严格追责。具体的责任追究形式包括诫勉、责令公开道歉、组织处理（调离岗位、引咎辞职、责令辞职、免职、降职等）与党纪政纪处分。各级政府生态环境监管部门发现有规定的追责情形的，必须依法开展调查，并在依法作出行政处罚等处理决定的同时，对相关党政领导干部应负责任的处理提出建议，将有关材料按照干部管理权限及时移送纪检监察机关或者组织（人事）部门。

二是领导干部自然资源资产离任审计制度。根据《领导干部自然资源资产离任审计暂行规定》（2017），审计机关应当充分考虑被审计领导干部任职期间所在地区或者主管业务领域的主体功能定位、自然资源资产禀赋特点、资源环境承载能力等因素，重点对其贯彻执行中央生态文明建设方针政策、决策部署以及遵守法律法规情况，自然资源资产管理和生态环境保护相关重大决策、目标完成、责任履行情况，有关资金征管用和项目建设组织运行情况等开展审计，并在综合分析其原因的基础上，客观评价领导干部在任职期间履行自然资源资产管理和生态环境保护责任的情况。被审计领导干部及其所在地区、部门（单位）应当对审计发现的问题进行及时整改。

三是生态环境保护督察制度。根据《中央生态环境保护督察工作规定》（2019），生态环境保护督察实行中央和省（自治区、直辖市）两级督察体制。中央生态环境保护督察由中央生态环境保护督察办公室（设在生态环境部）负责组织实施，原则上在每届党的中央委员会任期（5年）内应当对各省级党委和政府，国务院有关部门以及有关中央企业开展例行督察，并根据需要对督察整改情况实施"回头看"，针对突出的生态环境问题可视情况组织开展专项督察。作为中央生态环境保护督察的延伸和补充，省级生态环境保护督察可以采取例行督察、专项督察、派驻监察等方式开展工作。生态环境保护督察结果作为对被督察对象领导班子和领导干部综合考核评价、奖惩任免的重要依据，按照干部管理权限送交有关组织（人事）部门。对不履行或者不正确履行职责造成生态环境损害的地方和单位党政领导干部，应当依纪依法问责。

二、环境行政公益诉讼与生态环境损害赔偿诉讼

生态环境是人类生存与发展不可或缺的物质基础和基本条件，与当代人甚至后代人的根本利益密切相关。简单地说，社会公众基于生态环境或对生态环境享有的利益，例如清洁的空气、洁净卫生的水等，就是环境公共利益。环境公益诉讼是环境公共利益司法保障的核心制度，可以分为环境民事公益诉讼和环境行政公益诉讼。环境行政公益诉讼又可以由环保社会组织或者检察机关提起。生态环境损害赔偿诉讼作为近年来才出现的崭新诉讼类型，也是以维护环境公共利益为己任的。

在环境行政公益诉讼和生态环境损害赔偿诉讼中，行政机关分别扮演被告和原告这两种截然不同的角色。

（一）检察机关提起环境行政公益诉讼 [1]

［典型案例］

江西省安义县人民检察院诉安义县国土资源局不履行矿山地质环境保护职责案 [2]

2016 年 2 月至 2017 年 6 月，徐某某在没有办理采矿许可证和占用林地手续的情况下，雇佣他人擅自对犁头山山体进行采矿。安义县国土资源局先后六次向其下达《制止违反矿产资源法规行为通知书》，要求其停止违法开

---

① 基于多方面原因，实践中由环保社会组织提起的环境行政公益诉讼并不是特别多见。
② 本案例选自 2020 年 5 月 8 日由最高人民法院发布的 2019 年度人民法院环境资源典型案例。

采行为。2017年11月，江西省安义县人民检察院向安义县国土资源局发出检察建议。嗣后，安义县国土资源局虽陆续采取措施，但徐某某未完全按照恢复治理方案进行恢复治理。所涉地区矿山地质环境状况仍未得到根本改善。江西省安义县人民检察院提起行政公益诉讼，要求安义县国土资源局全面履行矿山地质环境保护的法定职责。

南昌铁路运输法院一审认为，安义县国土资源局负有保护和监管案涉地区矿山地质环境的法定职责。其虽先后对徐某某非法采矿行为履行了一定的监管职能，但在公益诉讼起诉人提起本案诉讼前，未督促徐某某按照恢复治理方案进行恢复治理，亦未责令徐某某缴纳土地复垦费用、代为组织复垦，案涉矿山地区至今仍土层、矿石裸露，地质环境状况未得到根本改善影响，给周边环境及居民生活带来安全隐患，国家利益和社会公共利益仍处于受侵害状态。一审判决，责令安义县国土资源局履行矿山地质环境保护职责，按照恢复治理方案恢复安义县犁头山地区的生态环境。

本案系针对非法采矿行为监管不力导致矿山地质环境破坏，而由检察机关提起的环境行政公益诉讼案件。

根据《行政诉讼法》《最高人民法院最高人民检察院关于检察公益诉讼案件适用法律若干问题的解释》（2018）等规定，检察机关提起环境行政公益诉讼具有如下显著特点：

1.公益诉讼人

检察机关基于其特殊诉讼地位，是以公益诉讼起诉人的身份提起环境行政公益诉讼的。这与一般行政诉讼中的原告存在显著不同。

2.检察建议优先

检察机关在履行职责中发现生态环境和资源保护领域负有监督管理职责的行政机关违法行使职权或者不作为，致使国家利益或者社会公共利益受到侵害的，应当向该行政机关提出检察建议，督促其依法履行职责。行政机关不依法履行职责的，检察机关再依法向人民法院提起诉讼。

3. 撤诉和变更诉讼请求的特殊事由

在案件审理过程中，如果被告纠正违法行为或者依法履行职责而使检察机关的诉讼请求全部实现，检察机关可以撤回起诉，或者变更诉讼请求，请求确认原行政行为违法。

可以发现，无论是检察建议优先，还是撤诉和变更诉讼请求的特殊事由，都强调救济环境公共利益才是诉讼的目的。如果通过行政机关履职就可以实现特定环境公共利益，则就没有提起诉讼或继续诉讼的必要了。

（二）生态环境损害赔偿诉讼

[典型案例]

贵州省人民政府、息烽诚诚劳务有限公司、贵阳开磷化肥有限公司生态环境损害赔偿协议司法确认案①

2012 年 6 月，开磷化肥公司委托息烽劳务公司承担废石膏渣的清运工作。按要求，污泥渣应被运送至正规磷石膏渣场集中处置。但从 2012 年年底开始，息烽劳务公司便将污泥渣运往大鹰田地块内非法倾倒，形成长 360 米，宽 100 米，堆填厚度最大 50 米，占地约 100 亩，堆存量约 8 万立方米的堆场。环境保护主管部门在检查时发现上述情况。贵州省环境保护厅委托相关机构进行评估并出具的《环境污染损害评估报告》显示，此次事件前期产生应急处置费用 134.2 万元，后期废渣开挖转运及生态环境修复费用约为 757.42 万元。2017 年 1 月，贵州省人民政府指定贵州省环境保护厅作为代表人，在贵州省律师协会指定律师的主持下，就大鹰田废渣倾倒造成生态环境损害事宜，与息烽劳务公司、开磷化肥公司进行磋商并达成《生态环境损害赔偿协议》。

---

① 本案例选自 2019 年 6 月 5 日由最高人民法院发布的人民法院保障生态环境损害赔偿制度改革典型案例。

2017 年 1 月 22 日，上述各方向清镇市人民法院申请对该协议进行司法确认。

清镇市人民法院依法受理后，在贵州省法院门户网站将各方达成的《生态环境损害赔偿协议》、修复方案等内容进行了公告。公告期满后，清镇市人民法院对协议内容进行了审查并依法裁定确认贵州省环境保护厅、息烽劳务公司、开磷化肥公司于 2017 年 1 月 13 日在贵州省律师协会主持下达成的《生态环境损害赔偿协议》有效。一方当事人拒绝履行或未全部履行的，对方当事人可以向人民法院申请强制执行。

本案是生态环境损害赔偿制度改革试点开展后，全国首例由省级人民政府提出申请的生态环境损害赔偿协议司法确认案件。

可以通过如下三个方面对生态环境损害赔偿诉讼加深理解：

1. 原告

根据《最高人民法院关于审理生态环境损害赔偿案件的若干规定（试行）》（2019）（以下简称《若干规定》）第一条，生态环境损害赔偿诉讼的原告包括省级、市地级人民政府及其指定的相关部门、机构，或者受国务院委托行使全民所有自然资源资产所有权的部门。根据宪法原理，国务院作为最高行政机关，代表国家行使自然资源国家所有权。但是，由于生态环境损害的发生具有复杂性、广泛性和社会性，国务院往往无暇顾及，因而会选择通过行政委托将特定生态环境损害赔偿的起诉权暂时交付给适合的地方政府行使，以便对该行政区域内的生态环境损害事件进行责任追究。基于诉讼活动的专业性，地方政府可以指定由具体的部门或机构（如生态环境监管部门）负责。同时，一些特殊区域的行政主体也可能被委托提起损害赔偿之诉，比如某国家公园管理局。

2. 适用情形

依据《生态环境损害赔偿制度改革方案》（2017）关于生态环境损害赔偿适用范围的规定，《若干规定》进一步明确了可以提起诉讼的三种具体情形，即发生较大、重大、特别重大突发环境事件的；在国家和省级主体功能区规划中划定的重点生态功能区、禁止开发区发生环境污染、生态破坏事件的；发生其他严重影响生态环境后果的。可见，生态环境损害赔偿诉讼的适用范围相比环境公益诉讼较窄。

同时，《若干规定》第二条作了排除式的规定。其中，海洋生态环境损害虽也属于广义的生态环境损害，但由于《海洋环境保护法》第九十条第二款率先确立了海洋生态环境损害赔偿诉讼，且该诉讼的确存在一些特殊之处，所以对其进行专门规定为佳。至于环境私益（涉及环境的人身权益和财产权益），则是通过环境侵权诉讼予以救济。

3. 磋商前置程序

《生态环境损害赔偿制度改革试点方案》（2015）本将磋商定位为可选择程序，但《生态环境损害赔偿制度改革方案》与《若干规定》则进一步将其明确为提起诉讼的前置程序。原告只有在与损害生态环境的责任主体经磋商未达成一致或者无法进行磋商的情况下，才可以提起生态环境损害赔偿诉讼。

应当认为，磋商是为了弥补传统环境监管手段在责任追究范围上的不足（如对生态环境的修复、对生态环境服务功能损失的赔偿等）而创设的一种行政机关履行国家环境保护责任的新方式，体现了现代环境合作治理的理念。地方政府等潜在原告针对生态环境损害问题，拥有调查、鉴定、评估的权力，通过主动与责任者进行磋商促使其承担完全意义上的赔偿责任。经磋商一致达成赔偿协议后，原告有权对协议执行情况进行监督。如果在磋商阶段即可解决问题，则无需进入诉讼程序，从而节约了司法资源。

本讲作者：

程多威　中国科学院科技战略咨询研究院助理研究员

法治国企的法律风险防范

国有企业是壮大综合国力、促进经济社会发展、保障和改善民生的重要力量，也是实施"走出去"战略、"一带一路"倡议的重要力量。如果企业不重视法律风险防控会使企业稍有不慎就被卷入刑事调查的旋涡或诉讼。情节严重的，公司董事长等高级领导人还有可能获刑。这对整个公司来说无疑是致命的打击。

毫不夸张地说，如果没有形成一套完备的合规体系，那么企业在市场行走中面临的可能不是机遇，反倒是灾难。要规范企业投资经营行为，合法合规经营，注意保护环境，履行社会责任。因此，国有企业的领导干部一定要具备法律意识、风险防控意识。

一、法治国企的概况

（一）法治国企建设的意义

近些年来中国经济腾飞，2019 年 7 月《财富》杂志发表的最新世界五百强企业榜单中，中国的企业占到 129 家，包括 48 家中央企业，其中中国石化位列第二位、中国石油和国家电网分别位列第四位和第五位。从2000 年的 10 家入选，到如今的 129 家高居榜首，世界五百强榜单的变化也折射出中国经济建设取得的重大成就。为了实现中华民族伟大复兴,国有企业的法治建设有着重大的意义,发挥着举足轻重的作用。

首先,建设法治国企是落实全面依法治国战略的必然要求。

法治是规则之治,制度之治,是依照符合人民意志和社会发展规律的法律来治理国家,不受个人意志的干预与破坏。依法治国是中国共产党领导人民治理国家的基本方略,是发展社会主义市场经济的客观需要,也是社会文明进步的显著标志,还是国家长治久安的必要保障。立善法于天下,则天下治;立善法于一国,则一国治。习近平总书记曾指出:"人类社会发展的事实证明,依法治理是最可靠、最稳定的治理。"①

而作为肩负国家特殊使命的国有企业,必将在建设社会主义法治国家中发挥"排头兵"的作用。国有企业不但要以最可靠、最雄厚、最先进的物质力量造福人民,还要承担特殊的社会责任,在法治社会建设中起模范带头作用,确保社会公平正义。

其次,建设法治国企是提升国有企业竞争力,推动综合国力上升的重要手段。

回顾人类发展的历史长河,人类97%的财富,是在过去250年,也就是人类诞生以来0.01%的时间里创造的,而创造这些财富的主角就是公司。哥伦比亚大学校长尼古拉斯·巴特勒曾说过,"有限责任公司是近代最伟大的发明。少了它,就是蒸汽机和电力的重要性也会降低!"如今,全世界70%的专利和三分之二的专利研发经费出自跨国公司。② 一个没有企业的国家是贫弱的,一个不能诞生伟大企业的时代是缺乏创造力的。

而国有企业是我国国民经济的重要组成部分。它不仅承担提高人民物质生活的重要责任,还是增强国家科技水平与国际竞争力的主力军。2016年7月,习近平总书记在全国国有企业改革座谈会上强调,国有企业是壮大国家综合实力、保障人民共同利益的重要力量,必须理直气壮做强做优做大,不断增强活力、影响力、抗风险能力,实现国有资产保值增值。

---

① 中共中央文献研究室编:《习近平关于社会主义政治建设论述摘编》,中央文献出版社2017年版,第95页。

② 参见中央电视台大型电视纪录片《公司的力量》解说词。

那么，如何推动国有企业的发展？最重要的就是坚持国有企业改革，优化治理结构，明确权责，构建良好的企业制度。一个企业能否生存、壮大，并在激烈的竞争中脱颖而出，关键就看其能否建立完善先进的企业制度。良好的制度建设、法治建设能够让企业如虎添翼，少走不少弯路。国有企业一旦建立良好的企业制度，不仅能够使企业竞争力大幅度提升，还能够反哺社会，为中国经济的持续增长打上一剂"强心针"。

最后，建设法治国企是防止国有资产流失的必经路径。

企业腐败一直是一个难以铲除的全球性问题。而国有企业的财产是国家财产，属全民所有。加强国有资产的监管，坚决防止国有资产流失是我国政府应关注的重大议题。运用法治化的监管方式，在不缺位的同时也不越位，做到企业管理方式去行政化。同时加强企业内部监控，设立企业内部举报渠道，充分发挥纪检监察、巡视监督和社会监督的作用。

（二）法治国企的建设历程

为了推动法治国企的建设，深化国有企业改革，党和国家陆续出台了数量不少的相关政策、办法，积极探索法治国有企业建设的有效法律途径。

例如在国有企业反腐败政策、办法和法律法规方面，既出台了《关于在深化国有企业改革中坚持党的领导加强党的建设的若干意见》《国有企业领导人员廉洁从业若干规定》等党内法规，也颁布了国家法律《企业国有资产法》，还有《关于共同做好国有企业中贪污贿赂犯罪预防工作的通知》《中央企业贯彻落实〈国有企业领导人员廉洁从业若干规定〉实施办法》等部委规章、国资委文件。

在优化公司治理方面，我国政府出台了《关于国有企业功能界定与分类的指导意见》《关于进一步完善国有企业公司法人治理结构的指导意见》等文件。

在国有企业资产监管方面的法规政策同样丰富，例如《关于加强和改进企业国有资产监督防止国有资产流失的意见》《国有资产评估管理办法》《国有企业财产监督管理条例》《企业国有资产产权登记管理办法》《企业国有资产交易监督管理办法》。

针对特别类型财产的政策办法还有：《国务院关于全民所有自然资源资产有偿使用制度改革的指导意见》《国土资源部关于加强土地资产管理促进国有企业改革和发展的若干意见》等文件。

近年来，国家还大力推进公司律师制度。中共中央办公厅、国务院办公厅于 2016 年印发了《关于推行法律顾问制度和公职律师公司律师制度的意见》，公司律师队伍建设正式拉开序幕。基于政策利好以及市场需求的推动，公司律师队伍在近两年内迎来了发展的高峰。根据司法部统计，2018 年年底，全国公司律师 7200 多人，占全国执业律师总人数的 1.71%，相较 2017 年全国公司律师 3800 多人，增幅将近 90%。为了对已经初具规模的公司律师队伍进行监督规范，司法部于 2018 年 12 月发布了《公司律师管理办法》，结束了公司律师相关法律监管长期缺失的局面。由党中央、人民政府近期的一系列举措不难看出，公司律师的队伍将进一步壮大，迎来蓬勃发展的春天。

二、企业法律风险的概况

（一）企业法律风险的定义

企业风险是指企业作为市场主体在经营管理过程中，因受到企业内外各种不确定因素的影响，使企业蒙受损失或产生其他不利影响的可能性。《中央企业全面风险管理指引》（国资发改革〔2006〕108 号）第三条将企业风险定义为："指未来的不确定性对企业实现其经营目标的影响。企业风险一般可分为战略风险、财务风险、市场风险、运营风险、法律风险等；也可以能否为企业带来盈利等机会为标志，将风险分为纯粹风险（只有带来损失一种可能性）和机会风险（带来损失和盈利的可能性并存）。"

而企业法律风险是指在法律的实施过程中，由于行为人作出的具体法律行为不规范而导致与企业的期望目标相违背的法律不利后果发生的可能性。2005 年路伟国际律师事务所发布的《中国 100 强企业法律风险报告》，对中国企业的法律风险进行了系统调查与研究。该报告认为，企业法律风险是一种商业风险，是指违反有关法律法规、合同违约、侵权或怠于行使公司的法律权利等而造成经济损失的客观危险。2005 年中国企业在法律风险防范的平均投入占总收入的 0.02%，这与欧盟企业 0.7%的投入相较甚远。[①]

（二）企业法律风险的分类

根据引发法律风险的因素来源，可以分为外部环境法律风险和企业内部法律风险。所谓外部环境法律风险，是指由于企业以外的社会环境、法律环境、政策环境等因素引发的法律风险。包括立法不完备，执法不公正，合同相对人失信、违约、欺诈等。由于引发因素不是企业所能够控制的，因而企业不能从根本上杜绝外部环境法律风险的发生。所谓企业内部法律风险，是指企业内部管理、经营行为、经营决策等因素引发的法律风险，表现为企业自身法律意识淡薄，对法律环境认知不够，经营决策不考虑法律因素，甚至违法经营等。目前企业法律风险防范中问题存在的根源在于企业的风险管理与法律环境变化之间存在差距，由于引发因素是企业自身能够掌握控制的，所以企业内部法律风险是防范的重点。

（三）企业法律风险的识别方法

无论是国有企业还是私有企业，其行为在本质上表现为谋利行为，并通过法律行为而实现。凡是有企业生产经营活动，就有风险；凡是有风险，就蕴含着相应的法律风险。企业法律风险存在于企业生产经营各个环节和各项业务活动中，存在于企业从设立到终止的全过程。

因此，无论是企业的决策层还是企业法律风险防控的具体部门一定要对企业法律风险的存在、防范以及应对措施有一定的认识。首先要先意识到法律风险的存在，才能够通过相关业务知识对已识别的法律风险进行分析，对法律风险进行量化性的评估并采取有针对性的预防措施，做好事前防范、事

---

① 参见路伟国际律师事务所：《中国 100 强企业法律风险报告》，载《法人》2005 年第 4 期。

中处理以及事后补救。因此，法律风险的识别是十分重要的。但在实践中，交易结构往往比较复杂，可能会出现一些企业容易忽视的盲点。下文将提供一些企业识别法律风险的有效方法，帮助企业更好地把控法律风险。

1.法律规定梳理法

企业应该要求法律支持部门对现行法规进行梳理。对于一个企业来说，一项交易可能涉及我国法律体系中各种形式的法律渊源。无论是具有绝对效力的、法律人十分熟悉的法律、行政法规，还是只具备相对效力国务院各部门颁布的部门规章、决议，甚至是行业规定，在现实交易中这些法律规定都可能涉及，并且这些法律规定可能还会随时更新或废止。为了避免因不懂相关法律规定使公司承担负面法律后果，企业的法律支持部门应该定期对已经生效的相关法律规定进行梳理、分析与归类，为企业的法律工作打下基础。正所谓"巧妇难为无米之炊"，如果连相关法条都一知半解，后续相关工作是很难顺利展开的。同时，对法条的深入了解可以使法律支持部门的人员敏锐地发现项目的内容是否出现违规的情况，避免出现因为违反法律规定导致企业承担法律风险的情况；另外，如果交易中出现了意外情况，公司不得不面临风险，也可以较为顺利地寻找到降低法律风险的路径，化解危机。

2.历史事件分析法

历史事件分析法着眼于已经发生的法律风险事件，包括来自于企业内部或外部的纠纷、诉讼、索赔以及执法事件等，这些给企业带来不良后果的历史事件案例，可以帮助企业认识经常遭遇的风险类型以及自身法律风险管理方面的不足。对于企业来说，定期回顾公司过去在交易中遭受负面风险的事件，深刻剖析酿成风险的原因，更清晰地了解在交易中哪些环节容易出现风险，吸取经验教训。正所谓"前车之鉴，后事之师"。

3.流程分析法

流程分析法以企业的生产、经营和管理活动的进程为思维路径，按照企业活动的内部结构及其顺序，依据牵涉的现行生效的法律法规体系，对产品制造、销售、交易等整个生产经营过程中的各个环节进行全面分析，找出可能出现法律风险的环节。这种思维方法可以让企业迅速、全面地认清企业在交易中可能面临的风险以及这些风险所处的环节，形成一个从交易开始到结束的法律风险流程图，预防风险遗漏。

三、企业法律风险管理方法

（一）构建良好的合规体系

合规是企业良好可持续发展的基石，也是近些年来企业的热门话题。2018 年 8 月，习近平总书记在推进"一带一路"建设工作 5 周年座谈会上强调，"要规范企业投资经营行为，合法合规经营，注意保护环境，履行社会责任"①。党和政府一直为企业合规提供大力支持。近年来，政府连续出台了《合规管理体系指南》《中央企业合规管理指引（试行）》《企业境外经营合规管理指引》等文件，不断引导和培育企业尤其是国有企业合规文化与制度建设。国家开发银行撰写了《"一带一路"国家法律风险报告（上下）》对"一带一路"沿线国家的法治环境进行了多层次、多角度的分析。我们国内企业也积极响应号召，在企业内部设立了"合规管理委员会"，或将法务部改为"法律合规部"。可以看出，合规大潮已经在我国企业当中波澜壮阔地展开。

那么企业应该如何搭建一个合规框架呢？笔者认为企业可以总体上从以下几个方面出发：

第一，合规是个很大的概念，它包括民商事、行政、刑事等方方面面的问题。因此，面面俱到对于企业来说是存在一定困难，所以企业首先要弄明白"合什么规"，找到工作的侧重点。例如，金融行业的合规重心就放在金融法律合规，进出口贸易公司重点关注进出口贸易制裁。企业合规制度应是根据企业的战略、文化、特点而量身定做的，而非无的放矢。

---

① 《习近平谈治国理政》第三卷，外文出版社 2020 年版，第 488 页。

第二，将合规流程有机地嵌入公司其他业务流程之中。反腐败不是搞疾风暴雨式的运动，而是自上而下，润物无声。企业可以考虑将合规程序设置为业务部门在发起项目流程中的一个必经节点，业务部门项目立项就意味着必须经过公司业务合规部门的审查。同时，要求各部门及员工在日常经营管理和工作中发现合规问题，或对合规风险及其管理存在疑问，应当及时咨询本单位合规工作机构。各单位还应当定期制定合规检查工作计划，并按照工作计划开展合规检查工作，并撰写合规情况报告。

第三，合规尤其需要公司高层的支持。合规工作是难以仅通过法务部或合规部单独完成，它需要企业上上下下的配合。例如作为央企上市公司的同方股份有限公司的公司法治第一责任人就是公司董事长，公司党委书记也经常亲自参加法治体系建设和培训活动，公司法务人员配置也超过了国务院国资委要求的千分之三，有力地保障了公司法治工作的开展。可以说，公司合规意识是顶层设计，是贯穿公司整个经营管理工作的。合规部门是公司的"刹车"，为了避免公司承受法律风险，遭受更大的损失，有时不得不叫停某些项目。这时候就需要公司其他部门尤其是公司管理层的理解与支持，为合规部门开展工作提供一个良好的环境。

第四，企业要做到持续地、不间断地进行员工合规培训。企业合规培训一直是企业未来健康发展的"预防针"。很多时候员工将"赚钱"视作企业的头等大事，意识不到行为已经越过"红线"。合规培训的人员应当具有广泛性，尽量全员参与培训（可分不同主题、不同批次、线上线下结合培训），树立"全员合规"的思想意识；合规的内容尽量减少晦涩难懂的法律术语，用浅显易懂的语言和简单的案例进行讲解和示范。通过员工自觉的合规意识把控公司风险，让员工学会自己主动"踩刹车"。

第五，良好的合规体系在企业遭受调查时可以被当作合理的抗辩理由。在很多法律当中，如果企业本身有比较完备的合规体系，并且主观上有合规的意愿，那么即使出现了不合规的情况，企业也可以以此作为抗辩，减轻处罚。因此，我们工作人员在日常合规的过程中一定要注意"留痕"。值得留意的是，由于在海外，很多国家并不认可微信聊天记录的证明力，所以重要的合规信息应当通过电子邮件发送。

第六，合规官不要做只会为公司和职员制造"障碍"的"不先生"。有调查显示，企业员工认为不喜欢合规部门的原因主要源于该种情况：业务部门精心策划了某一项目，合规部门审查时会指出一些法律风险，但又不提供解决方案，让人不知所措，觉得合规部门是一个"站着说话不腰疼"的"不先生"。因此，合规部门在与其他部门交流合作时不应该盲目地阻止交易，而是借助自己的专业知识去把控风险，为其他部门尽可能地提供可行的解决方案。识别风险只是合规的初级阶段，把控风险帮助公司实现商业目的才能够真正体现自身的价值。公司需要的是一个能够为公司开展业务保驾护航的综合性人才，而非一个只会简单否决却提不出任何解决方案的"不先生"。

古人云："天下事有难易乎，为之，则难者亦易矣；不为，则易者亦难矣。"合规之路虽任重道远，但企业不应对此气馁，而是秉持积极的态度，砥砺前行，打造合法合规的企业形象。

（二）合同管理

西方有谚语道："财富的一半来自合同"。这揭示了合同在市场经济中所扮演的重要角色。在全球市场经济飞速发展的背景下，公司任何的经济活动均离不开合同。毫不夸张地说，当今"市场经济"就是"合同经济"，谁能寻求到更多订立合同的机会，谁就能占据更多的市场份额，进而在激烈的市场竞争中取得更大的优势。既然合同充斥在公司经济活动的方方面面，那么合同管理对于公司来说是必不可少的。

企业合同管理的重要性和必要性表现在：从市场角度来说，企业合同管理能够兑现企业对市场的承诺，提升企业的诚信度、树立企业的品牌和形象，实现企业的可持续发展，使企业更加牢固的立足市场。从企业的角度来说，一方面使企业在合同订立到履约直至合同失效的全过程中维护自身的合法权益，确保企业经营活动的顺利开展；另一方面使企业的经营活动与市场接轨，满足市场的需求，提高企业对市场的适应和竞争能力。企业合同管理是当今市场经济条件下企业管理的一项核心内容，根据《中国500强企业法律风险管理需求调查报告》，合同管理在企业所有的法律风险管理需求中排名第二。该报告还显示，"对国际业务依赖程度高"的 500 强企业最为重视合同的法律风险管理需求。同时，其所调查的公司高管以及法务人员关注的培训中，合同风险的管理培训需求排名第一。[①] 由此可见，合同法律风险管理是公司法律风险管理的重要组成部分。

那么什么是合同管理呢？合同管理实际上是一个包括多环节在内的复杂的动态管理过程，需要公司多个职能部门进行合作，它包括相对人资信调查、合同谈判、制作合同文本、审核审批、合同签署、依约履行、维护监督、合同归档和纠纷处理等环节。公司要想对合同风险进行全面的把控，就要做到合同的全生命周期管理。笔者以时间为线索对合同全生命周期管理进行梳理，大体分为三个阶段：

首先，合同起草拟定与审核阶段，是企业合同管理的初始阶段，但也是合同管理中最重要的一环。这个阶段包括合同的草拟、修改并报告有关部门的审核以及最后进行签署。公司法律人员在这一阶段已经介入，积极与业务部门沟通后了解基本商业情况，审核、完善合同条款细节，在纠纷发生前有效预测和报警，从而及时、从容地面对突发情况，将风险扼杀在摇篮里。

其次，合同签订以后，合同管理则进入履行阶段。合同管理部门将合同交付执行部门执行，办理交接手续。同时执行部门应将执行中的情况反馈管理部门，以便管理部门及时发现问题，采取相应的措施。强化合同交付执行及履行情况的确认程序，对于克服合同管理脱节，及时有效地保障企业权益具有重大意义。在本阶段，要建立合同履行的监控机制，督促企业内部各相关部门和对方按合同约定全面适当履行，使合同履行中的各项信息和问题能得到有效的搜集和反馈，进一步预防纠纷的发生，并在合同履行中及时发现异常信号。对于不适应具体情况需要变更的合同条款要及时按程序办理变更手续，对于已不需要标的物的合同要依法进行合同权利义务的转移，可通过行使合同履行抗辩权、合同保全、合同变更、合同权利义务转让等方式来消除隐患。

[①] 参见路伟国际律师事务所：《中国 500 强企业法律风险管理需求调查报告》，https://max.book118.com/html/2018/0216/153459554.shtm，最后访问时间：2020 年 5 月 20 日。

合同签订	• 与业务部门一起草拟合同 • 对合同条款进行全面审查
合同履行	• 建立合同履行的监控机制 • 对变更条款进行审查
合同归档	• 对合同有关材料进行系统的整理归档

　　最后，合同归档阶段。合同归档不仅包括合同原件，还包括双方洽谈时的会议纪要、邮件。这些都是在发生纠纷时非常有利的证据。合同的归档是合同管理的最后阶段，也是合同管理的必要阶段。之所以必要主要是针对企业而言，合同的良好履行是企业合同所追求的最佳结果，也是合同的最终目的。但是由于企业生存环境的复杂，存在着许多潜在的风险，尤其是法律风险的估计不足或者企业主要管理人员的法律意识的淡薄必然会导致合同的纠纷出现，因此企业合同出现问题后的归档和整理总结经验显得尤为重要。发生纠纷的合同很可能是多年前签署的，如果该企业合同归档制度不健全，关于合同的相关材料全部丢失，会使企业陷入不利地位。因此，对于合同全生命周期的管理，必定涉及合同的归档环节。企业最好形成一套归档制度，建立自己的合同档案存储库。

（三）投资并购管理

1.可能遭遇的一般风险

　　"投资并购有两个关键词，一个是'价值'，一个是'风险'。只有创造和保持价值的同时，又能规避和防范风险，并购交易才能够成功。"尤其是，近些年来，我国企业响应国家号召开始频繁地"走出去"，拓宽海外市场。投资并购是中国企业"走出去"战略布局的重要一环，因此，中国企业到境外投资并购越来越频繁，交易规模也越来越大。但是，值得各位警惕的是，在中国企业"走出去"的浪潮中，有很多成功的案例，但失败的案例举不胜举，令人难以忽视。上汽集团收购韩国双龙汽车，遭遇金融危机和工会抵制，最终被迫退出；平安保险在欧洲收购富通集团，由于金融危机富通集团被国有化，导致亏损 23 亿美元。有些海外并购项目在投入巨大的人力物力后以失败告终。有些项目不仅是血本无归，还给企业造成巨大风险和损失。为什么中国企业海外并购会有这么高的失败率？其中重要原因就是对于风险的把握不到位，没有能够及时认识风险并采取防范措施。因此，笔者将会在下文对并购风险进行类型化介绍，以期读者能够对并购有一个初步的认识。

第一，国家安全审查。国家安全审查是当今中国企业进行境外并购经常接触到的一个概念，美国、加拿大、澳大利亚等国均有相关组织对外资投资审查。同时，这些国家的国家安全审查或外国投资审查程序，往往都缺乏明确"国家安全"的标准或定义，而是给政府部门很大的自由裁量权。如果恰逢当地大选，出于政治化的考虑，一些本来是纯商业性的交易就有可能被贴上国家安全的标签。中国企业像中海油收购优尼科，中铝在澳洲收购力拓，都是由于国家安全的原因无功而返。

第二，海外特殊的政治法律风险。除了发达国家以外，广阔的发展中国家也是中国企业投资的巨大市场，而在这些国家投资，其政治法律制度和中国企业所熟悉的环境迥异。为了解决历史遗留问题，不少国家自身有独特的法律。如果对这些独特的法律要求没有充分了解，很可能会因此造成投资失利。例如，金砖国家南非现在是一个投资热点。南非在结束种族隔离之后，为了要解决种族隔离遗留下来的问题，通过一项黑人经济振兴法案，简称 BEE。在南非投资，特别是涉及政府采购、政府工程，或是从政府领取许可证，都要求必须有黑人的参与，通过股权、参与管理、雇佣机会、对社会的贡献等，有一个复杂的打分机制。这个法案对在南非投资有非常重大的影响，主要体现在投资成本、股权结构以及后续运营等多个方面。中钢在南非投资的铬矿项目，后来南非通过 BEE 法案，要求引进符合 BEE 要求的股东，由于无法解决 BEE 股东利益分配、包销权等问题，中钢最终丧失对项目的控制权。关于境外的法律制度，唯一的解决方法是公司事先进行充分调研，提前了解境外的政治法律环境，对投资的影响做充分评估，不打无准备之仗，除此之外，别无其他捷径可走。

此外，一些发展中国家政权不稳、政府更替也会给并购项目带来毁灭性打击。例如，利比亚爆发战争，中国有十几家国有企业被迫从利比亚撤离。还有投资国的国有化征收行为，特别是资源类项目，被当地政府采取各种形式征收、征用的案例并不罕见。应对政治法律环境风险的办法，除了事先充分调研及评估之外，总体来说有几个方面。首先，在发展中国家投资，公司要督促、推动企业和当地政府谈判签署"稳定性协议"，政府承诺在一定期限内保持政策及投资者税收等各项待遇的稳定性，即便将来发生争议时投资人可以有明确的合同依据寻求救济。其次，对于投资到政治不稳的高风险地区，则要考虑购买政治风险保险，如中国出口信用保险公司作为中国的政策性保险公司承保的出口信用保险，承保的政治风险范围包括征收和国有化、汇兑事件、战争、政府违约等。最后，应对政治风险的一个重要武器是投资保护协定，中国政府一直是我国企业坚实的后盾。企业在进行海外并购的时候，一定要注意调查我国政府是否与其签订了类似协议。投资保护协定是一个双边政府的协定，它的内容主要为某个国家的投资者到对方国家去投资，接受投资的国家必须给投资者以本土企业的待遇，不能进行歧视，也不能进行国有化征收。政府作出承诺，如果违反，投资人可以通过国际仲裁起诉政府要求赔偿。①

第三，海外投资成功后难以融入本地社会。收购后企业能否顺利融入当地社会，关系到投资项目能否在当地顺利经营发展。根据商务部发布的《对外投资合作国别（地区）指南》的介绍，海外投资项目在东道国需要处理的问题主要包括公共关系（与政府、工会、媒体的关系）、与当地居民的关系、宗教与风俗习惯、环境保护、社会责任、与执法人员的关系。这些问题处理不好可能会导致投资交易虽然完成，但结果却不尽如人意。上汽收购双龙的失败就是深刻的教训。上汽进入双龙后，才知晓中韩企业文化的沟壑有多深。韩国是一个民族主义很强的国家，排外意识很强，拟收购的一系列措施

---

① 参见健君：《公司首席法务官：企业的守夜人》，法律出版社 2017 年版，第 179 页。

引发了双龙汽车工会的强烈反应。韩国企业的薪酬模式和员工的雇佣模式也不同于中国企业，而上汽集团显然没有意识到这一点。韩国工会和中国工会的情况有很大不同，在韩国工会的人员是专职的，工会可以干预董事会的决策，这些在中国是匪夷所思的事情。在罢工声中，双龙的生产也一度停滞，这些都是事先没有预计到的。

2.风险防范方法

首先，准备制定公司并购的战略决策。公司的并购必定会牵扯大量的人力、物力，对于公司来说是其发展战略的重要组成部分。鉴于公司并购存在较大风险，因此公司的并购策略应该与公司总体发展战略相配合。[①] 因此，董事会、高管人员应根据企业行业状况、自身资产、经营状况和发展战略确定自身的定位，形成并购战略，筛选目标公司。

确定了目标公司后，即可以进行信息的收集与初步调查。与目标公司以及其股东进行接触，讯问其收购意向。当然有些公司在进行敌意收购时，事先可能不会讯问目标公司的意见。在此期间，尽可能地了解企业的各种情况，并在会计师事务所、律师事务所等中介机构的协助下，对目标公司进行初步调查。在此期间，目标公司可以要求公司就披露信息签订保密合同。

随后，就应该根据目前收集到的信息制定收购计划，包括并购方式、并购标的范围、并购程序、并购对价与支付方式、融资方式、税务安排等一系列需要多部门配合、多维度考虑的事项。这只是初步计划，根据尽调结果还需要进行修改。

形成初步收购计划后，向目标公司提出收购意向。双方就并购方案达成初步共识后，签收并购意向书。此时中介机构可以开始介入，对目标公司进行全面的尽职调查，尽可能发现可能存在的各种潜在问题，以防公司遭受损失。

---

① 参见杨春宝主编：《公司投融资法律事务：模式与流程》，中国法制出版社2009年版，第65页。

尽职调查后未发现重大可能会使交易无法达成的问题，双方即可正式签订并购协议。并购协议必须谨慎而缜密，对于尽职调查过程中无法解决的属于被收购企业存在的问题，一定要在合同中注明责任和权利，避免草率签署，形成收购风险。从交易习惯来看，并购协议一般为附条件生效的合同。这主要是为了保护买方的利益，因为并购交易流程中充斥着不确定性。比如，目标公司的尽职调查最终结果、反垄断审查的申报、海外并购可能还会涉及国家安全审查，这些不确定因素很有可能会导致并购项目的搁浅。为了控制这些不确定因素不给买方带来过多损失，一般在合同中会设计先决条款，只有客观情况符合了先决条款，例如：国家安全审查通过合同才会生效。此外，并购合同还包括陈述保证条款。在并购交易中，买方一直处于信息不对称的地位，但是任何尽职调查都不可能万无一失，有些问题难以及时发现。也正是考虑到这一点，在实践中，通过陈述和保证条款对目标公司的重大事项进行背书，它是并购协议常见的组成部分。考虑到买方的弱势地位，一般而言，卖方要作出的承诺远远多于买方，并且该承诺在双方交割后依旧有效。陈述和保证的范围应当涵盖尽职调查（包括法律、财务等）阶段标的公司提供给并购方的资料和信息，以及标的公司在并购合同签订前向并购方提供的披露函（通常作为并购合同的附件）项下的全部内容。标的公司转让的股权、资产是否具备瑕疵与权利负担，企业的资产负债、合同关系、生产经营、知识产权、商誉一般都是陈述与承诺条款的必备。

并购协议签订后，并不代表并购的结束，双方还需要对资产进行交接，即出让方向受让方清点、移交资产，办理过户手续。这是很重要的一环，公司需要全程监督，以防出现资产转让瑕疵的情况。随后，公司正式接管目标企业，筹建管理层，安排工作层，尽快开始公司生产运作。

（四）知识产权管理

1.知识产权风险管理

公司随时可能面临知识产权风险，而近年来发生的诸多知识产权纠纷也提醒了公司对知识产权风险防范的疏忽。公司知识产权的风险意识包括两大方面，一是风险的识别与预防，既可以防卫公司自身的知识产权成果遭受侵犯剽窃，同时又确保公司没有侵犯他人合法的知识产权。关键在于知识产权预警，根据风险来源的不同识别公司知识产权面临的风险类型，从成因层面找到相应对策予以风险预防。充分利用知识产权相关权属、法律政策等信息进行统计分析、判断并及时作出警示预报，根据反馈的结果对信息进行分析，并对相关预警信息进行持续跟踪。二是风险管理，侧重成本管理和利润创造，即以较低的成本处理知识产权风险，同时对公司现阶段价值较高的知识产权加以灵活运用。

预警管理理论是专利预警理论的重要理论基础。其核心思想是通过寻找警源、分析警兆、评价警度和预控警情的一系列方式，对企业可能遇到的风险提前作出判断并采取相应措施。从风险来源可以区分为内部风险和外部风险，内部风险主要包括上述知识产权管理制度的欠缺或不完善，外部风险根据知识产权的创造和运用阶段，可以分为研发风险和生产经营风险。第一，研发风险管理。对研发活动实施过程跟踪监控，适时调整研发策略和研发内容，规避知识产权侵权风险；公司应对设计与开发成果进行评估、确认，形成知识产权评估报告，并明确其保护方式，采取相应的保护措施。第二，生产经营风险管理。在采购产品、技术和服务时，应对商品、商品包装、商品说明书等进行检查，以避免侵犯他人知识产权；公司在来料加工、贴牌生产、委托加工时，应避免侵犯第三人知识产权。

2.知识产权诉讼管理

诉讼是企业知识产权危机的表现形态之一，企业管理和维护知识产权的大量工作也是围绕知识产权诉讼活动展开的。

第一，企业需要判断侵权类型。根据我国相关规定，知识产权侵权涵盖专利权侵权行为、商标权侵权行为和著作权侵权行为。更广义地来说，还包括商业秘密侵权行为、反不正当竞争行为和涉及部分反垄断行为。

第二，企业要选择诉讼策略。公司遭遇知识产权侵权诉讼应及时展开细化管理工作，冷静分析并找出最佳对策。根据公司的诉讼地位，选择诉讼策略的侧重有所不同。如果公司作为知识产权权利人发现侵权，选择以诉讼方式维护权益，首先，应全面收集有关侵权的事实证据，依需对取证过程进行公证；其次，判断是否构成侵权，根据侵权行为的地域范围、持续时间综合评估因侵权遭受的损害大小，以及是否需要采取诉前禁令；再次，重新审查公司自身权利的合法性和有效性，尤其是专利诉讼，专利的有效性很大程度上影响专利诉讼的裁判结果；最后，在上述环节的分析基础上作出应对决定，具体包括发出侵权警告函、与他人进行协商谈判、请求行政管理机构处理和向法院直接提起诉讼。

3. 知识产权战略

虽然在上节提到企业应该以积极主动的姿态面对诉讼，但不可否认的是诉讼有着成本高、变数大等缺点。因此，为了能够使企业平稳快速发展，避免不必要的损失，知识产权管理的主要工作还是进行事前的风险控制，防患于未然。而配合企业战略进行知识产权布局就是将知识产权风险扼杀在摇篮中的利器。

那么企业如何进行知识产权布局呢？笔者认为，除了树立布局意识，企业首先要对相关国家的法律规则与贸易规则做到"心中有数"，方能在知识产权布局或维权时"不失方寸"。由于历史原因，"一带一路"沿线国家知识产权保护力度参差不齐，法律制度也差别较大。以东盟为例，以新加坡为代表的"老东盟六国"（文莱、印度尼西亚、马来西亚、菲律宾、新加坡、泰国）经济相对发达，知识产权保护体系日臻完善。其中马来西亚与新加坡的知识产权法律制度最为完善，也是我国企业在东盟专利申请的"主战场"。而老挝、缅甸和柬埔寨由于经济水平相对落后，知识产权体系起步较晚，老挝 2011 年才制定《著作权法》，而缅甸的"商标法"一直空缺，且这三国仍未开始执行 Trips 协议。复杂的法律环境需要我国企业在进入该国市场之前对这些国家不同的法律制度有足够的了解，否则很有可能在知识产权布局及侵权诉讼中处于被动挨打的局面。

其次，开展知识产权先行战略。为保证我国企业进入外国后具有竞争优势，应协助企业充分掌握市场需求、行业发展等，全方位把控信息，采用先行战略，通过积极获取大量知识产权抢占外方市场。对于高科技企业来说，最重要的就是专利布局。第一，我国企业可以考虑在俄罗斯、印度、新加坡、以色列等国家重点开展知识产权布局的同时，与发达国家"错峰布局"，在较少知识产权进入的国家有重点、分阶段进行布局，摆脱发达国家设置的知识产权壁垒，减少技术封锁带来的冲击。第二，如果对于我国高科技企业来说，将实现某一技术目标之所有技术解决方案全部申请专利的地毯式专利网布局成本太高，那么处于行业技术领先地位的公司可以考虑使用路障式布局，即仅就实现某一技术目标之必需的一种或几种技术解决方案申请专利；若基础性专利掌握在竞争对手的手中，则可以考虑针对该专利技术申请大量的外围专利，用多个外围专利来包围竞争对手的基础专利，就如同大树周围的灌木丛一样，因此这种方式也被称为丛林式布局。

（五）诉讼管理

作为商事主体的公司，其涉及商事争议时，不仅要耗费公司大量的人力、物力以及财力，也牵扯公司管理者的时间和精力，而且，一旦该争议案件未能处理好，其对公司的影响非常大。比如，公司涉及对赌的争议败诉时，可能会导致公司支付数千万元甚至上亿元的巨额赔偿；公司的知识产权案件的败诉，可能使公司失去作为公司核心资产的专利权。因此，企业应该高度重视诉讼案件的处理。

1.制定科学的诉讼策略

在商事交易中，任何纠纷都不会无缘无故地产生，争议的产生都是基于这样那样的原因或背景。在纠纷尚未转化成诉讼之前，无论采用协商、调解抑或行政干预手段，当事人及其律师都应沉着冷静分析纠纷的起因、性质，找出问题的症结和关键所在。只有将解决争讼的手段同争讼的起因、性质、疑难复杂程度乃至社会后果等相联结，才能进行分析与评估，充分预测纠纷可能产生的结果，并基于可能产生的结果制定各类诉讼方案。

首先，在诉讼或仲裁之初，无论公司是原告还是被告，企业中负责案件的法律支持部门通过比较诉讼成本、胜诉率、可能的责任及结果或其他救济途径等因素，进行诉讼风险评估，对案件的处理策略作出决策。

其次，在诉讼或仲裁过程中的庭审中，也是相当讲究技巧的。在开庭之前，企业法务或公司律师应反复阅看案卷材料，对案情中的薄弱环节尤其是对己方不利的环节，要多思考、多假设，预测庭审中对方可能提出的发问，做到有备无患。在应答时，力求洞察发问者的动机、问话的真正含义，对与案情无关的发问可以明确拒绝应答，并向审判长声明，争取庭审主动权。对不便直接回答的问题，可以采用迂回曲折的方法应答。对隐含前提的发问，应对"前提"予以否定，并揭露对方的真正用心。庭审技巧是一种纯粹的经验性工作，必须有大量的实践体验过程。为使公司职工满足公司对该诉讼技能的需求，企业可以在法律培训中加入"模拟法庭""庭前预演"等活动，也可以聘请专业咨询机构提供庭审技能的培训。在案件开庭前，通过创造一个与庭审类似的对话环境，能使公司律师、证人在法庭上的发言、证据组织等都做到有的放矢，提高其庭审技巧和庭审效果。

最后，公司诉讼或仲裁庭审完毕，法院或仲裁委员会下达裁决书，后期如何进行裁决执行也应构成诉讼策略的一部分。这可能是中国目前司法实践较为突出的问题。很多时候，公司费尽周折赢得一场诉讼官司，在要求对方按诉讼裁决书执行时，却又是另一番场景，其难度甚至不亚于另一场诉讼。公司作为一个经济实体，其最终目的不是打赢诉讼，而是通过诉讼获得本应得的经济利益或其他利益。如果案子胜诉，却无法执行到位，这无异于败诉。因此，裁决的执行是法务部诉讼管理的重要工作。在公司是执行申请人的情况下，要尽可能地执行裁决书，第一，要仔细研读司法机关的执行程序规定，充分利用制度赋予的权利，督促执行机构第一时间启动执行。第二，主动收集被执行人的财产线索，提供给执行机构。第三，一旦发现财产线索或执行机构依职权发现财产线索，则应立即要求执行员采取财产控制措施。第四，在已具备被执行财产的情况下，要求执行机构尽快进行财产变现。如变现的财产不足以偿还判决书所记载债权的，则应立即要求执行机构穷尽财产调查手段以全面执行。

2.注意收集证据

证据被称为"诉讼之王"。任何纠纷的发生都建立在一定的事实基础之上。无论是原告提出诉讼主张，还是被告对原告诉讼请求的抗辩反驳，都需要充分有力的证据证明。案件的事实真相必须通过各类证据来进行还原，没有证据或未充分举证，将承担对己方不利的法律后果。根据《民事诉讼法》第六十三条的规定，我国民事诉讼证据包含以下种类：当事人的陈述；书证；物证；视听资料；电子数据；证人证言；鉴定意见；勘验笔录。当事人可以自行收集证据，也可以申请法院进行调查。

3.制定严谨的诉讼预防机制

随着公司诉讼案件的增多，预防诉讼才是最好的诉讼策略。企业可以从以下角度进行诉讼预防管理。首先，尽力在公司形成一种诉讼风险防范文化。管理层和员工应形成"诉讼是一件非常麻烦、有一定成本的事"的观念。在打电话、发送电子邮件、签合同之前，就对诉讼风险有一定意识。公司法律支持部门也可经常向公司人员定期发送公司已结案件的案件报告，开展法律法规的培训，提示公司人员诉讼风险的存在形式，以此增强全员诉讼风险防范意识。

其次，健全诉讼风险防范机制。这类机制包括知识的传达、风险的预警等。公司法律人员可以根据公司所处的行业和生命周期，提炼出自身的诉讼风险事件数据库，告诉员工"什么应该做、什么不应该做"，并通过有关流程，将这些要求落到实处。

再次，加强对重点诉讼风险的防范。如某制药公司将知识产权视为公司的核心资产，对全公司的知识产权事务实行集中化管理，由总部统一申请注册专利，既防止有关权利被他人冒用，又避免侵犯他人专有权利。

最后，寻求替代性争议解决方案。许多公司为了减少诉讼数量，通常在交易合同约定发生纠纷时双方仅采取仲裁、调解等替代性争议解决方案。即使在协议中没有这些条款，有些公司也试图在争议后与对方达成这方面的协议，以减少诉讼费用。其原因就在于，替代性争议解决方式具备效率高、费用低的特点。

四、企业法律部门的建设 [①]

为了全面推进法治央企，近些年来国资委出台文件，要求企业大力提升法律管理水平。法律审核应嵌入管理流程，使法律审核成为经营管理的必经环节，确保规章制度、经济合同、重要决策法律审核率100%。以法律部门为牵头部门，制定统一有效、全面覆盖、内容明确的合规制度准则，加强合规教育培训，努力形成全员合规的良性机制。可见，从政策角度，公司法律部门在未来将是法治企业建设的发动机。

但较为遗憾的是，我国大多企业家对如何运作、管理企业的法律部门没有形成一个清晰的概念。在大部分企业家的眼里，法律部门与人力资源、财务部门一样，就只是公司的管理部门、职能部门，是支持部门、服务部门。服务部门在公司中一般扮演的是辅助角色，是"配角"，法律部门就是配合其他部门开展经营活动提供相关法律服务的部门。

传统的法律部门在公司可能处于一个比较边缘化的位置，日常承担一些例如合同审核、行政管理等基础性工作。很多时候项目都发展到合同签署甚至是出现纠纷了，法律部门才开始知晓。有时法律部门认真出具相关法律意见，其他部门也不加以重视。而公司涉及重大交易或者纠纷时又由外部律师主导法律工作的开展，公司法律部门在这种情况下依旧扮演的是辅助角色。很多人认为小小的法务部门又不能给公司直接创造价值，被定位成一个辅助部门、服务部门是很正常的事情。

但这样的定位在极大程度上浪费了法律部门的价值，既不利于法律部门自身的发展也不利于公司的发展。法律部门如果从一开始就能够参与公司的商业战略，参与项目推进，就能够杜绝很多法律风险的发生。与其亡羊补牢，不如未雨绸缪。法务部规模可能不如公司业务部门庞大，但仍然可以发挥与业务部门同样的巨大价值，站在舞台的中央，和其他部门一样扮演主导

[①] 参见苏云鹏：《公司律师：成为公司的价值创造者》，中国法制出版社2020年版，第295页。

角色。为了改变这种情况，法律部门应尝试改变定位，不满足于传统法务的职能，做引领型法务。引领型法务在定位自身角色时，不再仅仅只把自己当成一个服务部门，停留在被动地位并被别人评价，而是尝试去引领他人，引领公司业务部门，引领其他职能部门，甚至引领公司高层开展工作。同时，将这种理念融入工作形态与内容中，主动深挖公司高层、其他部门的需求，自主找寻工作的目标与方向，帮助公司实现商业目标。

公司法务部门不应该只被定位为一个辅助角色，应能够发挥更大的能量，成为公司经营活动的主导者之一。参与公司战略规划，提前深入项目，从项目前期就开始助推直到该项目顺利完成，实现自身角色从"消防员"到"预警员"的转变。

企业法治建设难以一蹴而就，一时疾风暴雨式的运动难以取得成效。公司高层应该以法律部门为核心力量，时刻重视企业法治建设，提升企业法律部门的地位，挖掘法律部门的价值，让法治理念在企业中"润物无声"，方能在法治企业的建设中取得成功！

本讲作者：

苏云鹏　清华同方集团总经理助理，法务部总经理

严格规范行政执法

　　营商环境也是生产力，是软实力。制度经济学认为，营商环境由影响企业生产经营活动全过程的经济要素、政治要素、社会要素和法律要素等一系列社会制度构成，其实质是一种相当稀缺、不可替代的资源要素。优化营商环境，就是释放制度生产力，提升整体生产率，促进经济社会健康发展。市场经济就像"候鸟经济"，哪里的营商环境优、服务质量好、办事效率高、投资成本低，企业就会到哪里发展，资金就会往哪里聚集，经济指标就会大幅度增长。严格规范的执法是法治环境的重要组成部分，它是市场主体赖以生存和发展的条件和基础。

一、执法中出现的问题及原因分析

　　法治政府建设的核心内涵是依法行政，确保权力行使不恣意任性。严格公正执法是依法行政和建设法治政府的必然要求，它要求必须"依法"执法，而不是加进"人为"因素。严格公正执法应当注意和避免两种错误的倾向：一是违法不究、有罪不追的不作为、少作为、慢作为的执法行为，或者是降格处理、以罚代刑的"放水"执法行为，甚至是奖励违法的错误执法行为；二是顶格处罚、高限处罚的过于严厉执法行为或者是简单粗暴式的"一刀切"执法行为。上述两种错误的执法行为均不利于营造公正的法治营商环境。

（一）"放水式"放任式执法

上述第一种错误的执法行为名义上表现为不作为、少作为、慢作为，实质上是在进行选择性执法，对于"关系户""睁一只眼闭一只眼"，实行"放水式"放任执法；而对于没有交情的普通市场主体，则严格"依法办事"。这样的选择性执法破坏了一视同仁的平等保护原则，不仅不利于打击违法犯罪行为，而且破坏公民法治信仰，有的甚至起到奖励违法的作用，公平公正的法治营商环境不可能建立起来。

"放水式"放任式执法表现方式有很多方面，比如，在只注重经济发展的数量而不注重质量的粗放式发展时期，环保部门对企业的违法违规经营活动，往往是"睁一只眼闭一只眼"，这样经济指标上去了，但是，"蓝天白云""青山绿水"不见了。近几年，"放水式"执法最突出的表现就是，对乡村工业大院中的违法建设给予补偿。乡村"工业大院"是中国北方的叫法，南方一般称之为"乡镇（村）企业"，它们出现于20世纪80年代，成为备受推崇的农村经济发展方式。工业大院曾为农村经济带来收益的同时，也带来了工业大院范围内人口急剧膨胀、环境脏乱、安全隐患等一系列社会问题，形成工业大院特有的生态。然而，时过境迁，工业大院如今面临疏解整治，面临被拆除或转型升级。正是在这样的背景下，一些乡村工业大院内的经营者为了获得高额腾退补偿费，建起了大量的违法建设，有的甚至是在地方政府掀起"整治违法建设专项行动"之后，又大肆进行新增违法建设，而且违法建设的建筑面积一般很大，大多数违法建设的面积都在上万平方米。因为他们认为建少了划不来，只有"规模建设才能获得规模效益"。

可能是出于快速拆除腾退工业大院的行政效率的需要，也可能是出于对历史中产生的地上物合法与非法的认定困难，一些地方政府在处理乡村工业大院内的违法建设时，采取按钢结构、钢砖混合结构、棚房结构或铁皮结构等不同的材质，并按照各自建筑年份的不同（一般来说，分为2008年以前，2008年至2013年之间，2013年至2015年之间，2015年以后四个时段），分别给予不同的经济补偿。对于2015年以后建成的违法建设，所给予的补偿名目为"配合拆除腾退费"。事实上，这种"抢建行为"是不折不扣的违法建设行为，给予其经济补偿等同于"打击守法、奖励违法"，是一种非常错误的政策导向，与国家的法律法规规章规定背道而驰。在这样的政策导向下，跟者趋之若鹜，这也是近年来大城市周边违法建设泛滥的原因之一。只有从法治层面斩断违法者获得实惠好处的念想，让违法者得不偿失，才能从根本上遏制违法建设行为。

（二）苛严违法执法

与"放水式"放任式执法相反的，就是不顾事实情节的苛严违法执法，通常表现为两种错误的执法方式，一是表现为狂风暴雨式的对某一事物的铲除运动，在实践中表现为运动式突击式的"一刀切"关停"小散乱污"企业；二是顶格处罚或高限处罚，在实践中表现为顶格处罚一些违法事项。

"小散乱污"并不是一个严谨的学术概念，在政策法律法规上亦没有严格的定义。从学理和实务上来讲，"小散乱污"企业是指不符合产业政策、不符合当地产业布局规划，污染物排放不达标，土地、规划、安监、环保、市场监管等手续不全的企业。特别是那些缺少环保手续，没有污染防治设施或者有污染防治设施但不完善，不能实现达标排放，出现超标，企业无组织排放严重（跑、冒、滴、漏严重）等类型的企业。清理整治"小散乱污"企业，推进产业结构升级换代，促进地方经济社会高质量、跨越式发展，改善城乡环境秩序，这是非常明智和正确的重大决策。但是，如果不是严格依法按照法定关停事实和情节，严格规范行政执法行为，而是一刀切式地"限期"关停"小散乱污"企业，那么，很有可能违反法律法规的规定，走向严格规范执法的反面，损害行政执法的权威和公信力。

2018 年 8 月，生态环境部发布《关于生态环境领域进一步深化"放管服"改革，推动经济高质量发展的指导意见》（以下简称《指导意见》）。《指导意见》明确提出，各地要出台细化防止"一刀切"的有效措施，及时向社会发布公告。生态环境部有关负责人于 2018 年 9 月 3 日就《指导意见》回答记者提问时指出，《指导意见》中的 15 条措施中就明确提出，严格禁止"一律关停""先停再说"等敷衍应对做法，坚决避免以生态环境保护为借口紧急停工停业停产等简单粗暴行为。

事实证明，一些地方搞的"一刀切"行为不仅给当地群众正常的生产生活造成影响，更为严重的是，给国家正常的环保执法行动抹黑。对"一刀切"发现一起查处一起。"一刀切"实际上就是形式主义、官僚主义。《指导意见》坚决反对这种做法。

《指导意见》指出："针对污染防治的重点领域、重点区域、重点时段和重点任务，按照污染排放绩效和环境管理实际需要，科学制定实施管控措施，有效减少污染物排放，推动企业绿色发展和产业转型升级"。"对于符合生态环境保护要求的企业，不得采取集中停产整治措施。对工程施工、生活服务业、养殖业、特色产业、工业园区以及城市管理等重点行业和领域，各地要出台细化防止'一刀切'的有效措施，及时向社会发布公告。"《指导意见》强调，对生态环境保护督察执法中发现的问题，各地应按要求制定可行的整改方案，加强政策配套，根据具体问题明确整改阶段目标，禁止层层加码，避免级级提速。只有违法情节达到严重程度的企业，即多次（两次）违法或者无法在限期内完成整改任务的违法企业，才能报经企业所在地的县级以上人民政府批准，严格按照法定程序予以关停。

从近几年各地猪肉价格上涨的情况来看，说明前几年各地关停生猪养殖企业较多，猪肉供应量锐减，加上国际进口猪肉下滑，才导致这种状况。为了应对这种局面，一些政府又开始通过政策鼓励刺激生猪养殖，说明"一刀切"式的关停养殖企业的做法值得反思。

二、规范行政执法行为，切实提升执法水平和实效

（一）严格贯彻中央文件精神

1.党的十八届四中全会要求坚持严格规范公正文明执法

党的十八届四中全会报告为行政执法提出了明确要求，也为行政执法领域改革指明了方向，为营造公平公正、竞争有序的企业营商环境奠定了执法

基础。坚持严格规范公正文明执法，要依法惩处各类违法行为，加大关系群众切身利益的重点领域执法力度。完善执法程序，建立执法全过程记录制度。明确具体操作流程，重点规范行政许可、行政处罚、行政强制、行政征收、行政收费、行政检查等执法行为。严格执行重大执法决定法制审核制度。

建立健全行政裁量权基准制度，细化、量化行政裁量标准，规范裁量范围、种类、幅度。加强行政执法信息化建设和信息共享，提高执法效率和规范化水平。

全面落实行政执法责任制，严格确定不同部门及机构、岗位执法人员执法责任和责任追究机制，加强执法监督，坚决排除对执法活动的干预，防止和克服地方和部门保护主义，惩治执法腐败现象。

2. 国办发〔2018〕118 号文件部署"行政执法三项制度"

该文件对全面推行行政执法公示制度、执法全过程记录制度、重大执法决定法制审核制度（以下统称"三项制度"）作出了具体部署、提出了明确要求。聚焦行政执法的源头、过程、结果等关键环节，全面推行"三项制度"，对促进严格规范公正文明执法具有基础性、整体性、突破性作用，对切实保障人民群众合法权益，维护政府公信力，营造更加公开透明、规范有序、公平高效的法治环境具有重要意义。

阳光是最好的防腐剂，公开是最好的监督。目前，司法裁判已经公开，行政执法决定公开是保障行政执法公正最有效的方式。

（二）关于"规范"执法的主要措施

严格、规范、公正、文明执法是行政执法方面的主要目标，而"规范"又是重中之重的目标，可以说，"规范"是这八个字的灵魂。规范执法的主要措施，就是要限制执法人员的恣意妄为，也就是限制执法者的自由裁量权问题。我们解决问题要抓住主要矛盾和矛盾的主要方面，规范执法问题，主要是解决好行政处罚的自由裁量权问题。这就需要制定行政处罚自由裁量权基准，尽量限制执法者权限，防止同案不同罚的现象发生。

1.自由裁量权基准概述

行政处罚自由裁量权是指国家行政机关在法律、法规规定的原则和范围内有选择余地的处置权利。它是行政机关及其工作人员在行政执法活动中客观存在的，由法律、法规授予的职权。按照同类违法行为的不同违法事实、性质、主观动机、社会危害程度及后果等因素，对照行政处罚标准逐一细化、量化，可进一步制定出具体的自由裁量权处罚标准。对于经常出现和运用的违法行为的处罚，在处罚数额幅度内，一般再划分高、中、低三个档次，根据不同的违法事实和情节，对号入座，分别给予不同的违法事实以不同的行政处罚标准。这样既便于执法人员执法，确保自由裁量权的正确行使，也便于行政管理相对人掌握，使法律法规能够更好地得到贯彻执行。我国各地各级政府部门大多都制定了行政处罚自由裁量权基准制度，有的部门甚至还制定了统一的量罚公式，使行政处罚量化标准合法、合理、公开、透明。

2.自由裁量权基准制度运行中存在的问题

一般来说，地方政府法制机构牵头，组织政府各职能部门梳理制定行政处罚自由裁量基准，并在政府及其职能部门的网站上向社会公布。从自由裁量权基准制度实际运行情况来看，每年各地各级政府法制机构组织进行的行政处罚案卷集中评查，从评查的结果来看，大多数执法机关在其处罚决定书中，并未对违法事实及其情节进行分档式界定，相应的，其处罚决定也就无法进行说理式的描述，也就不能很好地贯彻行政处罚自由裁量权基准制度。

究其原因有三：一是政府职能部门担心行政处罚自由裁量基准没有"法"的形式和效力，加上对其梳理制定的本部门的处罚自由裁量基准没有足够的自信，担心其存在一定的瑕疵，对外公布有可能会产生不必要的麻烦和纠纷；二是不敢对外公布自由裁量权基准，因为它与某些地方政府老旧产业"疏解整治"专项行动中的高限处罚、顶格处罚的政策要求相背离，担心引起被处罚人的纠缠；三是自身理论水平及人手均不足，没有能力和精力作出精细化、说理式行政处罚决定。

3. 整改建议

"规范"是行政执法的灵魂，按照国家法治政府建设的要求，各执法机关将其处罚自由裁量基准通过部门网站向社会公布，接受社会监督，同时，亦给行政相对人稳定的社会行为预期。坚决停止地方政策所要求的高限处罚、顶格处罚做法，回归"严格规范"处罚的法治目标。提倡各执法机关制作说理式行政处罚决定书，提高行政处罚的精细程度；对于采用说理式行政处罚决定书形式的单位，在处罚案卷评查中给予适当加分奖励，引导各部门逐步实行说理式行政处罚决定机制。

三、贯彻严格规范执法的深层次思考

（一）坚持执法为民，大兴调查研究之风

1. 坚持执法为民的理念

牢固树立以人民为中心的发展思想，贴近群众、服务群众，方便群众及时获取执法信息、便捷办理各种手续、有效监督执法活动，防止执法扰民、执法不公。坚决杜绝在行政执法方面定指标、下任务，禁止在人均处罚量、人均检查量指标方面展开竞赛。行政处罚不是行政管理的目的，只是管理的最后手段。行政处罚的目的是为了让行政相对人改正违法行为，从而养成守法、合法的意识和习惯。在存在严重违法的领域，执法部门不作为、"零处罚"的背景下，给执法部门和工作人员下达处罚指标和任务，建立执法效率考核机制，是很有必要的，也是矫枉过正之策。随着"小散乱污"企业的疏解腾退，"疏解整治促提升"专项行动的深入推进，以及企业守法意识的逐步养成，合法、守法企业和状况越来越多，不合法、不守法企业和状况越来越少，就应当适时调整执法效率考核机制，适当降低行政处罚金额、处罚案件量考核指标，可以考虑加大行政检查量化、指导量、回应人民群众主观执

法需求等指标的权重。这样有利于保护执法部门和工作人员的积极性，实现执法效能持续提升。更为重要的是，在执法职权持续下沉的背景下，通过发挥街乡法治政府建设中的骨干、示范、引领作用，可以很好地实现法治政府和法治社会的对接与融合，有效推进法治国家、法治政府与法治社会三位一体的整体建设。

北京市在对待12345非紧急救助热线电话的回应方面，实现接诉即办、闻风而动，并在全市范围内展开各项指标的排名和责任制考核。应当说，领导干部为人民群体的主观诉求而操心着急，是一件好事，这是践行以人民为中心发展理念的最好体现。应当注意的是，应当对人民群众的各种诉求进行分类，对合理的诉求应当想方设法的满足，对不合理的诉求则不应当一味迎合满足。

2. 大兴调查研究之风

党的十八大以来，以习近平同志为核心的党中央高度重视调查研究工作。中央政治局出台的"八项规定"，把"改进调查研究"摆在第一位。调查研究是谋事之基、成事之道。习近平总书记指出，"研究问题、制定政策、推进工作，刻舟求剑不行，闭门造车不行，异想天开更不行，必须进行全面深入的调查研究"[1]。调查研究是一个了解情况的过程；是一个联系群众、为民办事的过程；是一个推动工作的过程；是一个自我学习提高的过程；是一个科学决策的过程。调查研究，是对客观实际情况的调查了解和分析研究，目的是把事情的真相和全貌调查清楚，把问题的本质和规律把握准确，把解决问题的思路和对策研究透彻。调查研究要求真务实，要在"深、实、细、准、效"五个方面下苦功夫。

实践出真知，要老老实实向人民群众学习，倾听群众呼声，找准问题症结，然而才谈得上学术研究、创新发展，否则就是纸上谈兵，害人害己，空谈误国。"才识胆"是依次递进的人力资源，才就是专业，它来自于系统的学习；识就是见识，它来自于经历，也就是实践活动；胆就是勇气，它以

---

[1] 《习近平总书记系列重要讲话读本》，人民出版社2016年版，第289页。

才、识为基础，没有一定的才识，就不可能有破旧立新的勇气。

执法要有依据，依据就是现行的法律法规。现行的法律法规并非一成不变，永远不能被政策突破。如果现行法的相关规定与社会现实不相符合，不再适应生产力发展，甚至成为阻碍生产力发展的障碍时，就应当顺应时代发展的潮流，适时改革创新、制定政策，等政策稳定成熟以后，再及时上升为国家法律。这里，有一个不能回避的问题是，国家政策能不能作为执法依据，地方政府制定的政策能否作为执法依据的问题。在私法领域，法无禁止皆可为，国家政策亦是解决民事纠纷的依据，可以作为法律的渊源。但是，在公法领域，法无授权不可为，法定职权必须为。进一步而言，行政法领域，地方政府制定的政策不得作为执法依据，特别是与上位法相冲突的法律规范，更是不得作为执法依据。比如，一些地方政府制定相关产业疏解整治的政策，规定对特定的"小散乱污"企业的违法行为实行高限处罚、顶格处罚，而不区分具体违法事实情节，这样的规定就与上位法相冲突，就不能作为执法依据。即使是国家层面的政策，只有国务院对其制定行政法规、全国人大常委会对其制定法律的相关条款作出暂停适用，并进而制定相应变通、创新性改革举措的试点性政策，才能作为执法依据，并不是所有的国家政策都能作为执法依据。

（二）服务党委政府的大局与维护法治正义是高度统一的

行政执法为党委政府中心工作服务，为大局服务、为人民执法是对执法部门及其工作人员的业务和政治要求。我们的大局就是促进国家发展、社会的进步，就是保护人民群众的根本利益。为大局服务、执法为民，与维护国家社会、人民群众根本利益是完全一致的，两者是否吻合，就看我们在具体案件中的把握和决断，是不是客观、精准。

实践中，出现这样一些状况，有的地方政府的中心工作与维护法治正义存在一定的冲突。比如，有的地方政府按照上级政府要求，要创建无违法建设示范区域，要在限定的时间内实现违法建设全部"清零"；或者是要在限定的时间内强制拆除违法建设；或者是要在限定的时间内将低端产业用地用房拆除腾退，为整治城乡环境、产业升级换代创造条件。违法建设的形成有其特定的历史原因，有的违法建设还成为历史遗留问题，需要制定新的政策予以化解；而且，违法建设与低端产业用地用房的强制拆除，均须依照《行政强制法》所规定的特定程序进行，给予行政相对人一定的行政复议期和诉讼的时效期限利益保障。如果不依照法定程序予以拆除，而是按照上级领导的要求，快速完成任务，很可能陷入违法执法境地。如此执法，不仅损害执法的权威，而且影响法律在人民群众心中的地位，不利于法治政府和依法治国方略的贯彻落实。由此可见，党的领导、人民当家作主与依法治国，三者是高度统一的，是相互依存的有机整体。

法律总是滞后于实践的发展，这就需要我们在实际工作中不断破旧立新、开拓创新。创新的形式就是因时因地推陈出新，制定出好的方针政策和法律法规。只要我们心中装着人民群众的根本利益，装着国家社会的长治久安，就一定能够制定出更多更好的方针政策和法律法规，严格规范开展行政执法，从而创造更好的法治营商环境，释放更先进的制度生产力，促进经济社会快速持续健康发展，不断推进国家强盛、社会和谐、人民幸福的伟大事业！

本讲作者：

张康林　北京市通州区司法局党组成员、副局长

责任编辑：张　立

责任校对：陈艳华

封面设计：林芝玉

版式设计：汪　莹

图书在版编目（CIP）数据

领导干部法治大讲堂／刘锐　主编 . — 北京：人民出版社，2020.12

ISBN 978－7－01－022863－1

I.①领…　II.①刘…　III.①法制教育－中国－干部教育－学习参考资料

　IV.① D920.5

中国版本图书馆 CIP 数据核字（2020）第 253014 号

领导干部法治大讲堂

LINGDAO GANBU FAZHI DAJIANGTANG

刘 锐　主编

人民出版社 出版发行

（100706　北京市东城区隆福寺街 99 号）

北京汇林印务有限公司印刷　新华书店经销

2020 年 12 月第 1 版　2020 年 12 月北京第 1 次印刷

开本：710 毫米 ×1000 毫米 1/16　印张：22.75

字数：350 千字　印数：0,001-5,000 册

ISBN 978－7－01－022863－1　定价：69.00 元

邮购地址 100706　北京市东城区隆福寺街 99 号

人民东方图书销售中心　电话（010）65250042　65289539